教育部哲学社会科学系列发展报告
MOE Serial Reports on Developments in Humanities and Social Sciences

U0579935

中国教育网络舆情发展报告2016

The Annual Report of China Educational Network Public Sentiment

唐亚阳　主编

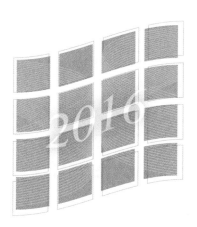

北京师范大学出版集团
BEIJING NORMAL UNIVERSITY PUBLISHING GROUP
北京师范大学出版社

图书在版编目(CIP)数据

中国教育网络舆情发展报告 2016 / 唐亚阳主编. —北京：北京师范大学出版社，2017.9
（教育部哲学社会科学系列发展报告）
ISBN 978-7-303-22868-3

Ⅰ.①中… Ⅱ.①唐… Ⅲ.①计算机网络—应用—教育事业—研究报告—中国—2016 Ⅳ.①G434

中国版本图书馆 CIP 数据核字(2017)第 221293 号

营 销 中 心 电 话　010-58802181　58805532
北师大出版社高等教育与学术著作分社　http://xueda.bnup.com

ZHONGGUO JIAOYU WANGLUO YUQING FAZHAN BAOGAO 2016
出版发行：北京师范大学出版社　www.bnup.com
　　　　　北京市海淀区新街口外大街 19 号
　　　　　邮政编码：100875
印　　　刷：三河市兴达印务有限公司
经　　　销：全国新华书店
开　　　本：730 mm×980 mm　1/16
印　　　张：16
字　　　数：310 千字
版　　　次：2017 年 9 月第 1 版
印　　　次：2017 年 9 月第 1 次印刷
定　　　价：78.00 元

策划编辑：陈红艳　　　　　责任编辑：齐　琳　马力敏
美术编辑：袁　麟　　　　　装帧设计：袁　麟
责任校对：陈　民　　　　　责任印制：马　洁

编委会名单

主　　编：唐亚阳

执行主编：彭祝斌

副 主 编：徐国正　孙玉玲

编委会成员：郑斯洋　　胡　凌　　冯　杰　　郑　浩

朱明刚　　白　杨　　何新田　　张　浩

龚　翔　　黄　璇　　胡　琼　　王安琪

欧阳慧琳　李　璐　　王芸婷　　刘凌云

毕金龙　　周晴宇　　刘晓雨　　牛　畅

史浩然　　苏　楠　　吴汉华　　李青鹰

靳雪妍　　房信子　　李凤鸣　　周菲菲

李依环　　熊　妍　　杨桂芳　　陈三营

目　录

第一部分　总报告

　　《中国教育网络舆情发展报告 2016》总报告分为 2016 年中国教育网络舆情事件特征、基于大数据的 2016 年中国教育网络舆情分析和 2017 年中国教育网络舆情治理建议三大部分。

　　2016 年总报告在过去系列报告的基础上做了体例、内容与表现方式上的较大创新。我们将过去总报告中总体态势板块拆分为年度舆情事件特征与基于大数据的舆情分析两部分，较之前报告更加深入详细地阐述了这一年中国教育网络舆情的特征，并将过去的原因探析和趋势预测融入三大板块中。在基于大数据的舆情分析部分，我们加入了教育网络舆情拐点和波峰的分析，为教育管理部门更有针对性地进行舆情把控提供了依据；同时我们尝试性地对不同类型事件的情感分布特征进行创新性的探索。在对策建议部分，针对教育网络舆情所呈现出的具体特征，我们从传播特征、地域分布、互动平台搭建和情感引导四个方面对教育管理部门及学校给予了具体的建议。相较于往年，2016 年中国教育网络舆情总报告基于大数据技术进行舆情分析，提出的对策建议更具针对性和实用性。此外，今年总报告整体上更加注重表现形式上的可视化，增加了图表的信息含量。

　　2016 年是中国教育实现重大变革、为未来发展积蓄能量的一年。2016 年 6 月，教育部正式宣布部分"985 工程"和"211 工程"建设文件的失效，将"985 工程""211 工程""优势学科创新平台""特色重点学科项目"等重点建设项目统一纳入世界一流大学和一流学科建设。至 2016 年年底，全国已有多个省份启动了具有地方特色的"双一流"建设之路。同时，我国义务教育、民族教育、职业教育及高等教育等各个方面均发生显著变化，教育总体发展水平进入世界中等以上行列。在国家政策层面，"十三五"统筹推进城乡义务教育一体化改革的内容、推进职业教育产教融合以及国家对中西部教育发展的重点扶持等都将为我国下一阶段的教育大发展提供新的动力。

教育关乎立国之本、民生之基，是衡量社会公平的一个重要指标。在移动互联网时代，教育网络舆情研究的意义日渐凸显。通过舆情了解民生，洞悉民意，为教育网络信息把好关，是推动中国教育网络舆情生态朝着积极健康方向发展的关键。

一、2016 年中国教育网络舆情事件特征

2016 年，湖南大学网络舆情研究所与国家超级计算长沙中心的大数据技术团队进行了深度合作，今年总报告中的所有舆情事件信息均由大数据技术团队抓取。由于大数据技术采集的单个舆情事件信息量较往年有了极大提升，为便于分析，2016 年，湖南大学网络舆情研究所共收录了较为典型的教育网络舆情事件 467 起，较前几年总报告收录的事件数量有较大回落。467 起事件中，中央性舆情事件 34 件，约占全年舆情事件总数的 7.3%，地方性舆情事件共 433 起，占比约达 92.7%。2016 年，大部分负面的教育网络舆情事件都被控制在较小的影响范围内，但仍有一定数量的舆情事件在全国范围内引起了较大讨论，如常州外国语学校毒地事件、多地中小学惊现毒跑道事件、多地学生被电话诈骗系列事件、假王娜娜事件、大学校园裸贷事件以及中关村二小校园欺凌事件等。这些事件不仅引起了社会公众的持续关注和广泛讨论，也引起了教育部门甚至中央的关注，进而出台相关政策从源头上杜绝相关事件的再次发生，教育网络舆情的正面效应不断显现。

描述分析教育网络舆情事件全年概况，有助于我们系统地了解和把握引爆舆情的教育事件的系列特征，为高效地处置教育网络舆情以及从根本上减少类似事件的发生提供了可能。为此，在延续以前体例的基础上，此部分将从时空、主体、类型等方面系统地呈现 2016 年中国教育网络舆情事件的全貌和特征。

(一)时间序列：全年舆情事件数量呈"几"字形分布

2016 年，湖南大学网络舆情研究所收录的 467 起教育网络舆情事件从时间序列上呈现"几"字形分布(如图 1-1-1)。第一季度和第二季度教育舆情发生频率较高，第三季度和第四季度舆情数量偏少且起伏较为平稳。第二季度舆情数量达到全年最高值，为 181 起，第三季度舆情数量为全年最低，仅 71 起。上半年舆情事件高峰期出现在 1 月、5 月和 6 月，其中 6 月份收录舆情事件数量达到全年最高峰，为 68 起，5 月份收录舆情事件数量仅次于 6 月份。上半年舆情低谷出现

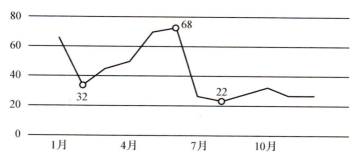

图 1-1-1　2016 年中国教育网络舆情事件月份分布走势图

数据来源：湖南大学网络舆情研究所

在 2 月，收录舆情事件数量为 32 起。下半年舆情事件数量总体呈下降态势，低谷期出现在 8 月份，仅收录 22 起舆情事件。

1 月，中国教育网络舆情课题组共统计到教育网络舆情事件 62 起，约占全年舆情事件总数的 13.3%。以涉及校园管理的舆情事件为主，达到 11 起，约占 1 月舆情事件总数的 17.7%。1 月较典型的舆情事件包括教育部公布四川医科大学更名为西南医科大学、13 岁初中生列席政协会议、中国百余篇论文在国际学术期刊轮番被撤以及中国首个反恐怖主义法学院在西安成立等事件。

2 月共收录教育网络舆情事件 32 起，约占全年舆情事件总数的 6.9%。以涉及教育改革和校园管理的舆情事件为主，共达 12 起，占 2 月舆情事件总数的 37.5%。2 月较典型的舆情事件包括假王娜娜事件、香港提倡学生学简体字引争议、云南一中学教师涉嫌侵吞学生生活补助数十万以及 2016 研究生考试漏题作弊嫌疑人被抓等事件。

3 月共收录教育网络舆情事件 42 起，约占全年舆情事件总数的 9.0%。以涉及教育改革和校园管理的舆情事件为主，共达 22 起，约占 3 月舆情事件总数的 52.4%。3 月较典型的舆情事件包括北大生弑母后以母名义贷款、莫言建议中小学改为 10 年免费教育、无锡一幼儿园多名幼儿遭老师毒打以及 2016 年重点高校定向招收 6 万农村和贫困地区学生等事件。

4 月共收录教育网络舆情事件 46 起，约占全年舆情事件总数的 9.9%。以涉及校园管理的舆情事件为主，共 13 起，约占 4 月所收录舆情事件总数的 28.3%。4 月较典型的舆情事件包括川师大一学生遭室友砍杀、清华大学将设立电竞奖学金、大学生走捷径网上买论文"一文钱两空"以及广西一小学厕所"兼职"性安全教育等事件。

5 月共收录教育网络舆情事件 67 起，约占全年舆情事件总数的 14.4%。5 月舆情事件集中在涉及校园管理的舆情事件上，共 18 起，此外涉及维权诉求的事件也较多。5 月影响范围较广的事件包括"复旦投毒案"受害者父母状告复旦大学、韩春雨一夜变成"诺奖级"科学家等事件。

6 月共收录教育网络舆情事件 68 起，约占全年舆情事件总数的 14.6％。其主要舆情事件为教育改革、维权诉求和校园管理类事件，三者共占 6 月收录舆情事件总数的 57.4％。6 月较典型的舆情事件包括李克强对校园暴力作重要批示、教育部宣布部分"985 工程""211 工程"建设文件失效、大连理工大学附属学校疑现毒跑道以及大学生群体惊现"裸条"借贷等事件。

7 月共收录教育网络舆情事件 23 起，约占全年舆情事件总数的 4.9％。7 月各类型舆情事件发生频率较为平均，数量维持在 10 件以内。7 月具有较大影响的舆情事件有揭秘论文造假产业链、考生被拒录后起诉中国政法大学等事件。

8 月共收录教育网络舆情事件 22 起，约占全年舆情事件总数的 4.7％。8 月舆情事件以涉及维权诉求的事件为主，共 7 件，约占 8 月收录舆情事件总数的三分之一。8 月较典型的舆情事件有 18 岁女孩徐玉玉被骗学费 9900 元昏厥离世、山东发生多起篡改考生高考志愿事件以及清华大学一老师遭电信诈骗 1760 万元等事件。

9 月共收录教育网络舆情事件 26 起，约占全年舆情事件总数的 5.6％。9 月舆情事件以校园管理类的事件为主，共 10 件，约占 9 月舆情事件总数的 38.5％。9 月较典型的舆情事件包括教育部正式增设电子竞技专业、广东 19 岁准女大学生被骗万元学费后跳海自杀以及河北一中学新生住"厕所宿舍"等事件。

10 月共收录教育网络舆情事件 31 起，约占全年舆情事件总数的 6.6％。该月舆情事件以涉及校园管理及师德师风的事件为主，占 10 月收录舆情事件总数的近一半。10 月影响较大的舆情事件有国家公务员考试报名 9 小时破 1.3 万人、山西长治 8 岁女童疑遭男老师性侵、韩春雨团队被疑学术造假等事件。

11 月共收录教育网络舆情事件 24 起，约占全年舆情事件总数的 5.1％。11 月舆情事件以涉及校园管理的事件为主，为 11 件，约占 11 月收录舆情事件总数的 45.8％。11 月较典型的事件有教育部将推出国家英语能力等级考试、温州一中学花 800 万元奖励优秀学生以及中国传媒大学女生被害案开庭等事件。

12 月共收录教育网络舆情事件 24 起，约占全年舆情事件总数的 5.1％。12 月舆情事件以校园管理类事件为主，为 12 起，占 12 月收录舆情事件总数的一半。12 月影响较大的事件有中关村二小霸凌事件、济南一高校女生深夜裸体坠亡以及河南安阳 400 多名学生雾霾天在操场考试等事件。

2016 年收录事件的时间分布体现了教育舆情发生时间上的规律性。第一季度，元旦、春节等重大节日较为密集，易突发教育舆情事件。同时，地方和全国两会也在第一季度举行，教育议题相对集中，容易引发学校师生和社会公众的密集讨论，导致第一季度教育舆情高发。第二季度，高考等各类升学考试密集进行，如试题变化、考试作弊等事件容易触动网民的神经，考试呈现出来的社会现象也是人们关注的焦点。此外，教育部出台多项重要文件，对教育领域产生巨大影响，推高第二季度舆情。

（二）空间分布：人口规模大的省市教育舆情高发

对收录的 467 起 2016 年中国教育网络舆情事件进行地域划分，除去 20 起无法辨别地域的舆情事件与 34 起全国性舆情事件，共 413 起。从 2016 年教育网络舆情事件分布图（如图 1-1-2）上看，北京作为我国首都，延续了过去教育舆情高发的态势，在 34 个省级行政单位中教育网络舆情发生频率最高，约占全国舆情总数的 16.9％。江苏、山东和广东三省教育舆情事件数量分别为 31 起、27 起和 26 起，位居第二、三、四位。除此之外，发生教育网络舆情事件较多的省市还有四川、湖北、湖南以及河南，4 个省份教育舆情事件数量均超过 20 起。

北京	79	贵州	7
江苏	31	江西	6
山东	27	辽宁	6
广东	26	吉林	5
四川	26	山西	5
湖北	23	黑龙江	4
湖南	22	香港	3
河南	21	海南	2
陕西	18	宁夏	2
上海	17	天津	2
河北	16	内蒙古	1
安徽	15	新疆	0
甘肃	15	西藏	0
重庆	15	青海	0
广西	13	澳门	0
浙江	10	香港	0
云南	9	台湾	0
福建	7		

图 1-1-2　2016 年中国教育网络舆情事件分布图

数据来源：湖南大学网络舆情研究所

江苏、山东以及广东均为常住人口数量超过八千万的东部沿海省份，三省 GDP 高居全国前三，经济发达。四川、湖北、湖南及河南为人口超五千万的中西部省份，四省 GDP 均排名前十。7 省份初、中、高等教育分布密集，在校生人数众多，教育行业从业人员规模庞大，教育舆情发生频率较高。7 省份教育舆情事件总数为 176 起，约占全国事件总数的 37.7％。可以预测，2017 年教育网络舆情事件发生频率大致与人口规模和经济水平呈正比。

（三）事件主体：学校管理人员舆情增多，高校舆情占比大

如图 1-1-3 所示，2016 年教育网络舆情事件发生主体的构成中，学校管理人员是教育网络舆情发生主体中最主要的群体，约为总体的 30.6％；学生是引发教育舆情的第二大群体，所占比例为 28.9%；此外，普通教师、教育行政部门和社会人士引起的舆情事件也占有一定比例，分别约为 18.6%、11.6% 和 4.7%。相比于 2015 年，学校管理人员舆情事件数量占比约增加了 21.2%，而学生占比则下降了约 14%。此外，主体身份不明确的人群占 5.6%。

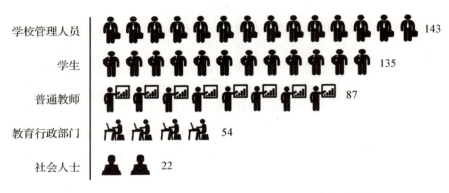

学校管理人员　143

学生　135

普通教师　87

教育行政部门　54

社会人士　22

图 1-1-3　2016 年中国教育网络舆情事件发生主体分布图

数据来源：湖南大学网络舆情研究所

如图 1-1-4 所示，2016 年，除难以确定教育学段的主体外，湖南大学网络舆情研究所将教育网络舆情的涉事学校按教育学段划分为幼儿园、小学、中学和高校 4 种。数据显示，教育学段越高，舆情事件数量越多，占比也越大。在 4 个教育学段中，发生在幼儿园阶段的教育舆情数量为 9 起，约占 1.9%。小学阶段的舆情事件总共有 45 起，约占 9.6%。发生在中学阶段的舆情事件数量则为 109 起，约占舆情总数的 23.3%。高等教育在所有教育学段中占绝对主体，有近 300 起的舆情事件发生在高等教育学段，约占 63.4%。总体上，基础教育阶段的舆情事件占比较小，高等教育阶段的舆情事件占比较大。

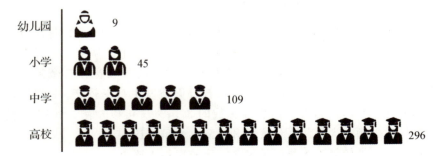

幼儿园　9

小学　45

中学　109

高校　296

图 1-1-4　2016 年中国教育网络舆情事件教育阶段分布图

数据来源：湖南大学网络舆情研究所

（四）舆情类型：校园管理、教育改革和维权诉求类事件较为突出

如图 1-1-5 所示，对 2016 年中国教育网络舆情事件进行类型划分后发现，校园管理、教育改革和维权诉求为舆情爆发最为集中的领域，2016 年三种类型所收录的舆情事件数量均超过 50 起，总数占比超五成，为 55.9％，属舆情发生最频繁的三个类型。其中校园管理类事件数量在所有类型的舆情事件中数量最多，达到 128 起，占全年事件总数的近三成，约为 27.4％。教育改革类事件数量为 74 起，排名第二，占比约为 15.9％。维权诉求类事件数量为 59 起，约占 12.6％。

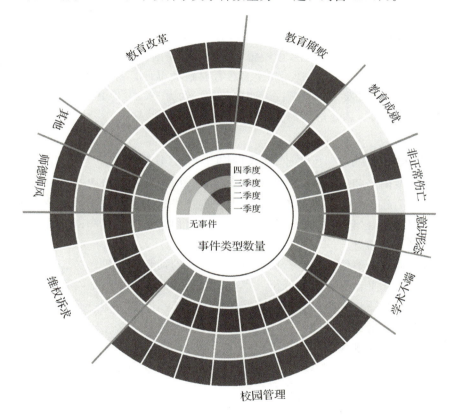

图 1-1-5　2016 年中国教育网络舆情事件类型分布图
数据来源：湖南大学网络舆情研究所

师德师风、教育腐败和非正常伤亡 3 种类型的事件数量相当，舆情事件维持在 40 件左右，属于第二梯队。其中，师德师风类舆情事件数量在 3 类舆情中最多，为 44 起，约占 9.5％。教育腐败类舆情事件占比约为 8.8％。非正常伤亡类舆情事件占比同样超过了 8.0％。三类事件总占比近三成，约达到 26.3％。

学术不端、意识形态、教育成就等类型的舆情事件数量相对较少，属于发生最少的三类事件，其舆情数量分别为 26 起、20 起和 14 起。三个类型的舆情事件数量共占约 12.8%。此外，该 9 种类型之外的其他舆情事件有 23 起，占比约为 5.0%。

同时，我们对一年四个季度中各类舆情事件发生的数量情况进行了分析。分析发现，从第一季度到第四季度，校园管理类舆情事件占比均超过两成，居数量榜首。第一季度中，校园管理类舆情事件共 28 起，约占第一季度事件总数的 20.6%。其次为教育改革与非正常伤亡类舆情事件，分别占比约为 18.4% 和 11.8%。在第二季度中，校园管理类事件共 47 起，约占第二季度总数的 26.0%。其次为维权诉求类事件与教育改革类事件，占比分别约为 15.9% 和 14.9%。三类事件占第二季度舆情总数的五成以上。第三季度校园管理类事件与维权诉求类事件均占据较高比例，分别约为 31.0% 与 22.5%。其次为教育腐败类事件，占比约为 14.1%；在第四季度中，校园管理类事件数量占近四成比例，约为 39.2%，其次为教育改革与师德师风类舆情事件，占比分别约为 19.0% 与 16.5%。

二、基于大数据的 2016 年中国教育网络舆情分析

今年，在国家超级计算长沙中心的支持下，中国教育网络舆情课题组以总报告收录的 467 起教育事件为对象，运用大数据技术抓取了与这 467 起教育事件相关的包括网站平台（包括新闻类网站与论坛等平台）、新浪微博和微信公众号三大平台的网络文本信息。

针对所抓取的舆情文本，我们进行了大规模的词频、演进趋势、参与主体地域分布以及媒介平台等方面的分析。不仅如此，我们还尝试性地对每一起事件做了情感分析，试图将公众对各教育网络舆情事件的不同情感做一个群像，为决策者有效应对提供依据。

(一) 舆情事件主体成为关注焦点

2016 年，招生信息泄露导致考生遭遇电信诈骗吸引了全社会的广泛关注；校园欺凌反复出现，与青少年犯罪交织引发了全社会的深入讨论。此外，高考招生指标调整、校园跑道质量、常州毒地建校、中学 800 万奖学金、山东高考志愿被篡改、女大学生裸贷、北大学生弑母等一系列事件都引起了公众围观和热议，成为一段时间内的舆情热点。

国家超级计算长沙中心以所抓取的所有媒体报道的网络文本、网帖内容和网友评论为分析对象，统计出不同词语出现的频率。我们摘取其中具有代表性的高频词汇，希望回顾网民对 2016 年教育事件关注的侧重点（如图 1-1-6）。

对语句分词后，我们统计了每个关键词出现的频率，剔除一般性用词，所有网络文本出现频率最高的十大热词分别为"学生""老师""孩子""高校""高考""招

图 1-1-6　2016 年中国教育网络舆情词频图

数据来源：国家超级计算长沙中心、湖南大学网络舆情研究所

生""论文""发展""投诉"以及"女生"。

在十大热词中，学生、老师、孩子和女生四者均为教育舆情中的事件主体。在所有关键词中，"学生""老师"和"孩子"三个词被提及率最高。"学生"作为第一热词，出现频次高达 72 万次，是教育网络舆情中最受关注的群体。"老师"一词紧随其后，出现频次为 49 万次。"孩子""女生"作为相对弱势的群体，在教育事件的讨论过程中极易受到网民关注，被讨论的频率分别为 46 万次与 13 万次。十大热词之外，"教授"和"校长"作为教育领域举足轻重、身份显著的人群，同样受到人们关注，出现频率均超过 12 万次。对以上热词进行归纳不难发现，在教育环境中处于强势地位的群体如老师、教授和校长等和处于弱势的群体如学生、孩子和女生等易受到公众的关注。前三者能够分配教育资源，甚至决定学生命运，常常因为对手中权力的滥用而产生失范行为，从而引发网民的口诛笔伐，成为舆论焦点；后三者则主要是前三者行为的承受方和受害者，网络环境中弱者往往天然地受到人们的同情和保护，被提及率同样很高，因而"学生""孩子"和"女生"能跻身教育网络舆情"十大热词"的行列。

此外，"高校"作为教育网络舆情高发的阵地，出现频次高达 28 万次。同为十大热词的"高考""招生""论文"都与高校密不可分，出现频次分别为 18 万次、17 万次及 16 万次，反映出公众对中国高等教育的高度期待，以及高校管理仍存在一定的问题等状况。

（二）教育网络舆情传播特征分析

1. 持续时长：教育网络舆情生命周期普遍较短

我们对报告所收录的 467 起教育事件网络舆情进行了持续时长分析，即事件在网络上开始讨论到舆情结束所持续的时长。对教育网络舆情持续时长进行分析有助于教育部门对教育舆情的整体把握。

如图 1-1-7 所示，10.9％的教育舆情事件被持续关注时长在一周之内；事件被持续关注时长在一周到两周之内的占比超过五成，约为 50.5％；持续时长在两周到一个月之间的舆情事件数量占比约为 26.3％，位居第二；持续时间在一个月到三个月之间的舆情事件占比约为 10.2％；时长在三个月以上的舆情事件数量仅占约为比 2.1％。总体上，与其他行业的网络舆情生命周期类似，教育网络舆情持续的时间同样较短，超过六成的教育行业舆情在网络上被持续关注的时间长度在两周之内。

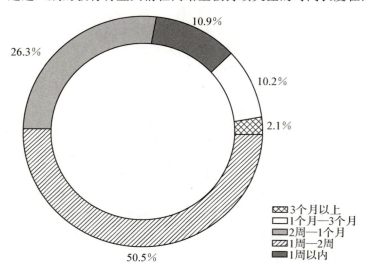

图 1-1-7　2016 年中国教育网络舆情持续时长占比图

数据来源：国家超级计算长沙中心、湖南大学网络舆情研究所

我们对报告中收录的 467 起教育网络舆情事件按照时间顺序进行持续时长的绘制。从图 1-1-8 中可以看出，除 12 月份外，前 11 个月均有舆情持续时间超过 2 个月的教育事件。但总体上，持续 2 个月以上的舆情事件不仅数量少，且事件发生间隔的时间较长。这种现象的产生并不是偶然的，在互联网时代，公众注意力成为稀缺资源，且公众在一定时期内对网络议题的关注相对单一，而新事件的发生、新议题的兴起在很大程度上会导致之前议题关注度的下降。

具体来看，"北京特殊类型高招增加男足项目"为上半年舆情持续最长的教育事件，事件发生在 1 月份，该事件网络舆情从 1 月开始到 7 月结束共持续了 153 天。下半年舆情持续最长的事件出现在 7 月份，为"收研究生录取短信后被拒录，考生起诉中国政法大学"，持续时长为 197 天，为全年之最。两起教育舆情均与高校招生有关，反映出高校作为社会阶层流动的重要平台，公平、公正的高校招生过程是促进整个社会公平、公正的重要环节，公众的神经对其十分敏感。高校

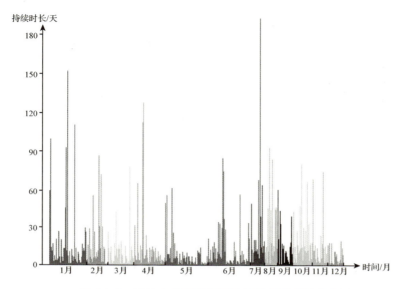

图 1-1-8   2016 年中国教育网络舆情持续时长分布图

数据来源：国家超级计算长沙中心、湖南大学网络舆情研究所

招生制度改革、高校招生过程中出现的"寻租"行为极易受到公众的持续关注。

　　同时，教育舆情累积效应明显，对于相同类型的事件，前期事件对后起舆情具有一定的影响，因此，下半年舆情持续平均长度整体大于上半年。比如，2016年被陆续曝出的毒跑道事件。5 月 19 日，浙江温州毒跑道引发一定关注，在该省教育厅成立调查组之后，该事件关注度明显下降。5 月 31 日，新华网报道成都市一小学疑因跑道有毒，致学校多名学生出现中毒症状，经区教育局协商处理后事件逐渐平息。6 月 3 日，北京一小学同样出现毒跑道事件后，相关事件关注度直线上升，相关舆情出现井喷。6 月 7 日，大连理工大学附属学校又被曝出疑现毒跑道，致数十名小学生出现流鼻血等中毒现象。随后，杭州、上海、石家庄、南京等多地学校毒跑道被曝出，一时间舆论哗然。

　　此外，2016 年接连发生的大学生被骗离世事件也一度引发持续的话题讨论。8 月 21 日，多家媒体报道称，山东临沂 18 岁的准大学生徐玉玉因被骗 9900 元学费，悲痛欲绝，导致心脏骤停、含恨离世。该事件经由多家媒体转载报道，迅速引发社会广泛关注。紧接着，澎湃新闻报道称，山东又一大学生宋振宁疑似遭电话诈骗后心脏骤停离世。8 月 28 日，《南方都市报》报道称广东惠来县准大学生蔡淑妍因被骗光学费而投海溺亡。大学生遭"电信诈骗"相关话题持续升温，成为 2016 年教育领域最热的话题之一，进而引起决策层的重视，开始从制度层面杜绝相关悲剧的发生。

2. 呈现拐点：教育舆情热度多在 24 小时内发生转折

拐点是从舆情产生，到舆情热度出现转折的某个值（由盛转衰或由衰转盛），对拐点的分析需要考虑两个要素，从该事件舆情产生到热度出现扭转的绝对时间和发生扭转时的舆情热度。本报告中，我们用横坐标表示事件热度出现转折的绝对时间，用纵坐标表示舆情热度出现转折时的热度值，即出现拐点时网络行为的总量，包括网站新闻数量、新闻评论量、新闻点赞量、评论点赞量，新浪微博发帖量、点赞量、评论量、评论点赞量，微信发文量、发文阅读量和点赞量等数据。我们用点的大小对不同的教育事件热度进行区分。

教育网络舆情拐点分为上升型拐点和下降型拐点。从图 1-1-9 中可以看出，教育网络舆情拐点集中分布在四个区域。拐点值在 10 以下的区域集中分布着大量上升型拐点，其分布的时间较为均匀；舆情发生后的 6 h 至 18 h，均分布着为数众多的上升型拐点。下降型拐点集中在两个区域，分别为拐点时间在 0 至 12 h，拐点值在 1000 到 10 万的区域以及拐点时间在 24 h 附近，拐点值在 5000 到 10 万的区域。除此之外，舆情发生后的 16 h 到 18 h 较短时间段内，分布着拐点值跨度十分大的上升型和下降型两种拐点，其值从 1 到 1000 万不等，呈垂直带状分布。

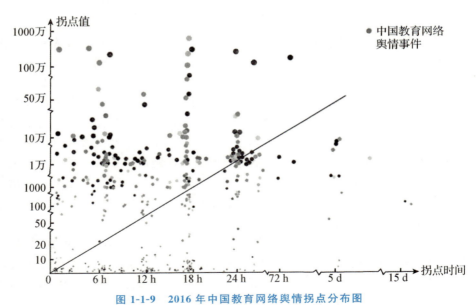

图 1-1-9　2016 年中国教育网络舆情拐点分布图

数据来源：国家超级计算长沙中心、湖南大学网络舆情研究所

拐点的出现预示着舆情将从一种状态向另一种状态变化，无论是由盛转衰的下降型拐点还是由衰转盛的上升型拐点，对于教育网络舆情治理的主体学校以及教育管理部门来说都有重要的借鉴意义。

根据以上数据描述可以发现，大部分教育网络舆情都在 24 h 之内完成了状态转换，呈现出迅速变化之势，且拐点值极大的教育网络舆情潜伏期较短，并不需要较长的时间进行舆情的酝酿。拐点出现的时间不论长短，下降型拐点所在的舆情转变过程都是管理者可观察的，较易于在舆情发展的过程中进行干预和管理。与此相对，上升型拐点所在舆情及发展趋势则难以把握，所在的阶段犹如"海面下的冰山"难以察觉，由隐匿到公开的过程十分微妙。上升型舆情或在一番平稳下降后经过舆情拐点再次集中爆发；也可能在舆情开始之后迅速爆发，衰减之后达到拐点又进入上升期。难以捕捉发展过程并难以预测演进趋势使得上升型舆情成为教育网络舆情管理的难点。

3. 到达波峰：教育舆情事件热度整体较小

波峰是某个事件网络舆情演进过程中的最大值，对波峰的分析同样包含着峰值出现时间和峰值大小两个要素。与拐点的测量类似，我们用网站、新浪微博和微信公众号三个平台的网络行为总量计算峰值。教育网络舆情演进过程中，波峰常与下降型拐点重合。

如图 1-1-10 所示，对收录的 467 起 2016 年中国教育网络舆情事件网络行为总量峰值的统计可以看出，峰值超过 100 万的舆情事件数量共 25 件，占比约为5.8%；峰值在 10 万到 100 万的事件数为 98 件，占比超两成，约为 22.8%；峰值在 1 万到 10 万的事件数量为 185 件，占比近五成，约为 43.0%；峰值在 1000到 1 万之间的事件有 91 起，约占比 21.2%；峰值在 100 到 1000 的事件数量为21，约占比 4.9%；峰值在 10 到 100 之间的事件有 6 起，约占比 1.4%；峰值在1 到 10 的事件仅 4 起，约占比 0.9%。

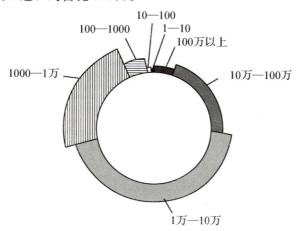

图 1-1-10　2016 年中国教育网络舆情事件峰值南丁格尔玫瑰图

数据来源：国家超级计算长沙中心、湖南大学网络舆情研究所

　　舆情的峰值大小是考察舆情热度的一项重要指标。从图 1-1-10 可以看出，作为行业性舆情，教育网络舆情的热度整体上被控制在了较小的范围内，假王娜娜事件、大学生获捐后频晒吃喝、尖子生午睡后误戴手表进高考考场致英语成绩作废等波峰值超过 100 万的较大舆情事件占事件总量却不足 6.0%。可见对一些争议性较大的事件，无论事件发生所在的学校还是教育管理部门，均进行了较好地管理和疏导，学校以及教育管理部门的舆情管理水平明显提升。

　　中国教育网络舆情课题组选取 2016 年波峰值排在前 20 位的教育舆情事件，绘制出这 20 个事件对应的持续时长及其达到峰值的时间，以分析影响较大的教育网络舆情的演进规律。

　　图 1-1-11 显示，波峰值最高的 20 起教育舆情事件中，有 7 起教育舆情事件持续时长在 5 天之内，约占比 35.0%；有 3 起事件持续时长在 5 天到 10 天之间，约占比 15.0%；有 4 起事件持续时长在 10 天至 15 天之间，约占比 20.0%；持

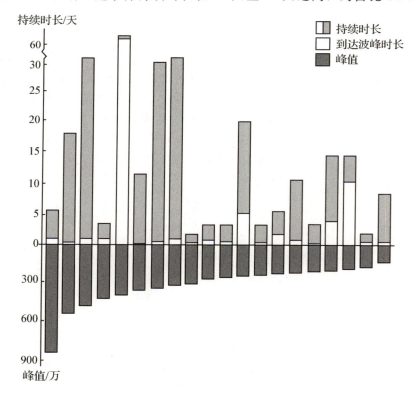

图 1-1-11　2016 年中国教育网络舆情影响前 20 位事件波峰值及时长分布图

数据来源：国家超级计算长沙中心、湖南大学网络舆情研究所

续时长在 15 天到 1 个月之间的事件有 2 起，约占比 10.0%；持续时长在 1 个月以上的有 4 起，约占比 20.0%。总体上，影响较大的教育舆情事件，同样呈现出集中爆发的趋势，影响时长较为集中。

从峰值上看，20 起事件中有 18 件都是在舆情发展的初期（舆情生命周期的前半段）达到峰值，且峰值均出现在舆情发生后的 5 天之内。仅有 2 起教育事件在舆情发展的中后期达到峰值。由此可见，产生较大影响的教育网络舆情事件同样遵循了一般性网络舆情所呈现出的舆情演进"长尾"规律。

对比这 20 起事件，波峰值较高的舆情持续时长普遍高于波峰值较低的舆情，但波峰值高低与舆情持续时长并不成正比关系。

4. 演进趋势：负面舆情过程曲折，正面舆情走向单一

把握不同类型教育事件的舆情演进趋势将有助于教育决策者更有针对性地采取有效的管理措施。为了探究不同类型教育舆情的演进趋势，我们选取了负面教育事件中具有代表性的非正常伤亡类事件与正面教育事件中具有代表性的教育成就类事件，分别从两类事件中采取等距抽样方法抽取了 20 起教育舆情事件，绘制其演进趋势图，并进行对比分析。

如图 1-1-12 所示，非正常伤亡类事件的演进过程曲线较为曲折、分散，且持续时间短。舆情生命周期方面，选取的 20 起非正常伤亡类舆情事件中，持续时间最长的达到 30 余天，大部分事件在 15 天内经历了爆发、高潮到衰退的完整过程。然而在短暂的生命周期内，多数非正常伤亡类事件舆情却经历多次起伏转

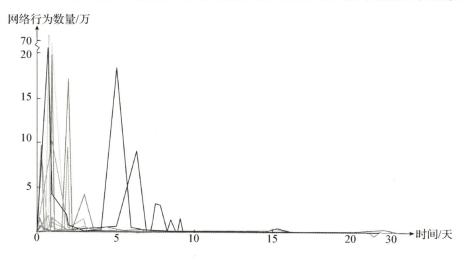

图 1-1-12 2016 年中国教育网络舆情非正常伤亡类部分事件演进趋势图
数据来源：国家超级计算长沙中心、湖南大学网络舆情研究所

折：大多数事件在 3 天之内迎来峰值，随后舆情迅速消退，接着又迎来第二波、第三波甚至第四波网络讨论高峰，后面的高峰影响力虽不及峰值，但仍旧不容小觑。舆情热度在 10 天至 30 天之内慢慢衰退，进入长尾阶段，直至最终消退。

相比较而言，非正常伤亡类事件的影响较大，所选取的 20 起教育事件中，影响最大的一起事件其舆情峰值（网络行为数量）超过 70 万，多数非正常伤亡类事件的峰值在 10 万以上。

正面舆情方面，从图 1-1-13 可以看出，教育成就类事件舆情呈现出集中讨论、持续影响的特点。选取的 20 起教育成就类事件中，舆情生命周期最长的事件持续了 120 余天，多数事件舆情持续时长超过一个月。与非正常伤亡类舆情相比，教育成就类舆情持续时间虽长，但多为"单峰"舆情：绝大多数事件在一周之内达到峰值，在达到峰值后热度快速消退，接着进入漫长的低度关注期直至舆情结束。20 起事件中仅有一起在数天之后再次达到一个较小的高峰，大多数事件热度在 30 天至 45 天之内消退。教育成就类事件影响力总体较小，就网络行为数量而言，多数教育成就类事件的峰值在 10 万之内，20 起事件中仅 3 起事件舆情的峰值超过 15 万。

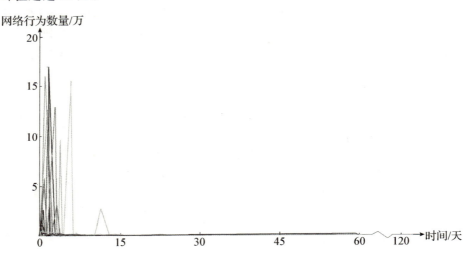

图 1-1-13 2016 年中国教育网络舆情教育成就类部分事件演进趋势图

数据来源：国家超级计算长沙中心、湖南大学网络舆情研究所

通过对比不难发现，以正面舆情为主的教育成就类舆情与以负面舆情为主的非正常伤亡类舆情呈现出非常不同的特征。教育成就类事件的演进曲线较为集中，前期集中爆发，随后热度快速消退，但受到官方和媒体正面宣传的影响，舆情会在较低的热度范围内平稳地维持相当长一段时间。与此相对，由于非正常伤

亡类事件牵涉人员的生命安全，能在短时间内吸引到公众的注意力并迅速形成舆情高峰，因而其发酵速度快于教育成就类事件。非正常伤亡类事件的发生对事件所在学校意味着危机的产生，通常会引起涉事学校或当地教育部门的回应。随着事件主体的回应，舆情也呈现出高低起伏之势：应对得当可以使舆情迅速消退，应对不当则可能进一步推高舆情热度，导致"次生危机"的产生。同时负面事件的回应速度也直接影响着舆情热度，当事件出现新进展时舆论也会被再次推上高点，出现新的高峰。

（三）网民参与地域分布状况

1. 舆情高发地网民参与更积极

为了解在教育网络舆情当中，究竟是哪些地域的网民在参与事件讨论，课题组用大数据技术对在这 467 起教育舆情事件中参与讨论并显示出地理位置的网络用户进行了汇总。参与网络讨论过程中，网络用户多采用匿名形式，显示地理信息的网民并不多，显然通过显示出来的地理位置对参与教育网络舆情网民进行整体上的推测存在误差。但倾向于显示地理信息的网络用户与参与整体的比例在地区间的差异并不大，因此可以通过地理信息推测各地参与教育网络舆情用户的大致分布（如图 1-1-14）。

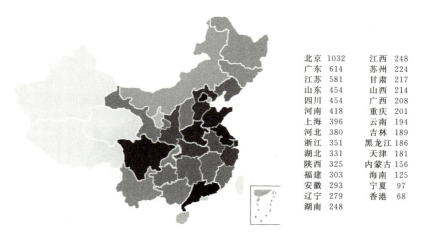

北京	1032	江西	248
广东	614	苏州	224
江苏	581	甘肃	217
山东	454	山西	214
四川	454	广西	208
河南	418	重庆	201
上海	396	云南	194
河北	380	吉林	189
浙江	351	黑龙江	186
湖北	331	天津	181
陕西	325	内蒙古	156
福建	303	海南	125
安徽	293	宁夏	97
辽宁	279	香港	68
湖南	248		

图 1-1-14　2016 年中国教育网络舆情参与人数地域分布图
数据来源：国家超级计算长沙中心、湖南大学网络舆情研究所

数据显示，参与报告所收录的 467 起中国教育网络舆情事件讨论并显示地理位置信息的总人数为 8967 人。从 2016 年中国教育网络舆情事件参与人数地域分布可以看出，北京作为我国首都，虽然人口总量不大，但经济水平、人均收入以及人均受教育程度均位于全国前列，其参与教育网络舆情讨论的人数也居于榜

首，为 1032 人次，占比超一成，约为 11.5％。参与人数居前五位的省市除北京市外分别为广东、江苏、山东和四川，参与人数均超 400 人次，占比分别约为6.9％、6.5％、5.1％和5.1％。此外，参与教育网络舆情讨论人数较多的省（直辖市）还有河南、上海、河北、浙江、湖北、陕西和福建，参与教育舆情讨论的人数均超 300 人。

对比 2016 年教育网络舆情事件省域分布图与参与人数地域分布可以发现，教育网络舆情事件发生频率排在前十位的省市分别为北京、江苏、山东、广东、四川、湖北、湖南、河南、陕西及上海，参与舆情讨论人数最多的十个省市依次为北京、广东、江苏、山东、四川、河南、上海、河北、浙江和湖北，两者中的八个省市相重合，仅湖南、陕西、河北和浙江四省仅进入了一个分部的前十。这意味着发生教育事件数量较多的省份，其参与舆情讨论的人数也相对较多。

但两个地域分布中不相重合的省份中，河北和浙江两省的人均 GDP 较湖南和陕西更高，进一步显示出经济社会的发展水平对网民参与积极性的影响强于对教育事件发生频率的作用。

2. 参与人群以发生地为中心向东部省市辐射

为了分析探究不同地域舆情参与人数的分布情况，我们分别在东北、华北、华东、华南、西南以及西北六大地域中各选取了一件具有代表性的教育舆情事件，分别对参与这六起事件讨论的人数最多的五个省市在图中予以显示。

图 1-1-15 所选取的三起教育舆情事件分别为"四川师范大学一学生遭室友砍杀""吉林大学再现论文抄袭"与"中山大学人文学院青年教师因业绩良好未能升职连扇院长几个耳光"，图 1-1-16 所选取的三起教育舆情事件则分别为"兰州交通大学博文

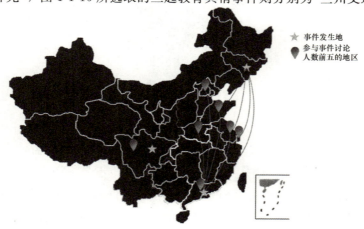

图 1-1-15 2016 年中国教育网络舆情部分事件参与人数地域分布图(一)

数据来源：国家超级计算长沙中心、湖南大学网络舆情研究所

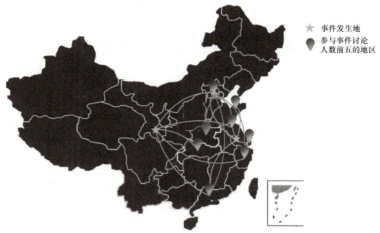

★ 事件发生地
📍 参与事件讨论人数前五的地区

图 1-1-16　2016 年中国教育网络舆情部分事件参与人数地域分布图(二)

数据来源：国家超级计算长沙中心、湖南大学网络舆情研究所

学院女教师患癌被开除事件"""江苏一小学多名学生流鼻血，海安县凌晨宣布附近化工厂全停产"以及"教育部宣布部分'985 工程''211 工程'建设文件失效"。

"四川师范大学一学生遭室友砍杀"一事发生于四川成都，在该舆情事件中参与讨论人数最多的五个地区依次为北京、四川、广东、山东以及江苏；"吉林大学再现论文抄袭"一事发生于吉林长春，参与该事件讨论人数最多的地区为广东、北京、江苏、上海与山东；"中山大学人文学院青年教师因业绩良好未能升职连扇院长几个耳光"一事发生于广东广州，参与该事件讨论人数最多的五个地区为北京、广东、江苏、山东、河南；"兰州交通大学博文学院女教师患癌被开除"事件发生地点在甘肃兰州，参与该事件讨论人数较多的地区为广东、北京、江苏、湖北与浙江；"江苏一小学多名学生流鼻血，海安县凌晨宣布附近化工厂全停产"一事发生于江苏海安，江苏、广东、河南、北京与上海参与该事件讨论的人数较多；"教育部宣布部分'985 工程''211 工程'建设文件失效"一事虽然为中央性事件，但发布文件的教育部位于北京，河南、北京、广东、江苏与上海参与该事件讨论的人数相对较多。

通过对比分析可以发现，在所选取的不同区域的六起舆情事件中，广东、北京与江苏的网民最为活跃，在该六起舆情中的参与人群数量均位于前五位，六起事件中参与讨论的人数总量分别为 1590 人、1555 人和 1138 人。其次为山东，参与人数在四起舆情中位于前五位。

以上数据显示，无论教育事件发生在哪一地区，讨论最为积极的网民均聚集在东部发达省市。有时这些地区的网民对某个教育事件的关注程度甚至超过了发生事件当地的民众，比如，发生在吉林的"吉林大学再现论文抄袭"以及发生在甘肃的"兰州交通大学博文学院女教师患癌被开除"事件中两省网民的舆情参与人数均未进入前五。由此可见，经济社会发展水平对教育网络舆情的影响较强。

(四)传播载体影响力探究

　　1. 新闻媒体成为信息发布量最大的传播载体

　　2016年，在教育网络舆情传播平台方面，网站平台成为主要的传播载体。我们统计了各平台发布有关教育事件数量排名前十的媒体，其中网站发布的有关教育事件的发文量为1579篇，微信平台的相关发文量为311篇，微博平台的发文量则为298篇。

　　在三大平台中，网站平台发布有关教育事件的发文量居首位，在传播教育网络舆情方面占绝对优势；相较于往年，微信平台如今已成为新闻发布和舆论生成的重要领域，在教育网络舆情传播方面发挥着越来越重要的作用，排名前十的媒体发布的教育事件相关文章的总量位居第二。而微博平台在传播教育舆情的过程中扮演的角色越来越弱，排名前十的微博平台的相关发文量远落后于网站平台和微信平台，位居第三。

　　网站、微信以及微博三大平台中，专业的新闻媒体分别占据了排名前十中的9个、8个和10个，占据绝对优势。专业的新闻媒体仍为最重要的教育事件网络传播载体，其对教育网络舆情的影响至关重要。

　　如图1-1-17，对网站做细分后发现，全国性的新闻网站仍是教育新闻事件传播的主流渠道。报道教育事件最活跃的十个网站中，搜狐网、新浪网、凤凰网为全国最主要的新闻门户网站，中国新闻网、新华网及央广网为主流的中央级官方新闻网站，澎湃新闻网、新京报、京华时报则是报道全国性新闻较为突出的地方媒体。此外，天涯论坛作为国内最大的综合性论坛，在传播教育网络舆情方面的作用不容忽视，2016年在天涯网上讨论的教育事件总数达到455起，居网站平台榜首，几乎涉及报告中收录的所有事件。

　　相比较之下，2016年排名前十的网站传播的教育新闻数量远高于2015年，传播数量分别为1579起和344起。在排名前十的网站中，教育新闻传播的数量主要集中在天涯论坛、澎湃新闻网、搜狐网和新浪网四大渠道，四大渠道共传播舆情1106起，约占排名前十网站传播事件数量总和的70.0%。在媒介融合时代的大背景下，新闻机构在经历过去几年的阵痛后，逐渐在新媒体特别是移动互联网领域强势回归，由于新闻机构在信息传播速度和专业性方面的优势，新闻机构在教育舆情领域的话语权进一步巩固。

　　对微信平台做细分后发现，新闻媒体仍是最为活跃的教育事件关注主体。对教育事件最为关注的前十个微信平台中，八个为专业新闻机构的微信公众号。其

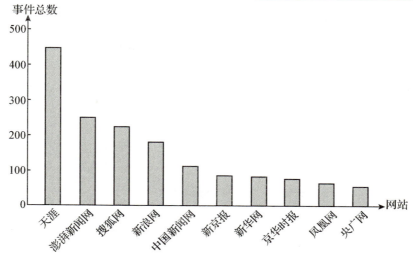

图 1-1-17　2016 年中国教育网络舆情网站平台关注频次分布图
数据来源：国家超级计算长沙中心、湖南大学网络舆情研究所

中，人民网、中国青年报、中国教育报及央视新闻为中央级新闻媒体的微信公众号，澎湃新闻、南方都市报、扬子晚报及新京报为地方新闻媒体公众号，募格学术、微言教育则为专业的教育信息类公众号。值得注意的是，中国教育报官方微信公众号为教育部主办的《中国教育报》所办，微言教育则为教育部新闻办公室直接管理的官方微信公众号，教育部的两大官方平台均保持了对教育舆情的高关注度，对教育领域正面舆情的传播、负面舆情的化解起到了重要作用。

图 1-1-18 中，深色与浅色部分的总长表示公众号对相关教育事件的发文数量，深色部分表示公众号关注的事件总数，浅色部分占比越大则表示该平台对同一事件的持续关注程度越高。数据显示，新闻类公众号多是"一事一报"，所关注事件总数与发文数十分接近，扬子晚报官方微信公众号所发布的教育事件数量与发帖数完全一致，人民网所发布的教育事件总数占发帖数的 96.0％，中国青年报对应的占比为 89.8％。

而作为专业的教育类公众号，募格学术、中国教育报与微言教育的发文数量则远高于事件总数，占比分别为 70.0％、72.1％和 57.7％。通过数据对比可以发现，由于大众媒体所关注议题的广泛性和分散性，对于教育这一专业领域的事件，大众媒体更多采取"一事一报"的方式予以关注。与此相对，专业的教育类公众号因为只关注教育领域的事件，有更多的精力对同一起教育事件进行多次发文，因此专业的教育类公众号更倾向于一种"持续关注"的方式。

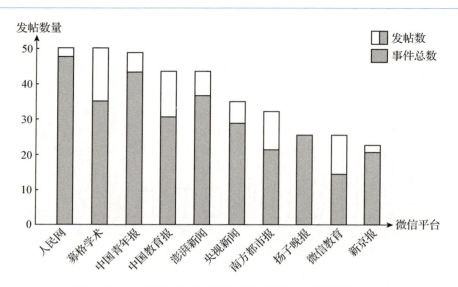

图 1-1-18　2016 年中国教育网络舆情微信平台关注频次分布图

数据来源：国家超级计算长沙中心、湖南大学网络舆情研究所

　　如图 1-1-19，通过对教育舆情较为关注的微博账号进行分析可以发现，排名前十的微博账号均为新闻类媒体账号，且微博平台较网站与微信平台而言，传播数量较为平均。在排名前十的微博账号中，排在第一位的@新京报所发布的事件数为 36 起，排在最末的@人民日报所发布的事件数为 24 起，相差仅 12 起。

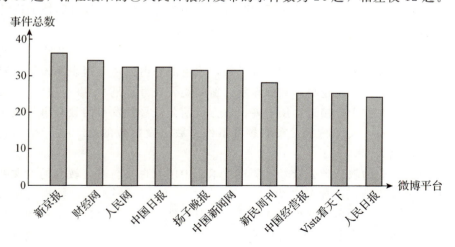

图 1-1-19　2016 年中国教育网络舆情微博平台关注频次分布图

数据来源：国家超级计算长沙中心、湖南大学网络舆情研究所

在对教育网络舆情最为关注的前十位微博账号中，@人民网、@中国日报、@中国新闻网、@人民日报为全国重要的综合性新闻媒体官方微博，@财经网、@中国经营报为全国性商业财经类新闻媒体官方微博，@新京报、@扬子晚报为影响力较大的地方性新闻媒体官方微博，而@新民周刊、@Vista看天下则为影响力较大的新闻刊物官方微博。就新闻媒体的内部而言，较网站和微信平台，微博呈现出了更为多元的色彩，财经类和杂志类共四家媒体的微博账号进入最关注教育事件的账号前十位。与往年相比，微博意见领袖的活跃度明显下降，不同类型的微博帖号发布内容的差异化特征减弱。

2. 新闻媒体影响力最大，微信平台重要性上升

教育网络舆情传播平台的影响力与平台所传播事件的数量大致成正比。我们统计了网站、微信、微博三大平台的网络行为数，包括网站新闻点赞量、评论量、评论点赞量，微信公众号文章阅读量、点赞量，微博帖子的点赞、评论、转发量等。如图 1-1-20，通过统计可以看出，网站平台影响力最大，网络行为数近 8000 万，占比约高达 80.2%。其次为微信平台，其影响力也不容忽视，占比约为 19.1%。微博平台则仅占比约为 0.7%，相比往年影响力大幅下降。

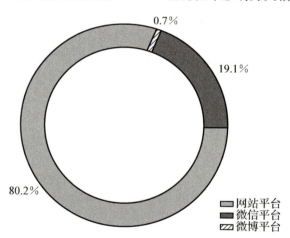

图 1-1-20 2016 年中国教育网络舆情三大平台传播影响力占比图

数据来源：国家超级计算长沙中心、湖南大学网络舆情研究所

网站平台是中国教育网络舆情三大传播载体中影响力最大的平台，影响力进入前十的网站用户行为总数均超过 200 万次。如图 1-1-21，影响力排名前十的网站均为新闻网站，其中，中国新闻网、央视网、新华网为中央级的主流新闻网站，澎湃新闻网、大众网、荆楚网、华商报、华西都市报、北青网和法制晚报为重要的地方性新闻媒体。十家新闻网站中，地方新闻媒体占到七成，可见在教育

网络舆情的传播过程中地方新闻媒体的作用不容忽视。

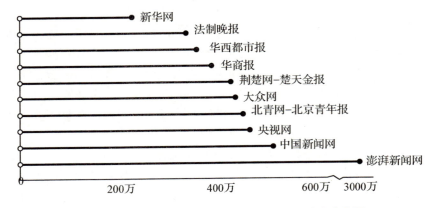

图 1-1-21　2016 年中国教育网络舆情网站影响力分布图
数据来源：国家超级计算长沙中心、湖南大学网络舆情研究所

　　具体来看，三家中央级主流新闻网站网络行为数共 1205 万，约占比 17.5%，七家地方性新闻媒体网站网络行为数达到 5668 万，约占比 82.5%。其中澎湃新闻网的影响力尤为突出，2016 年发布的 249 起教育舆情事件所含网络行为总数达到三千余万，占排名前十网站网络行为总数的 47.3%。

　　将各网站的教育事件关注度和影响力做对比不难发现，关注度较高的网站中，仅有澎湃新闻网、中国新闻网、新华网三家媒体进入到影响力前十的行列。一些地方性新闻网站，如北青网、大众网、荆楚网和华商报等，虽然对教育事件关注度不高，但却表现出较强的影响力。而搜狐网、新浪网和凤凰网三大传统新闻门户网站尽管在报道教育事件的数量上占据优势，但因受到媒体性质的影响，这三大网站在传播教育事件时多以转载专业新闻网站内容的方式进行报道，内容原创性与报道深度不足，且平台用户黏性较低，所以导致传统新闻门户网站在影响力方面持续走低。

　　如图 1-1-22，微信平台作为社交平台的后起之秀，因为公众平台的加入使得平台公共性不断增强，所以成为公众获取资讯最重要的渠道之一，近一两年对教育舆情的传播起着愈发重要的作用。影响力排名前十的微信平台中，央视新闻、中国教育报、人民日报、中国青年报、人民网为主流的中央级官方新闻公众平台，澎湃新闻、南方都市报、都市快报为重要的地方性新闻媒体，冯站长之家为新闻资讯类自媒体微信公众平台，中国政府网为国务院办公厅的官方微信公众平台。

　　主流新闻媒体的微信公众平台在教育舆情领域的影响力仍旧突出：五家中央级新闻媒体的微信公众平台网络行为总数达到 1111 万，占比超过五成，约为 65.5%；三家地方性新闻媒体微信公众号网络行为总数为 407 万，约占比 24.0%；中央和地方新闻机构微信公众号的网络行为总数达到 1518 万，占比近

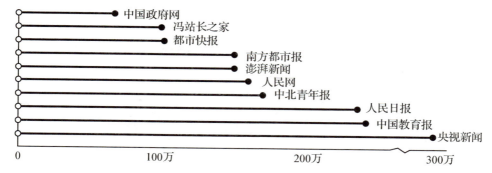

图 1-1-22　2016 年中国教育网络舆情微信平台影响力分布图

数据来源：国家超级计算长沙中心、湖南大学网络舆情研究所

九成。冯站长之家的网络行为数为 102 万，约占比 6.0%，位居第九，成为影响力进入前十的唯一一个非官方公众号。不仅如此，中国政府网作为中国最高政府机关的官方微信公众号，对教育事件的关注和回应具有极高权威性，网络行为数为 76 万，约占比 4.5%，成功进入前十。

　　与其他网络平台影响力最大的均为新闻媒体的情况相比，在微信平台影响力的排行榜中，存在个人账号和政务账号进入前十的行列的情况。相较而言，微信平台的传播主体更为多元化。

　　如图 1-1-23，通过对教育舆情较为关注的微信公众号进行分析可以发现，非新闻媒体微信公众号也具有不可忽视的地位。在发文数量排名前十的非新闻媒体微信平台中，专门的教育资讯类微信公众号占到 9 个，仅冯站长之家为综合性公众账号。

　　其中，在最关注教育行业舆情的微信公众号总排行榜中，募格学术和微言教育进入前十。2016 年，募格学术发布的有关教育事件的数量达到 50 篇，所包含事件总数为 35 起；微言教育发文数为 26 篇，所包含事件总数为 15 起。这两者与其他的微信公众号在发文数量上拉开了较大差距。

　　在传播教育网络舆情的影响力方面，排名居于首位的为新闻资讯类自媒体冯站长之家，有关教育舆情事件的发文量仅 7 篇，在同类型微信平台中排名第八，而网络行为数高达 102 万，在排名前十的非新闻媒体微信平台中约占比 15.0%。专业性的教育类微信公众号传播影响力与冯站长之家相比具有明显差距。其余 9 个微信公众号在教育行业舆情传播的影响力方面大致相当，网络行为总数均在 50 万左右。

　　经过近几年的快速发展，微信公众号已经成为空前活跃的自媒体基地，并不断显现出新的特征，如内容趋于专业化、深度化，内容以"软"为主，用户黏性较强等。可以预测，在未来的几年内，微信自媒体账号将会在传播教育网络舆情方面发挥越来越重要的作用，并成为用户重要的发声平台。

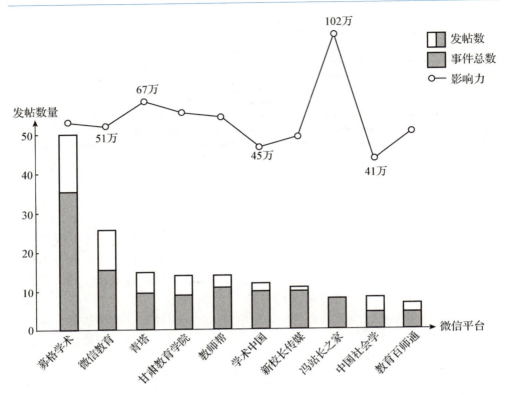

图 1-1-23   2016 年中国教育网络舆情非新闻媒体类微信公众号影响力分布图

数据来源：国家超级计算长沙中心、湖南大学网络舆情研究所

微博平台在传播教育舆情的过程中扮演的角色越来越弱，已远远落后于网站和微信平台。相较于网站和微信平台上百万甚至上千万的教育舆情网络行为总量，微博平台上仅有最高的@人民日报所关注的教育事件网络舆情行为总量超过 20 万，其余账号均不足 10 万。

如图 1-1-24，微博平台中，传播教育舆情影响力最大的十个微博账号仍集中分布于主流新闻媒体，@人民日报、@央视新闻、@人民网、@中国新闻网与@中国日报等主流新闻机构均在传播教育舆情方面起到重要作用。此外，近几年兴起的新闻聚合类媒体@头条新闻以及综合性娱乐新闻站点@新浪娱乐也在教育网络舆情微博平台中具有一定的影响。

微博平台教育网络舆情影响力排行榜上的微博账号总体上呈现出三个等级。《人民日报》作为国内第一大报，@人民日报拥有近五千万粉丝，影响力在主流媒体中占绝对优势，2016 年教育舆情网络行为数达 20 余万，在影响力前十的微博账号当中约占到 34.5%，属第一等级，其余媒体所发布教育网络舆情的影响力则远

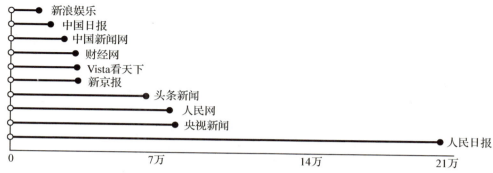

图 1-1-24　2016 年中国教育网络舆情微博平台影响力分布图

数据来源：国家超级计算长沙中心、湖南大学网络舆情研究所

落后于@人民日报。第二等级包括@央视新闻、@人民网和@头条新闻，其网络行为数量在 5 万至 10 万。第三等级则包括@新京报、@Vista 看天下、@财经网以及@新浪娱乐等地方性、杂志或娱乐类媒体，网络行为总量在 3 万以下。

微博受其平台特性的影响，随意化、情绪化的表达使微博内容呈现出很强的碎片化特性，在传播教育网络舆情的及时性上有着不可比拟的优势。但是近一两年微博平台意见领袖的衰落和泛娱乐化倾向的兴起使得微博平台用户对诸如教育事件等严肃话题讨论不够活跃，对教育网络舆情的影响明显下降。

3. 社交平台舆情演进速度快于网站，网站推高作用明显

为分析网站、新浪微博与微信公众号三大平台之间不同的舆情演进规律，以及不同平台的舆情对整个事件的影响，中国教育网络舆情课题组分别选取了五起影响较大的舆情事件与五起影响相对较小的舆情事件并分别绘制了三大平台的舆情演进趋势图（如图 1-1-25、图 1-1-26）。我们选取影响较大的事件分别为"假王娜娜事件""中关村二小霸凌事件""华东理工大学一研究生在导师工厂遇难事件""常州外国语学校毒地事件"以及"川师大一学生遭室友砍杀事件"；影响较小的事件则分别为"武汉某高校禁止外卖入校""云南一学校副校长灌学生白酒致病危事件""13 岁初中生列席政协会议""广东一学校泳池变'鱼塘'事件"和"中国传媒大学博士凌晨猝死教学楼事件"。

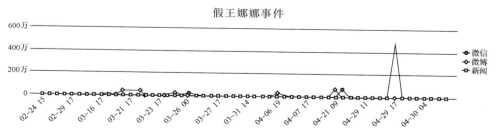

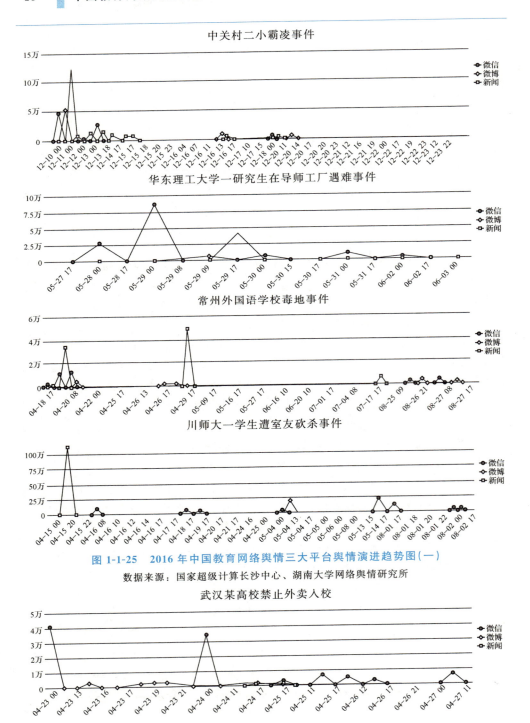

图 1-1-25   2016 年中国教育网络舆情三大平台舆情演进趋势图（一）

数据来源：国家超级计算长沙中心、湖南大学网络舆情研究所

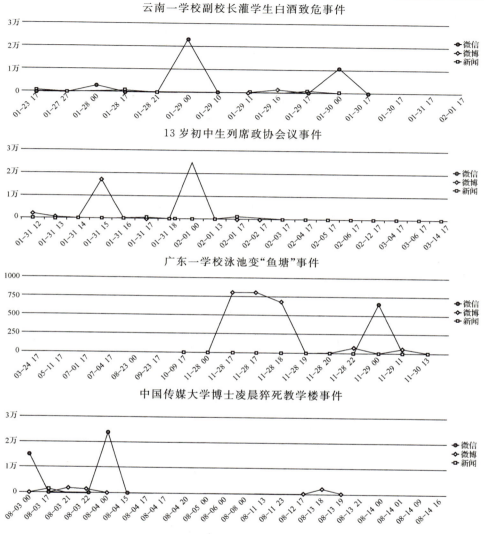

图 1-1-26　2016 年中国教育网络舆情三大平台舆情演进趋势图（二）

数据来源：国家超级计算长沙中心、湖南大学网络舆情研究所

　　对抽取出的 10 件在网络上影响较大的教育事件与影响较小的教育事件进行平台对比可以发现，新闻网站对推高舆情起到了至关重要的影响。舆情影响较大的 5 起事件，均受到了新闻网站较高的关注。假王娜娜事件、常州外国语学校毒地事件以及川师大一学生遭室友砍杀事件三起事件的舆情演进过程中，各大新闻网站均对此进行了大范围报道，相应事件在网络上也因此形成了舆情高峰。此外，中关村二小霸凌事件和华东理工大学一研究生在导师工厂遇难事件，新闻网

站则进行了较长时间的关注。与此相反，5 起影响较小的舆情，新闻网站则较少参与，或是未能在新闻网站上直接引起网民较强烈的反应。

新闻网站作为专业的新闻机构，具有微博和微信等社交媒体难以比拟的公开传播特性。近年来，微博表现出越来越显著的弱关系圈子特点，并在朝着强关系方向发展，而微信则一直由强关系圈子主导。关系圈子促进了圈子内信息的流动，但同时也抑制了信息在圈子与圈子之间的流动，进而阻碍了舆情信息的大规模爆发。但新闻网站却是信息的全面公开平台，且网站与网站之间多以转载方式扩大信息的传播范围。因此，新闻网站的报道易在公众当中达到议程设置的效果，从而进一步推高舆情。

新闻网站、新浪微博与微信公众平台之间存在一定的舆情共振。发生在学校的教育事件大多首先被学校师生公布在社交平台上，因而教育舆情在微博和微信平台上的爆发常早于新闻平台。之后社交媒体上的舆情信息引起新闻机构的注意，相关信息经新闻媒体调查、证实后再发布在新闻网站上，进而引起更大范围的关注。

（五）舆情事件正负面情感探索

舆情信息的情感分析一直是网络舆情研究的重点和难点，也是舆情处置应对工作亟待突破的领域。2016 年，中国教育网络舆情课题组联合国家超级计算长沙中心的技术团队对教育网络舆情情感分析进行了重点突破，并尝试性地将所收录的舆情事件的所有相关网络文本进行了大规模情感分析，经过多次过滤后，共留下 417 起教育网络舆情事件的情感分析结果。

如图 1-1-27，经过滤后剩下的 417 起教育网络舆情事件中，有 126 起舆情事

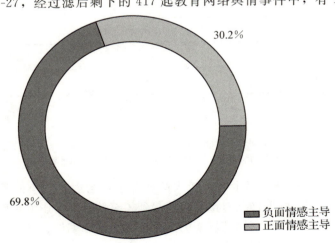

30.2%

69.8%

■ 负面情感主导
■ 正面情感主导

图 1-1-27   2016 年中国教育网络舆情正负面情感主导事件占比图
数据来源：国家超级计算长沙中心、湖南大学网络舆情研究所

件的公众情绪为正面情感占主导，占比 30.2％。负面情感占主导的事件数量则达到 291 件，占比近七成，约为 69.8％。正负面情感占主导的事件总体呈现三七开的比例，表明公众对各级学校和教育部门的管理工作仍有较高的期待，需教育机构对工作进行进一步的完善。但网络舆情事件特别是影响较为广泛的舆情事件带有天然的负面性，要在短时间内改善教育网络舆情由负面情感占主导的局面十分困难，因此，学校以及教育管理部门需要正确看待该行业网络舆情由负面情感占主导的常态。

　　我们对 417 起教育网络舆情事件的正负面情感具体数值按照事件类型一一进行了绘制。如图 1-1-28 所示，大部分舆情事件的正负面情感分布较为平均，"0"

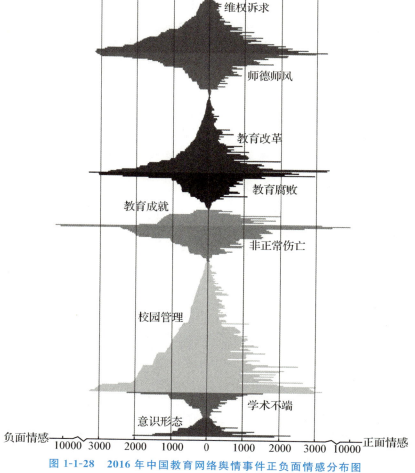

图 1-1-28　2016 年中国教育网络舆情事件正负面情感分布图

数据来源：国家超级计算长沙中心、湖南大学网络舆情研究所

刻度垂直线左右两边的线段大致呈对称分布。这表示在一起教育舆情事件中，正负面情感分布的数量不具有太大差异。这样的分布特征与正负面情感占主导的舆情事件占比形成鲜明反差：正负面情感各自占主导的事件大致呈三七开比例，负面情感占主导的舆情事件占有绝对优势，但具体到每一起具体的舆情事件，负面情感的优势并不明显，甚至在一些正面情感占主导的舆情事件中，其正面情感的比例占有巨大优势。对于这些正面情感占主体地位的教育网络舆情事件，其应对仍有较大可能扭转目前负面情感主导舆情事件的局面，这意味着应对主体只要对应对策略稍加改变便可能扭转目前面临的不利局面。

不同教育舆情事件类型同样表现出较大的正负面情感差异。非正常伤亡类事件引起的公众情感波动最大，其次为校园管理、教育腐败、教育改革、师德师风以及维权诉求类舆情事件，学术不端、意识形态、教育成就三类事件公众正负面情感波动较小。非正常伤亡类舆情危及人员生命安全，最能够激起网民的情绪，因此，舆情应对主体需要特别注意对非正常伤亡类舆情公众情绪的引导。

三、2017 年中国教育网络舆情治理建议

教育网络舆情的治理应对是一项复杂而艰巨的工作。教育网络舆情虽然整体上呈现"小范围舆情为主，大范围舆情为辅"的态势，反映出相关主体在舆情应对方面的长足进步。但无论是已成为热点的舆情还是未大规模爆发的教育事件，由于事件发生主体的身份牵涉学校和教育领域，个人的偏常行为常常给学校或教育部门带来组织性危机，并给后二者带来不小的挑战。然而网络舆情并非洪水猛兽，只要掌握了舆情的发展规律和应对技巧，不但可以转危为安，甚至有可能借此提升学校形象。

根据大数据技术抓取和分析出的 2016 年中国教育网络舆情演进趋势、参与主体地域分布、平台分布以及正负情感等特征，中国教育网络舆情课题组将从介入策略、管理制度、平台构建以及观念转变等方面入手，为学校机构和教育管理部门提供有针对性且切实可行的建议，以期能营造一个学生、教师、学校管理者、教育管理部门以及外界公众多方参与的更好的教育网络舆情生态。

(一)针对传播特征的舆情介入策略

从 2016 年中国教育网络舆情演进趋势可以看出，与其他类型的舆情演进趋势类似，教育网络舆情同样要经历从潜伏期、爆发期、高潮期到消退期、平稳期的过程。但正负面不同类型的事件所引起的舆情在演进过程中又呈现出不同的特征。从前文对非正常伤亡类事件演进规律的分析可以看出，负面舆情的演进过程曲线较为波折、分散，且持续时间短，事件一经曝出便迅速发酵形成舆情高峰，在此过程中相关部门的应对至关重要，一旦出现差错，往往失之毫厘，谬以千

里，对负面舆情的处理也成为当前教育管理部门工作的重点和难点。针对负面舆情，学校以及教育管理部门可以在舆情演进的不同阶段选择不同的方式介入。

1. 教育网络舆情爆发期以舆情监控为主

舆情大规模爆发之前往往会经历较长时间的潜伏期，但由于潜伏期舆情难以捕捉和察觉，舆情的着手处置往往从爆发期开始。从舆情走势拐点图可以看出，教育舆情的爆发期持续数小时不等，但总体上在18小时之内，且影响较大的事件其爆发并不需要经历较长的时间。网络舆情进入爆发期后，相关信息处于相互碰撞、从分散向集中的过程，任何观点都可能最终成为主流舆论。此时，相关部门应着手启动应急预案，加强对舆情的监督，紧密关注和把握网络上各家意见的交锋汇聚，为后续的应对打下基础。

2. 教育网络舆情高潮期以积极回应为主

教育网络舆情达到高潮期时，网民情绪最为高涨，这一时期是相关部门所面临的舆情危机最严重的时期，但这一时期网民分散的观点多演变成集中的一种或几种观点，相关部门已经能够针对其中的舆论进行回应。同时，相关部门应加紧制定具体的回应方案和文本，对舆情进行及时干预，抑制热度继续攀升。

在此期间，教育管理部门与学校相关机构在舆情回应时应以积极的姿态面对公众，通过社交媒体、新闻媒体等渠道及时公布事件进展。由于舆情在高潮期受到了社会各界的广泛关注，舆情演进极不稳定，回应的策略以及文本语气等诸多细节都可能触发二次舆情产生，因此教育部门在此期间应继续加强对相关舆情监测，防止不良影响扩大。

3. 教育网络舆情消退期以形象修复为主

舆情回应仅是短时期内对公众质疑的回复，引发事件的根本问题并没解决，相关事件主体在公众中的形象仍然没有恢复。因此，舆情消退期是修复形象、增强公信力的关键时期。这一时期，相关部门应利用舆情高峰期过后公众注意力转移的相对空闲期，对事件展开深入调查，及时将事件原因及相关责任人的处置结果公之于众。事件原因和相关责任人处置结果的公布不仅是舆情处置的后续工作，更展现了学校或者教育管理部门负责任的形象以及表达了对公众意见的尊重，对于修复，甚至提升学校和教育管理部门被教育舆情所破坏的公众形象具有重要作用。

4. 教育网络舆情平稳期以信息监测为主

在舆情平稳期，相关舆情事态已基本平息，这一时期各大新闻媒体以及大部分网民的议题均已转移，舆情的关注量多徘徊在个位数，这些关注量主要是部分错过舆情主要爆发时期的网民对该舆情的回溯。但是舆情平稳期仍不能放松对舆情的持续监测，教育舆情的累积效应明显，同类型舆情事件易在短时间内接连爆发，且前期事件对后起舆情有较大影响。例如，在 2016 年连续曝光的"毒跑道事件"和"校园电信诈骗事件"，不断刺激着公众的神经，引发了广泛讨论。

尽管前一事件已经平息，但类似的教育舆情接连发生，不仅形成舆情的一个个高潮，也为后面的舆情处置带来更大挑战：公众会逐渐形成如学校管理存在体制问题、教育行业存在大面积腐败等刻板印象，给教育行业的整体社会形象带来较大的负面影响。这就要求教育管理部门及学校相关机构通过持续的舆情监测，关注网民对相关舆情的态度，警惕类似舆情连续发生。

(二)针对地域分布的舆情监管策略

1. 加强经济发达、人口集中地区舆情监管

教育网络舆情地域分布广泛，但从舆情发生数量以及规模来看，不同地域仍具有分布冷热不均、地区差异较大等特点。总体来说，无论是教育事件发生频率还是网民参与积极性，都呈现出从东部沿海地区向中西部内陆地区递减的变化趋势，仅四川这一个西部省份较为例外。教育事件发生频率和网民参与积极性在地域上的分布与经济社会发展水平和人口规模具有较高一致性：东部沿海省份除了在经济发展水平上较为突出外，人口规模也位居全国前列；而四川虽然位居西南，但 2016 年四川省经济规模和人口规模分别位列全国第六和全国第四，为西部省份最高。较大的人口规模意味着更为庞大的在校学生、教师队伍和管理人员，因而教育事件发生的概率也更高；较高的经济社会发展水平则意味着教育资源的质量更好，其教育事件的发生也更容易被社会大众所关注。而发达地区民众媒介素养也相对较高，倾向于以更积极的姿态参与教育事件的讨论。这些都为东部发达地区的舆情治理带来了更高的难度和更大的挑战。

教育网络舆情是社会教育状况的"晴雨表"，对不同地域的舆情监测与管理应与当地的社会环境、社会问题相适应，如果仅仅是就舆情论舆情，往往得不到意想的结果。因此，对于教育网络舆情的处理应就事论事，必须还原到它所处的生态环境中加以把握才是科学和正确的。

面对这样的境况，舆情高发的东部以及中西部个别地区要特别注重一整套舆情管理制度的建立，随时为舆情的应对和处置做好准备。舆情管理制度建立的重中之重是监测环节的完善。目前多数学校和教育管理部门所依赖的通过人工监测舆情的手段已很难适应教育舆情的演进速度，急需相关监测系统的引入。但层级较低的学校和教育管理部门自身建立一套舆情监测系统需要大量人力、物力、财力，难以实现。因此，层级较低的学校和教育管理部门应与上级部门或外部机构合作，通过借助外部力量使自身的舆情监测水平在短时间内能够适应目前的舆情生态。

2. 实施有统有分的地区联运工作机制

分地域参与人数分布图显示，发生在不同地域的教育事件其舆情参与最为活

跃的地区除事件发生地外，还有北京、广东、江苏、上海、山东等东部发达省市。这意味着尽管教育事件的发生地是一定的，危机的承担方和舆情处置的责任主体为事件发生的机构单位，但对事件进行关注和评论的网民却主要分散于东部沿海的各个省市。"事件发生地与意见汇集地的分离"为舆情的治理带来了挑战。

为了使发生在全国各地的教育网络舆情都能够得到妥善处置，各地教育管理部门和学校应在教育部的统筹下加强各地域之间教育网络舆情的信息流通，多渠道、多方位获得教育舆情动态。

要加强各地域之间教育网络的信息流通，应实施多方报告机制，形成一个各环节流程顺畅、配合紧密、责权明确、运作高效的统一整体。首先，各高校与教育管理部门应设立信息报点，建立联动信息系统，并定期报送学校与学生的动态信息，简化中间层级。信息报送过程中做到不隐瞒、不虚报，并将工作常态化。其次，对于影响重大的政治类、敏感类网络舆情可直接上报，便于让相关部门及时掌握事态并进行介入与管理。

（三）针对载体影响力的互动平台构建方案

1. 搭建活跃而具有影响力的社交平台

现如今信息载体与传播渠道日益多元，通过前文三大平台的传播规律可以看出，目前已经有微言教育和中国政府网等官方非媒体微信公众号在教育网络舆情的治理当中崭露头角，并承担重要角色。但相较于主流新闻媒体的社交平台，官方部门管理的社交平台无论是对教育舆情的关注度还是对教育舆情的影响力均有所欠缺。

学校机构及教育管理部门要想在负面舆情的回应和正面舆情的宣传上抢占主动权，就必须要加强自身社交平台的建设。社交平台的建设需要建立一支熟悉互联网运营，能够完成从内容创作到内容把关的人员完善的队伍。

高校作为教育舆情发生的主要阵地，搭建一个具有公信力的社交平台十分的必要。在高校中，学生主体最了解学生本身接受信息的习惯，高校官方微博账号和微信公众号运营团队应以学生为主要构成。社交平台的运营应保持一定的活跃度并积极与受众展开互动，应根据平台主要的受众即大学生的信息接收习惯及时调整信息发布策略。在以学校和教育管理部门为主体的官方微博、微信平台上塑造积极、正面、美誉度较高的形象，将为有效应对教育网络舆情打下良好的基础。

2. 重视与专业教育类微信公众平台合作

微信平台作为新媒体传播平台的后起之秀，对教育网络舆情的传播起着至关重要的作用。前文中，通过对募格学术、青塔以及学术中国等关注教育舆情的专业教育类微信公众平台的分析可以看出，专业教育类微信公众平台对于同一教育事件的持续关注程度远高于新闻类微信平台，且相关内容趋于专业化、深度化，在推动教育网络舆情的传播和解决方面的作用日渐凸显，成为影响教育网络舆情演进过程中的一支重要力量。

面对这种现状和趋势，教育网络舆情引导者更要变被动为主动，学会如何利用网络推动工作。教育管理部门和学校相关机构应该加强与有较大影响力的专业教育类微信公众平台的联系与合作。通过多平台发声，及时、公开、坦诚地用网络声音占据舆论主阵地，有效消除网络中的误解、质疑与不满。

3. 与传统新闻机构建立媒体矩阵

报刊、广播电视等传统新闻媒体对教育领域中的学校和管理部门具有舆论监督的作用，但二者并非水火不容，学校和教育管理部门应以开放、包容的态度看待新闻媒体。从前文的平台传播特征可以看出，传统媒体在教育网络舆情的传播过程中仍然起着不可替代的作用。尽管传统媒体曝光的重大舆情的信息源大多来源于新媒体，但传统媒体仍是讨论教育问题的主要阵地，而这些潜在舆情点被传统媒体捕捉后，会以新闻或深度报道的形式引爆，并在社会上引起更大反响。

当前众多高校与媒体机构之间建立了媒体矩阵、新媒体联盟，在主流舆论传播方面取得了较好的传播效果。实践证明，单靠某一种媒介对舆论进行引导会显得力不从心，整合传统媒体和新媒体在舆论引导中的差异优势，搭建起立体互补的平台，已成为大势所趋。

以江苏高考"减招"事件为例。微博、微信由于自身传播速度快、传播范围广等特点使其成为当前舆情信息传播、扩散的重要途径。此外，报纸、电视等传统媒体凭借其权威性配发深度评论和解析，使真实信息快速在公众中传播，有力地抑制了"减招"谣言的扩散。因此，善用新媒体，建立媒体矩阵，可以较好地实现舆论的引导。

通过对单个教育网络舆情分析可以看出，大多舆情最初发端于地方媒体，舆情回应与舆情相关进展也大都通过地方媒体曝光，进而借由中央主流媒体转载而扩大影响力。可见，地方媒体在教育网络舆情的发展演进过程中起到了纽带作用，因此，舆情应对过程中各地学校以及教育管理部门还要特别重视与地方媒体的互动。

(四)针对态度倾向的情感疏导策略

目前，在对教育网络舆情的应对中存在着一个误区：教育管理部门总是试图通过"摆事实、讲道理"的方式来解决问题。但事实上，通过前文正负面情感的分布图，可以看出无论对于哪一类事件，正负面情绪的数量大体上是相当的。网民受其职业、地位、年龄等多种因素的影响，对同一个问题所持的态度也不尽相同，这也是多元化社会的基本特点。所以，仅仅通过摆出部分事实来讲道理是很难被大众所接受的。所以，这首先不是道理的问题，而是关乎感情、立场和关系的问题。换句话说，解决舆论入耳入脑入心的社会前提条件，是必须要与聆听者产生情感共知和关系认同。①

面对这种现状，教育管理部门应首先解决立场问题，即与舆情事件的网络参与者在情感上产生共知。作为教育部门的舆论管理者，要能在纷繁复杂的声音中捕捉到人心所向，即民众在网络中表达出的正能量的一面，并因势利导，利用这种声音做出相应的应对和化解。通过对教育网络舆情的化解，获得人心所向，才是工作的关键。

———————————

① 喻国明．网络舆情治理的要素设计与操作关键[J]．新闻与写作，2017(1)：13.

第二部分　专题篇

　　《中国教育网络舆情发展报告 2016》专题篇共收录了 3 个案例分析和 5 个专题分析，案例分析分别为《"慢就业"话题网络舆情案例分析》《常州毒地事件网络舆情案例分析》和《兰州患癌女教师被开除事件网络舆情案例分析》，专题分析分别为《校园食品安全问题网络舆情专题分析》《校园贷安全问题网络舆情专题分析》《教师失德违纪事件网络舆情专题分析》《高校电信诈骗事件网络舆情专题分析》和《高校"双一流"建设网络舆情专题分析》。

　　8 篇文章均选取了 2016 年度舆情热度较高，且具有较强代表性，或涉及热门教育政策的网络舆情专题进行分析。其中，高等教育相关分析 4 篇，整个教育系统相关分析 4 篇；偏负面专题 6 篇，中性或正面专题 2 篇；系列事件类分析 4 篇，单独事件类分析 2 篇，政策类分析 2 篇。

　　2016 年专题篇选取了三篇有价值的点类舆情进行案例分析，结合实例分阶段对舆情特征、演化过程、应对反响等进行解析，并最终提出具有现实意义的舆情应对建议。同时，系列事件类专题分析也在聚焦类型舆情标志性特征的基础上，加入热点议题解析及典型案例分析板块，通过点面相结合深入把握舆情规律。此外，专题篇在创新的基础上继续加强了具有长期跟踪价值的同一专题的延续性研究。例如，对《教师失德违纪事件网络舆情专题分析》《校园食品安全问题网络舆情专题分析》两个专题在 2015 年的基础上保持了持续关注与研究，以期更加全面地、动态地掌握相关舆情的发展变化状态及规律。

专题一："慢就业"话题网络舆情案例分析

2016 年，人社部公布数据显示 2016 年高校毕业生达到 765 万人。在经济下行压力下，高校毕业生人数却不断增长，使得高校毕业生的就业形势更加严峻，高校毕业生毕业而未尽快就业现象悄然而生，甚至在北上广等一线城市开始"流行"。社会也开始聚焦"慢就业"话题，对"慢就业"现象褒贬不一。随着央媒的表态，相关舆情集中爆发，引发社会各界广泛关注。

一、事件及舆情概述

（一）事件始末

2 月初，有媒体报道称，2010－2015 年，"慢就业"现象日益明显，另外处于失业状态且不打算求职和求学的"待定族"群体人数也呈现逐年上升趋势。

4 月 19 日，解放网报道称，前程无忧发布的《2016 应届毕业生求职到位率调查报告》显示，2016 年大学应届毕业生的就业市场未受经济放缓影响，尽管目前工作签约率不高，但多数毕业生不缺就业机会，对职业机会的选择和对进入职场时间的考虑成为很多毕业生目前的聚焦点。调查显示，毕业后明确将继续求学、当公务员和创业的学生超三成。另外，将近七成的学生中，43.3％的学生已得到工作，而 17.9％的学生不找工作，但苦于没有工作机会的仅占 6.7％。

8 月 19 日，央广网报道称，应届大学毕业生已经离开学校，大多数都陆续走上工作岗位。可是，还有一些毕业生，却并不急着找工作，也不打算继续深造，而是暂时选择游学、支教、在家陪父母或者创业考察，慢慢考虑人生道路。记者调查发现，这样的毕业生并不在少数，这些年轻人告别了传统的"毕业即工作"模式，被称为"慢就业一族"。

10 月 2 日，《光明日报》发表《"慢就业"不失为一种选择》一文称，"慢"并非原地不动，只是放慢步伐以便更好地选择或冲刺。磨刀不误砍柴工，"慢就业"给了人们沉静下来仔细观察、学习、思考的时间，可以让自己以更成熟的面貌面对人生，而这也将利于大众创业、万众创新。希望社会能更包容"慢就业"，让更多人从中受益。

10 月 13 日，《人民日报》发表《大学生就业，观念须"松绑"》一文称，如果说"慢就业"已经成为就业现实的一部分，那么从教育主管部门到高校、家长和用人单位，应该给毕业生更多的选择。在保证大部分人顺利就业的同时，也应该允许部分毕业生更加从容、自主地设计自己的职业规划和人生道路，给高校和学生都

"松绑"。

(二)舆情概述

如图 2-1-1,"慢就业"相关话题的舆情发展呈现出"潜伏时间长、爆发猛烈、舆情热度容易波动起伏"的特点。纵观其演变过程,可以发现央媒的介入和引导是相关舆情爆发的原因,随着央媒的集中报道,相关舆情热度相应地达到峰值,而随着央媒的撤退,相关舆情热度也随之下降。具体而言,在 10 月 2 日之前,长城网、东方网等媒体揭示"慢就业"成为一种现象,均未引起媒体广泛讨论,甚至临近毕业季,相关话题也未发展成为全国性的热点话题。该阶段,媒体中立性的报道占主流,网民的关注度较低,且关注的群体集中于大学生。此时,媒体与网民之间的撕裂程度较低。

10 月 2 日,《光明日报》发表评论肯定"慢就业"的积极意义,迅速引起舆论场中各群体的广泛关注。《人民日报》、新华社、《中国青年报》、人民网、《新京报》等媒体纷纷聚焦"慢就业",并主动宣传"慢就业"的积极意义。此时,舆论场中媒体的正面观点占主流,但网民与媒体的观点截然相反。大部分网民不认可"慢就业"的积极意义,并质疑这是相关部门推卸责任的表现。该阶段,舆论场中媒体与网民之间的撕裂程度最高。

10 月 29 日,随着"慢就业"舆情热度持续爆发以后,相关话题热度下降趋势明显。这一阶段,大部分中央级媒体退出,地方媒体陆续报道,并成为该阶段的报道主力。观点方面,媒体以中性为主,网民关注度逐渐下降,建议相关部门完善配套措施的呼声较高,舆论场中媒体与网民之间的撕裂程度正在慢慢愈合。

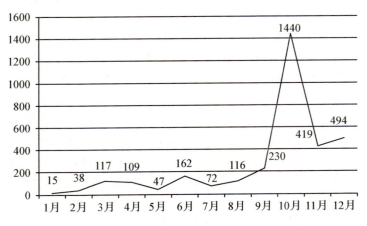

图 2-1-1　"慢就业"话题舆情发展走势图

数据来源:湖南大学网络舆情研究所

二、舆情阶段性分析

(一)第一阶段：舆情潜伏期(1月1日至10月1日)

表 2-1-1　第一阶段重点媒体报道

日期	标题	来源	媒体类型	报道性质	报道种类
2月8日	"慢就业"现象增多 折射大学生新型就业观	长城网	地方媒体	中立	事实性报道
4月20日	慢就业渐成趋势 应届大学毕业生求职热情不高	东方网	地方媒体	中立	事实性报道
5月26日	别让"慢就业"蹉跎了时光	重庆日报	地方媒体	批评	评论
6月30日	"慢就业"：可以慢，不能懒	福建日报	地方媒体	中立	评论
8月19日	近半数95后毕业生选择"慢就业"集中一线城市	央广网	央媒	中立	事实性报道
8月24日	高校毕业生出现"慢就业"动向	劳动报	地方媒体	中立	事实性报道
9月6日	大学毕业生现"慢就业"族 专家：只要不啃老不需指责	新华网	央媒	中立	评论
9月7日	不妨宽容看待"慢就业"	河北日报	地方媒体	支持	评论
9月8日	"慢就业"虽好，也别盲目跟风	广州日报	地方媒体	中立	评论
9月10日	"慢就业"折射教育制度缺失	中国产经新闻	央媒	批评	评论
9月30日	"慢就业"太"慢"只争朝夕	每日新报	地方媒体	批评	评论

　　本阶段舆情特点：舆情潜伏期间，有关"慢就业"的话题断断续续出现，报道媒体多为地方媒体，事实性报道是诱因，评论观点以宽容和审慎对待"慢就业"现象为主。具体而言，临近毕业季，媒体陆续报道北上广等城市大学毕业生"慢就业"现象，并认为其将发展成一种趋势，引发各地媒体关注。9月初，媒体的评论相对集中，为相关话题的舆情爆发蓄积了大量能量。

　　以"慢就业"为关键词，在百度新闻"高级搜索"中进行检索，可以发现1月1日至10月1日，与事件相关的新闻约906篇。从中检索出重点原发报道11篇并进行详细分析，可发现以下三点。

　　从报道的时间分布来看，2、4、5、6、8、9 等月份均有相关的重点报道，足见"慢就业"话题在潜伏期中的特点：9 月份之前，相关话题反复出现，媒体讨论相对分散，媒体以事实性报道为主；9 月上旬和下旬相关报道较集中，媒体报道以评论为主，部分观点相对犀利。

　　从报道来源来看，主要集中于地方媒体，《每日新报》、《广州日报》、《河北日报》、东方网、长城网等媒体纷纷介入，共发表重点文章 8 篇，约占总数的73%。细分媒体性质发现，地方党媒占比 50%，是相关报道的重要载体。《中国产经新闻》、新华网、央广网等中央级媒体也报道了相关消息，约占总数的27%。值得一提的是，该阶段媒体报道类型以纸媒为主，网络媒体介入较少，从而使得相关舆情关注点较分散，舆情热度较低。

　　从报道性质来看，中立性质的报道为主流，相关报道 7 篇，约占总数的64%，该类型报道主要解释"慢就业"现象在北上广等一线城市普遍存在。除此之外，部分报道或观点对提倡"慢就业"提出了建议，点明"慢就业"健康发展的前提条件。反对"慢就业"的观点 3 篇，约占总数的 27%，主要观点认为"慢就业"折射出目前教育制度存在的问题，长此下去，会让广大毕业生蹉跎岁月。支持"慢就业"的观点一篇，约占总数的 9%，主要观点是呼吁社会宽容地看待"慢就业"现象。

　　如图 2-1-2，这一阶段网民关注度较低，抽样分析（网民观点 200 条）显示，参与的网民群体以大学毕业生为主，主要持观望态度。具体表现为，他们认为自己"慢就业"的现状得到了关注，与此同时，他们希望减少一些社会焦虑和压力。其中约四成网民观察到"慢就业"现象越来越多，对"慢就业"现象习以为常；三成

图 2-1-2　第一阶段网民情绪关键词分布图

图片来源：图悦词频分析系统

网民认为"慢就业"一族处于一种焦虑状态，希望能够得到帮助；两成网民认为"慢就业"只要不啃老是可以接受的；约一成网民认为"慢就业"是在逃避现实。

（二）第二阶段：舆情爆发期（10月2日至10月28日）

表 2-1-2　第二阶段重点媒体报道

日期	标题	来源	媒体类型	报道性质	报道种类
10月2日	"慢就业"不失为一种选择	光明日报	央媒	支持	评论
10月2日	静下来观察、学习"慢就业"不失为一种选择	新蓝网	地方媒体	支持	评论
10月3日	大学生"慢就业"，需要更多宽容与理解	新京报	地方媒体	支持	评论
10月3日	"慢就业"的成本不容忽视	法制晚报	地方媒体	批评	评论
10月5日	个人可以"慢就业"，创造就业机会的政策不能慢	腾讯网	商业门户网站	支持	评论
10月6日	鼓励"慢就业"是理想主义情怀泛滥	红网	地方媒体	批评	评论
10月8日	慢就业毕业生扎堆泡馆自习	北京青年报	地方媒体	中立	事实性报道
10月8日	"慢就业"实际上是一种就业焦虑	东方网	地方媒体	中立	评论
10月9日	慢就业 理性错峰	天津日报	地方媒体	支持	评论
10月10日	慢就业——对学生要包容不要纵容	中国教育报	央媒	支持	评论
10月13日	官方报告指今年上海高校毕业生就业率达96.5%"慢就业"悄然兴起	中国新闻网	央媒	中立	事实性报道
10月13日	大学生就业，观念须"松绑"	人民日报	央媒	支持	评论
10月14日	"慢就业"不是不就业	央广网	央媒	支持	评论
10月14日	"慢就业""待定族"本质是掩耳盗铃	新华社	央媒	批评	评论
10月20日	理性看待大学毕业生"慢就业"	中国科学报	央媒	中立	评论

日期	标题	来源	媒体类型	报道性质	报道种类
10 月 26 日	"慢就业"者，需要关注，也需要帮扶	中国劳动保障报	央媒	支持	评论
10 月 28 日	"慢就业"是失业遮羞布吗	中国青年报	央媒	中立	事实性报道
10 月 28 日	慢就业："慢"出质量 也是一种好选择	中国科学报	央媒	支持	评论

　　本阶段舆情特点：舆情爆发期间，中央级媒体介入，舆情迅速聚焦，热度快速上升，"慢就业"是否值得提倡迅速成为舆论争议的焦点。具体而言，10 月 2 日，《光明日报》发布《"慢就业"不失为一种选择》一文，迅速在舆论场中快速传播，成为各类媒体报道和评论的焦点。与此同时，舆论场中的观点迅速分化成支持和反对两方，相关讨论一直持续到 10 月 28 日，随后相关舆情热度消退明显。

　　以"慢就业"为关键词，在百度新闻"高级搜索"中进行检索，可以发现 10 月 2 日至 10 月 28 日，与事件相关的新闻约 1440 篇。从中检索出重点原发报道 18 篇并时共进行详细分析，可发现以下三点。

　　从报道时间分布来看，相关话题的讨论一直处于相对较热的状态，其中 10 月 2 日和 10 月 13 日，《光明日报》和《人民日报》的两篇评论性文章受到的关注度最高，相关舆情热度在 10 月 3 日和 10 月 14 日达到峰值。

　　从报道来源来看，主要集中于中央级媒体，《人民日报》《光明日报》《中国教育报》等中央级媒体纷纷介入，共发表重点文章 10 篇，约占总数的 53%。细分媒体性质发现，传统报道是中央级媒体的最主要组成部分，约占比 64%。《新京报》、《法制晚报》、《天津日报》、东方网、红网、新篮网等地方媒体也加入到报道行列，约占总数的 39%。此外，腾讯网等商业门户网站也参与到相关报道中，整合相关报道内容，进行专题性报道和讨论。值得一提的是该阶段的重点报道以中央级传统纸媒为主，网络中的相关报道也多围绕此展开，使得舆情关注点迅速聚焦，舆情热度快速上升。

　　从报道性质来看，支持性报道是主流，相关报道 9 篇，约占总数的 50%。该类型报道主要解释"慢就业"是目前社会存在的一种现象，呼吁社会对此多些包容，形成多元化的就业观。中立报道 5 篇，约占总数的 28%，主要揭示"慢就业"现象存在的原因。反对"慢就业"的报道 4 篇，约占总数的 22%，主要观点认为"慢就业"是相关部门推卸责任的表现，该观念目前不具备落地性。

如图 2-1-3，这一阶段网民关注度高，抽样分析（网民观点 200 条）显示，参与网民群体分布广泛，包括家长、学生、教师等，批评媒体宣传"慢就业"的行为占主流。具体表现为，他们认为政府、学校等相关部门大力宣传"慢就业"观念有推卸责任之嫌。近四成网民批评媒体误导大学生就业；近三成网民认为慢就业是啃老；超两成网民认为慢就业能够让大学生选择更好的职业；超一成网民认为慢就业者大部分是因为个人能力差。

图 2-1-3　第二阶段网民情绪关键词分布图

图片来源：图悦词频分析系统

（三）第三阶段：舆情消退期（10 月 29 日至 12 月 31 日）

表 2-1-3　第三阶段重点媒体报道

日期	标题	来源	媒体类型	报道性质	报道种类
11 月 3 日	不宜大肆宣扬"慢就业"	中国科学报	央媒	批评	评论
11 月 4 日	"慢就业"只因不想出卖青春出卖苦力	新快报	地方媒体	中立	事实性报道
11 月 11 日	慢就业在中国受争议：四处晃荡的自由与钱无关	中国青年报	央媒	支持	评论
11 月 11 日	慢就业不是一场说走就走的任性旅行	中国青年报	央媒	批评	评论
11 月 11 日	慢就业在目前只能是一种愿景	东方网	地方媒体	批评	评论

日期	标题	来源	媒体类型	报道性质	报道种类
11 月 11 日	选择"慢就业"的代价是什么	南方日报	地方媒体	中立	事实性报道
11 月 25 日	新加坡媒体："慢就业"开始在中国城市中慢慢流行	环球时报	央媒	中立	事实性报道
12 月 6 日	90 后"慢就业"引担忧 高校引导大学生积极就业	楚天快报	地方媒体	中立	事实性报道
12 月 8 日	"慢就业"是与非需要"两面看"	东北网	地方媒体	中立	评论
12 月 14 日	选择"慢就业"还需毕业生"快成长"	中国江西网	地方媒体	中立	评论
12 月 15 日	"慢就业"不能等同于"不就业"	长江网	地方媒体	批评	评论
12 月 19 日	"慢就业"面面观，沉淀期也需要包容	千龙网	地方媒体	支持	评论

　　本阶段舆情特点：舆情消退期间，央媒声音减弱，舆情议题分散，热度快速消退，暂无其他敏感议题产生。具体而言，进入 11 月份以后，随着"慢就业"议题在舆论场中得到充分讨论，如何规避"慢就业"引发问题，促进大学生就业成为讨论的焦点。

　　以"慢就业"为关键词，在百度新闻"高级搜索"中进行检索，可以发现 10 月 29 日至 12 月 31 日，与事件相关的新闻约 913 篇。从中检索出重点原发报道 12 篇并对其进行详细分析，可发现以下三点。

　　从报道时间分布来看，相关话题的热度呈现出波动下降趋势，其中 11 月 11 日的舆情热度值较高，相关舆情热度处于较平稳的状态。

　　从报道来源来看，主要集中于地方媒体，千龙网、长江网、东北网、《南方日报》、《楚天快报》、《新快报》等地方媒体纷纷介入报道，共发表重点文章 8 篇，约占总数的 67%。《中国青年报》《中国科学报》《环球时报》等中央级媒体也在持续关注该议题，相关报道共 4 篇，约占总数的 33%。

　　从报道性质来看，中立报道占主流，相关报道 6 篇，约占总数的 50%。该类型报道主要考虑"慢就业"可能面临的问题，并有针对性地提出相关意见。反对观点的报道共 4 篇，约占总数的 33%。该类型观点主要批评宣传"慢就业"带来的不利影响。支持观点的报道共 2 篇，约占总数的 17%，主要观点认为应该对"慢就业"多些包容。

如图 2-1-4,该阶段中,网民对该事件的注意力在逐渐减弱,呼吁相关部门完善配套措施,改善目前"慢就业"的发展趋势。具体而言,近五成网民呼吁政府制定积极的政策,不可推卸责任,改变大学生"慢就业"现状;超三成网民认为锻炼能力和丰富阅历相辅相成,应该齐头并进;近二成网民认为应转变社会观念,辩证看待"慢就业"。

图 2-1-4 第三阶段网民情绪关键词分布图

图片来源:图悦词频分析系统

三、舆情应对点评

(一)适时推出"慢就业"概念,有利于降低社会预期

在经济下行和大学毕业生就业难的双重压力下,《光明日报》在 10 月初呼吁社会给予"慢就业"更多包容,不失为一种主动应对和宣传之举。在此之前,关于"慢就业"的争议声在舆论场中此起彼伏,中央级媒体介入一方面是表明态度,同时也让人们对"慢就业"有更深层次的思考。据媒体报道资料显示,北上广等一线城市"慢就业"现象普遍存在,河北、河南等多省份"慢就业"趋势也较明显。在就业压力不断增大、就业形势多元化的今天,毕业后迅速就业的传统观念受到了冲击。此次推出"慢就业"观念既是对客观现实的正视,也是缓解"慢就业"毕业生压力,转变人们的传统就业观念的重要途径。相关报道发布后,虽然受到部分媒体的批评,但从整个舆论场中主要观点的转变可以看出,社会对于"慢就业"现象已有一定程度的认可,社会各界对就业的预期也在开始转变,而这些对于社会树立多元就业观,增强社会的包容性,让"慢就业"者有更多的生存空间,具有重要的意义。

(二)"慢就业"话题充分讨论，有助于聚民意集民智

自中央级媒体发布"慢就业"的相关报道以后，有关"慢就业"话题在舆论场中多次出现，并得到了充分讨论。例如，"是否应该提倡'慢就业'""慢就业与不就业的区别""锻炼能力和丰富经验哪个更重要"等，这些话题的充分讨论，让原本存在的"慢就业"现象受到社会各界的重视，让撕裂的舆论场在社会各界充分讨论后逐渐达成共识。公众在不断的讨论中，也为相关部门和社会组织制定和完善相应的配套措施，促进大学生就业提供了建议和意见。同时，一些批评性观点也能让决策者获悉"慢就业"现象长期存在可能导致的问题，最终帮助他们趋利避害，制定更科学可行的措施，改善"慢就业"中存在的非正常现象，促进大学生就业，增加他们的获得感。

(三)相关措施不完善，引起各方质疑

中央级媒体针对"慢就业"主动发声之所以引起社会舆论的批评和质疑，一方面是因为他们受传统就业观念的影响，将太多的期许寄托于政府身上；另一方面是因为目前的就业配套措施不健全，现行教育体制下培养出来的大学生不能完全适应社会对人才的需求，部分"慢就业"者确实存在能力不足，甚至是啃老的现象。加上现阶段正处于就业压力较大时期，中央级媒体作为党的喉舌，此时推出"慢就业"概念，让部分社会民众质疑这是政府等相关部门推卸责任的表现。基于这些原因，"慢就业"观念一经推出便引来很多争议和批评也就理所当然。

四、舆情应对建议

(一)重视"慢就业"现象，研究其背后的深层原因

目前，调查研究性报告显示，"慢就业"现象普遍存在，北上广等一线城市更为显著。尽管"慢就业"确实能够让刚毕业的大学生充分思考自己的职业道路，有更多的时间陪伴自己的父母，但是"慢就业"造成的资源浪费，部分学生消极、自卑、焦虑等问题也随之存在。因此，"慢就业"的喜与悲需要引起相关部门的高度重视。另外，网络中存在一个争议点："慢就业"是社会进步产生的还是因为经济发展不景气导致的现象。目前，有关"慢就业"的系统化和理论化研究还有待完善。针对该情况，相关部门需要在重视"慢就业"的基础上，组织社会各界对"慢就业"现象进行深层次的调查和研究，科学揭示现阶段中国出现"慢就业"的根源，从而能够在源头上找到问题之所在，为后续工作提供科学的指导和依据。另外，还要针对不同的"慢就业"现象进行有针对性的研究，确保能够全面和深刻地掌握"慢就业"现象的本质。

(二)针对性地完善配套措施，促进大学毕业生就业

通过对"慢就业"现象的一般特点以及特殊性进行深层分析后，有针对性地制

定或者完善相应的配套措施。在此需要特别强调，区分"慢就业"和"不就业"，要防止"不就业"入侵"慢就业"，让社会对"慢就业"失去信心和信任。另外，由于"慢就业"现象牵涉的面较广泛，需要充分调动社会各界的力量。国家层面，需要不断完善相应的法律法规，深化改革教育体制机制，使高校的培养方案与社会需求相适应；社会层面，传统的就业观念需要不断与时俱进，促进社会多元就业观念的形成，给"慢就业"者提供更多的生存和发展空间；学校方面，需要动态掌握大学生就业状况，做好学生的心理辅导和就业培训工作，帮助他们能够较好适应社会，制定职业规划，引导大学生积极就业；家庭层面，既要做好保障性工作，也要加强对孩子的鞭策，让他们能够"快成长"起来；个人层面，需要树立理性的就业观念，不断提升自己的能力，对职业有相对明晰的规划，确保自己的"慢就业"不会渐变成不就业或失业。

(三)提升宣传技巧，促进社会形成多元健康就业观

中央级媒体推出"慢就业"观念，在起到一定程度的积极效果的同时，该观念也引来了很多质疑和批评。原因已经在上文做出分析，针对这些原因，相关部门或者社会机构在推出类似概念的过程中，不仅要重视宣传技巧，同时也要充分考虑相关概念发布的大环境，这一点十分关键。"慢就业"之所以会引来争议，重要的一点是因为在就业难的背景下"慢就业"的原因并不明晰，从而让社会各界难以全面判断"慢就业"的是与非。因此，在类似现象或观念的宣传报道或推广过程中，需要充分考虑大环境，并在此基础上提升宣传技巧，将会起到事半功倍的效果，促进社会形成多元健康就业观。此外，"慢就业"与就业难现象紧密相连，要想"慢就业"观念深入人心，让社会增强对"慢就业"的包容，最终还要通过解决就业难问题才能从根本上获得人们对"慢就业"的信任和信心。

专题二：常州毒地事件网络舆情案例分析

"毒地"事件，近年来屡屡进入公众视线。据媒体报道，2015年以来，江苏、广东、上海、浙江、江西、河南、北京、四川、辽宁等多个省市接连被曝出现疑似"毒地"问题。从中总结应对得失发现，官方往往在舆情初期掉以轻心，后迫于舆论压力积极表态，却又"自说自话"，反而"火上浇油"。更值得关注的是，个案舆情的短暂平息并非危机的彻底解除，长期累积的"负面认知"和"失望心理"，在类似舆情再次爆发之际，无疑将会转化为更为汹涌的"网络戾气"。

一、事件及舆情概述

(一)事件始末

2016 年 1 月 4 日，新华网发布报道最先曝光常州"毒地"事件，称自 2015 年年底开始，常州外国语学校和常州天合国际学校就有学生不断出现不良反应和疾病，家长怀疑与旁边的化工厂污染土地有关。6 日，新华网再发报道指出，为了孩子的健康，家长希望与污染地块仅一路之隔的常州外国语学校搬迁到其他校区过渡。而校方回应称，搬迁过渡不在考虑范围。

其后，以新华网为代表的媒体多次发布相关报道反映"污染"问题不容忽视，而校方则多次引用监测数据力证"环境达标""污染可控"，并在与家长共同商讨检测方案未果的情况下，强制要求开学，造成"数百学生明知身体受到毒害的情况下仍不得不坚持上学"，从而埋下了更大的舆情隐患。

4 月 17 日，中央电视台《新闻直播间》播出"不该建的学校"，指出"常州外国语学校氯苯超标近十万倍，先后有 641 人送医"，并引述北京大学环境科学与工程学院教授刘阳生的观点指出，学校方面显示"一切正常"的测评报告存在严重瑕疵。

当日，教育部发言人续梅即表示，已经关注到此事，希望当地教育部门配合当地的政府有关部门，尽快按照科学的方法对学校及周边环境进行检测和调研。与此同时，环境保护部、江苏省政府也连夜做出回应，表态成立联合调查组，尽快赶赴常州进行现场调查。

4 月 18 日，教育部新闻办公室官方微博@微言教育称，教育部高度重视此事，已派出督导组赴常州开展专项督导。同日，常州市政府新闻办公室也表态称，"对环境污染'零容忍'"，但同时强调，相关检测结果显示，校园环境指标均符合国家标准及相关要求。常州外国语学校则发布公开信，指责央视报道有硬伤。

4 月 25 日，常州市政府新闻办公室通过官微发布事件调查进展的通报，称原常隆地块修复处置存在四方面问题，包括土壤修复未按时完成等，目前已对相关责任人立案调查。

(二)舆情概述

如图 2-2-1，"毒地"事件舆情发展呈现出"长期潜伏、猛烈爆发、快速消退"的特点。纵观其演变过程，可以发现央媒报道贯穿始终，是引发舆情与推动舆情发生转折的重要力量。具体而言，自 2016 年 1 月 4 日新华网发布第一篇报道"毒地"事件开始，至 4 月 17 日中央电视台《新闻直播间》播出"不该建的学校"，这一时段的媒体报道多为事实性报道，未引发广泛关注，且单篇负面报道发出后，紧随其后会有通报官方回应的中性报道出现，持续上演"家长"与"校方"之间的角力。与之相应，这一时段网民关注度较低，且以学生家长为主，呈现出"呼吁为主"的特点，多要求学校搬迁过渡、让孩子远离毒地，也有质疑学校不负责任及监管缺位的声音出现，但总体占比较低。

4月17日央视报道发出后，舆情热度迅速上升，新华网、中国新闻网持续发力，再度加入报道阵营，法制网、人民网、央广网等央媒也对此事给予高度关注，纷纷发布报道聚焦事件详情。与此同时，《新京报》《京华时报》《南方都市报》等影响力颇大的都市类媒体和腾讯网等高人气商业门户网站也对此事加以报道和评论，成为推动舆情发展的重要力量。总结这一时段的媒体报道，负面报道占比大幅上升，且多为评论性报道。在教育部、环保部、国务院等高层级部门及时响应的情况下，"捂盖子""环评失守""监管缺位""回应不到位"等负面质疑性观点仍然在媒体观点中占据压倒性优势。而此期间网民观点同样呈现出"群情激愤"的特点，在网民关注度飙升的同时，质疑校方不负责任、隐瞒真相的声音也甚嚣尘上，同时不乏呼吁严查到底、要求学校尽快搬迁并进行相关赔偿的声音。

从4月21日起，舆情热度出现明显下滑，但媒体报道仍保持一定规模，不少媒体持续转载刊发此前的相关报道。分析显示，这一时段的媒体态度总体有所缓和，追问与反思性言论一定程度上稀释了激烈的质疑性观点，但权威媒体如《人民日报》题为"无视群众利益 掩耳盗铃"的评论，仍代表了媒体在这一时段的立场，对校方以及当地政府的负面认知一定程度上已经成为舆论的共同印象。网民观点中，情绪化宣泄的现象已明显减少，多数网民言论偏于理性，呼吁追责到底。而对于4月25日公布的事件调查进展，网民表达出较为浓厚的悲观情绪，指出"对相关责任人立案""却只字未提是谁"，明显是在"官官相护"。

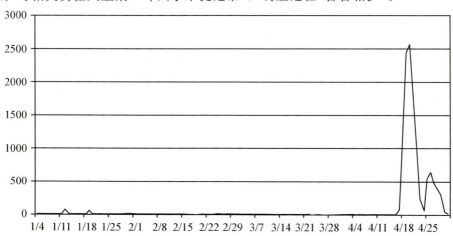

图 2-2-1　常州"毒地"事件舆情发展走势图

数据来源：湖南大学网络舆情研究所

二、舆情阶段性分析

(一)第一阶段：舆情潜伏期(1月4日至4月16日)

表 2-2-1   第一阶段重点媒体报道

日期	标题	来源	媒体类型	报道性质	报道种类
1月4日	常州常隆"毒地"修复屡遭投诉 两学校深受其害	新华网	央媒	负面	事实性报道
1月6日	常州"毒地"修复致学生不适 家长要求搬迁过渡	新华网	央媒	负面	事实性报道
1月7日	常州"毒地"停工 环保局：不经学校同意不开工	新华网	央媒	中性	事实性报道
1月8日	江苏常州网友航拍常隆"毒地"修复现场	新华网	央媒	负面	事实性报道
1月8日	常州一学校建在"毒地"边 学生呕吐现象频发	新华网	央媒	负面	事实性报道
1月9日	常州副市长王成斌实地查看常隆"毒地"督促整改	新华网	央媒	中性	事实性报道
1月12日	常州"毒地"修复难平息 外国语中学暂时停课	新华网	央媒	中性	事实性报道
2月19日	毒地边名校开学 学生面临"去不去"困境	财新网	专业性媒体	负面	事实性报道

　　本阶段媒体舆情特点：这一时段的媒体报道呈现出"来源单一、事实报道、热度不高"的特点。以"常州 毒地"为关键词，在百度新闻"高级搜索"中进行检索，可以发现1月4日至4月16日，关于事件的重点原发报道约7篇，相关新闻约16篇，且发稿时间集中于1月，其中除1篇来自专业性媒体(财新网)外，其余7篇均来自央媒(新华网)。

　　进一步分析报道内容及性质，可发现负面报道占据5篇，分别为《常州常隆"毒地"修复屡遭投诉 两学校深受其害》《常州"毒地"修复致学生不适 家长要求搬迁过渡》《江苏常州网友航拍常隆"毒地"修复现场》《常州一学校建在"毒地"边 学生呕吐现象频发》《毒地边名校开学 学生面临"去不去"困境》，基本上是文字报道，内容重点指出常州外国语学校疑似选址不当，致使多名学生出现身体不适，且校方拒绝采纳学生家长的搬迁过渡诉求，在隐患未除的情况下强制开学。

　　中性报道为3篇，分别为《常州"毒地"停工 环保局：不经学校同意不开工》

《常州副市长王成斌实地查看常隆"毒地"督促整改》《常州"毒地"修复难平息 外国语中学暂时停课》，对环保局邀请第三方进行空气监测、副市长实地查看督促整改、学校组织家长见面会、相关部门协调会及聘请国外机构评测学校周边环境等各方回应进行报道。

如图 2-2-2，本阶段网民舆情特点：这一时段的网民关注度较低，抽样分析（网民观点 200 条）显示，参与评论的网民以学生家长为主，呈现出"呼吁为主"的特点。具体表现为"救救孩子"的呼声很高，要求学校搬迁过渡、让孩子远离毒地的声音始终占四成左右。与此同时，约三成网民质疑学校不负责任，选址前未做环境检测。另有约三成网民指责监管缺位，呼吁彻查问责。

图 2-2-2　第一阶段网民情绪关键词分布图

图片来源：图悦词频分析系统

(二)第二阶段：舆情爆发期(4 月 17 日至 4 月 20 日)

表 2-2-2　第二阶段重点媒体报道

日期	标题	来源	媒体类型	报道性质	报道种类
4 月 17 日	不该建的学校	央视	央媒	负面	评论性报道
4 月 18 日	常州一学校建污染地旁氯苯超标近 10 万倍 曾拒绝搬迁	新京报	都市类媒体	负面	事实性报道

续表

日期	标题	来源	媒体类型	报道性质	报道种类
4 月 18 日	常州外国语学校污染事件：环保部和江苏省成立联合调查组	新华网	央媒	中性	事实性报道
4 月 18 日	国务院派督导组赴江苏督查中学周边遭污染事件	教育部网站	政府官网	中性	事实性报道
4 月 18 日	常州 493 名学生疑因"毒地"身体异常 环保部介入	腾讯网	商业门户网站	中性	事实性报道
4 月 18 日	数百学生疑因"毒地"身体异常 学校被曝未批先建	京华时报	都市类媒体	负面	事实性报道
4 月 18 日	常州外校回应称秩序正常 家长盼更权威答复	人民网	央媒	负面	事实性报道
4 月 18 日	中学毒地风波，跛足环评难解忧虑	南方都市报	都市类媒体	负面	评论性报道
4 月 18 日	四问常州毒地事件	澎湃新闻	都市类媒体	负面	评论性报道
4 月 19 日	常州官方回应"学校污染"事件：校内各项指标均已达标	新华网	都市类媒体	中性	事实性报道
4 月 19 日	江苏"毒地"学校发公开信指责央视报道有硬伤	法制网	央媒	中性	事实性报道
4 月 19 日	记者调查：常州学校污染事件该怪谁？"毒地"如何防范？	央广网	央媒	负面	事实性报道
4 月 19 日	六问常州外国语学校"毒地"事件	新华网	央媒	负面	评论性报道
4 月 19 日	常州"毒地事件"不能自查自纠	经济参考报	央媒	负面	评论性报道
4 月 19 日	常州毒地事件，"冲突"之后真相在哪里	京华时报	都市类媒体	负面	评论性报道
4 月 19 日	"不该建的学校"揭开多重伤疤	中国青年报	央媒	负面	评论性报道
4 月 20 日	常州毒地事件追踪：急于搬迁或因腾出黄金地段	新京报	都市类媒体	负面	事实性报道
4 月 20 日	修复"毒地"为何造成"二次污染"？	新华社	央媒	负面	评论性报道
4 月 20 日	常外"毒地"回应 没抓住重点	法制晚报	央媒	负面	评论性报道

本阶段媒体舆情特点：媒体报道呈现出"多元媒体集中聚焦、评论观点一边倒、热度高涨"的特点。具体而言，央视《新闻直播间》节目栏目播出"不该建的学校"后，事件在极短的时间内升温成舆论焦点，大规模的媒体报道瞬间爆发。而从报道倾向来看，批评质疑的态度占据压倒性的优势。期间，教育部、环保部、国务院等虽及时响应，但由于舆情怨气积累已久，且校方及当地政府表态不当，刺激舆论情绪反弹，负面舆情持续高涨。

以"常州 毒地"为关键词，在百度新闻"高级搜索"中进行检索，可以发现 4 月 17 日至 4 月 20 日，与事件相关的新闻约 1390 篇。从中检索出重点原发报道 19 篇并对其进行详细分析，可发现以下两点。

一是从报道来源来看，该时段央媒仍为报道主力，除新华网、中新网之外，央视、人民网、《中国青年报》、法制网等纷纷介入报道，共发布重点报道 11 篇，约占比 58％。与此同时，都市媒体加入报道阵营，共发布 6 篇报道，成为推升事件热度的重要力量，约占比 32％，其中《新京报》《京华时报》均刊发 2 篇报道，《南方都市报》和澎湃新闻也各发布 1 篇报道。此外，政府官网和商业门户网站也是重要信源，重点原发报道中教育部网站和腾讯网各一篇，占比均约为 5％。

二是就报道性质而言，该时段重点原发报道中，负面报道占比大幅上升，有 14 篇，约占比 74％，其中事实性报道 5 篇，除指出"常州外国语学校先后有 641 名学生被送到医院进行检查，个别被查出淋巴癌、白血病等恶性疾病"外，重点强调学校曾拒绝搬迁，新校区未批先建，"毒地"未修复完成即迁入等。负面评论性报道 9 篇，包括《中学毒地风波，跛足环评难解忧虑》《六问常州外国语学校"毒地"事件》《常州"毒地事件"不能自查自纠》《常外"毒地"回应 没抓住重点》等，"捂盖子""环评失守""监管缺位""回应不到位"等负面质疑引发舆论共振。

而中性报道占比下降，共 5 篇，均为事实性报道，分别为《常州外国语学校污染事件：环保部和江苏省成立联合调查组》《常州官方回应"学校污染"事件：校内各项指标均已达标》《江苏"毒地"学校发公开信 指责央视报道有硬伤》等，对教育部、环保部、江苏省政府、国务院等高层响应进行报道，同时也对当地政府、涉事学校的回应予以动态公开。

如图 2-2-3，本阶段网民舆情特点：这一时段的网民关注度飙升，抽样分析（网民观点 200 条）显示，参与评论的网民来自社会各界，身份较上一阶段明显多元化，而所发言论偏于情绪化宣泄，且共鸣度高。总体而言，近七成网民表示愤怒，指责学校不负责任，编造环评结果隐瞒真相，相关领导失职渎职，丧失道德底线。约两成网民要求严查到底，猜测事件背后是政府谋利所致。另有一成网民指出，学校应尽快搬迁，并赔偿受污染毒害的学生。

图 2-2-3　第二阶段网民情绪关键词分布图

图片来源：图悦词频分析系统

(三)第三阶段：舆情消退期(4 月 21 日至 4 月 29 日)

表 2-2-3　第三阶段重点媒体报道

日期	标题	来源	媒体类型	报道性质	报道种类
4 月 21 日	常州"毒地"修复 未按规定建封闭设施	新京报	都市类媒体	负面	事实性报道
4 月 22 日	常州"毒地"修复：为了利益还是公益？	中国青年报	央媒	负面	事实性报道
4 月 23 日	近六成受访者：常州"毒地"应启动问责机制	新京报	都市类媒体	中性	事实性报道
4 月 26 日	环保部调查组：常外事件最终结论检测完成后才能得出	央广网	央媒	中性	事实性报道
4 月 26 日	"常外毒地事件"相关责任人已被立案调查	人民网	央媒	中性	事实性报道
4 月 27 日	整治污染不能靠小学生的"鼻子"	中国教育报	央媒	负面	评论性报道
4 月 28 日	无视群众利益 掩耳盗铃	人民日报	央媒	负面	评论性报道
4 月 29 日	常州"毒地门"成罗生门 真相难求	锵锵三人行	都市类媒体	负面	评论性报道

本阶段媒体舆情特点：该时段媒体报道呈现出"追责为主、不乏反思、热度下滑"的特点。具体而言，以"常州 毒地"为关键词，在百度新闻"高级搜索"中进行检索，可以发现 4 月 21 日至 4 月 29 日，关于事件的重点原发报道约 8 篇，相关新闻约 875 篇。对重点原发报道进一步加以分析，就报道来源而言，除 3 篇出自都市类媒体外，其余 5 篇信源均为央媒，占比 70%，从中不难看出央媒仍是这一时段的报道主力。

而就报道性质来看，该时段重点原发报道中，负面报道为 5 篇，其中事实性报道 2 篇，评论性报道 3 篇。其中，《人民日报》评论《无视群众利益 掩耳盗铃》，认为此事折射出学生和家长作为弱势一方的无奈，提出"表示'问心无愧'的校长，可曾把学生放在第一位？"的诘问。中性报道中，事实性报道 3 篇，主要关注当地政府发布的关于事件调查的动态通报。值得一提的是，《新京报》报道《近六成受访者：常州"毒地"应启动问责机制》指出，通过对 1363 人展开调查，发现 57.9% 的受访者要求启动问责机制，认为对此事的多个责任方都应追究其责任。

如图 2-2-4，本阶段网民舆情特点：抽样分析（网民观点 200 条）显示，这一时段的网民评论趋于理性，在"追责"这一议题上形成高度共识，同时表达出一定的失望情绪。总体上，超过六成网民呼吁追责，严惩相关人员。约两成网民表示失望，认为官方死扛之下，学生及家长根本无力抗衡。另有两成网民指出"对相关责任人立案""却只字未提是谁"，担心"官官相护"之下追责烂尾。

图 2-2-4 第三阶段网民情绪关键词分布图

图片来源：图悦词频分析系统

三、舆情应对点评

(一)舆情预判严重不足,压制怨气埋下更大的舆情隐患

从媒体报道反映的情况来看,早在 2015 年年底,就有学生出现不适症状,其后不断有家长向学校反映附近"毒地"严重影响孩子健康,但校方未予回应。新华网介入报道后,校方虽先后采取了"组织家长见面会""联系相关部门政府召开协调会"及"聘请国外机构评测学校周边环境"等一系列举措,暂时缓解了家长的焦虑情绪,但随着学生身体不适的情况持续出现,"重新检测"和"搬迁过渡"的舆论诉求越来越强烈。对此,校方却选择无视问题,在与家长共同商讨检测方案未果的情况下,强制要求开学,造成"数百学生明知身体受到毒害的情况下仍不得不坚持上学",埋下了更大的舆情隐患。

(二)回应从速值得肯定,"自说自话"激化舆论对立情绪

就整体舆情处置而言,不论是舆情潜伏期,校方在媒体曝光后及时表态关切,并动态引用监测数据回应质疑,还是舆情爆发期,教育部新闻发言人续梅第一时间责令当地教育部门配合当地的政府有关部门,尽快按照科学的方法对学校及周边环境进行检测和调研,并派督导组赴常州开展专项督导都不可谓反应不迅速。但值得关注的是,校方回应质疑,声明"各项指标均已达标"所依据的环评报告,后被央视曝光"仅检测了几项常规污染指标,没有对涉事地块原化工企业存在的农药成分进行评估"。与此同时,学生家长委托别家检测中心得出的不同结论,进一步加剧了舆论质疑。而面对汹涌舆情,校方仍坚持自称"一切正常",并指责央视引用的数据、观点,甚至镜头语言都有"硬伤",更加激化了舆论对立情绪,造成了更为严重的舆论反感。

(三)动态通报追责进展可圈可点,含糊其辞留下舆情长尾

事件舆情后期,舆论追责的呼声不止。4 月 25 日,当地政府通过官方微博发布事件调查最新进展,称原常隆地块修复处置存在四方面问题,包括土壤修复未按时完成等,目前已对相关责任人立案调查,一定程度上满足了舆论期待。但分析舆论反馈可以发现,对于公开的调查进展,学生家长多数表示"无奈""失望",而普通网民也发出"心灰意冷"的感叹,指出"对相关责任人立案""却只字未提是谁",如此"含糊其辞"的追责不过是"走过场",无法起到警示作用,也难以遏制悲剧重演,留下了"官官相护"的舆情长尾。

四、舆情应对建议

(一)加强舆情研判,柔性沟通释放诚意消除舆情风险

应对舆情危机,上策在于将风险化解于风暴未起之时。首先,"毒地"事件起

于家长对于学生身体健康的担忧，校方若能及早重视并彻查原因，家长就无须诉诸媒体以求关注。其次，在媒体首次曝光毒地事件之后的漫长潜伏期中，校方若能柔性对待家长"搬迁过渡"的诉求，而非生硬地表示"不在考虑范围"，也就不会发生在共同商讨的检测方案确定前，强制要求学生开学，致使"数百名学生明知身体受到毒害的情况下仍不得不坚持上学"的情况。从中可见，应对此类事件，作为直接责任方，学校需增强自身舆情研判能力，既要澄清事实，也要正视问题，切不可存"捂盖子"的侥幸心理。

(二)借力第三方提升公信力，邀请主流媒体、权威专家佐证检测结果

"毒地"事件中，官方回应饱受诟病的一点即"自说自话""自查自纠"，从而加剧了自身与"学生家长""媒体"以及网民之间的对立。若能在问题曝光之后，落实与家长共同商讨检测方案的计划，同时邀请持续关注事件的新华网以及权威专家共同参与见证检测过程及结果，或可有效化解舆论对于校方及政府"隐瞒真相"的质疑。从而也不会出现央视报道"校方环评报告存严重瑕疵"后，舆论一边倒地口诛笔伐。进一步而言，若能借力家长声音或权威专家声音澄清事实，而不是"自证清白"式的发布公开信指责央视报道有误，也可有效增进教育公信，争取舆论认同。

(三)充分公开追责结果，不枉不纵挽回民心

追责环节是舆情处置的最后一环，也是"亡羊补牢"或是"锦上添花"成功与否的关键所在。在类似"毒地"事件的处置中，鉴于舆论情绪中的"失望"表达较多，"官官相护"的舆论印象根深蒂固，追责环节更需践行"以公开换公信"和"不枉不纵"。所谓"以公开换公信"，此处的"公开"须清楚明白且有理有据方可奏效。以"毒地"事件为例，若能在公布的调查进展中，明确"相关责任人"的具体职务、姓名及失职违规之处，而不是含糊带过，对于教育乃至整体政府部门公信的二次伤害或可减轻。另外，所谓"不枉不纵"，则是需注意区分追责性质，明确"第一责任人"与"相关责任人"的界限，依法惩治并解释责任认定依据。

专题三：兰州患癌女教师被开除事件网络舆情案例分析

2016 年兰州交通大学博文学院患癌女教师刘伶俐被开除事件，因牵涉教师待遇、民办院校、法治教育、社会保障等多方面问题，受到媒体和社会公众的广泛关注。此次事件中，伴随各类媒体的跟踪报道，网民的情绪倾向、态度倾向、言论的目标指向不断变动。这种变动的积极意义在于，便利的互动渠道让媒体和公众对事件的认知，都不再局限于事件本身；言论和行为的目标指向，也不再是简单的事件解决与否。而事件暂时平息之后重又爆发的连带舆情，也有力地展示了时间不再是掩埋一切的法宝。

一、事件及舆情概述

(一)事件始末

2014 年 10 月，兰州交通大学博文学院女教师刘伶俐被确诊为卵巢癌且已经扩散。2015 年 1 月，刘伶俐被学校认定为连续旷工，开除并解除劳动关系，紧随其后的是其医保被停交。之后，2015 年 3 月底 4 月初，刘伶俐申请劳动仲裁被拒。

2015 年 5 月，刘伶俐诉诸法律手段，将学校起诉，法院判定学校开除无效，根据之后的新闻报道，学校对此判决结果并未理会。一年以后，2016 年 8 月 14 日，刘伶俐由于癌症和并发的心脏病去世。

2016 年 8 月 15 日，微信公众号"斗癌"发布文章《在兰州一所大学教英语的她，在患癌后就被开除了》，使事件进入公众视野。8 月 19 日，传统媒体中国青年报《大学女教师患癌被开除事件调查》一文则彻底引爆了舆论场。

事件受到关注后，2016 年 8 月 20 日，博文学院人事处处长江雪芸被停职，学院做出补偿刘伶俐 72000 元的决定。8 月 22 日，博文学院发出道歉信，次日院长登门道歉，家属获得赔偿。9 月 26 日，博文学院网站消息，院长陈玲辞去院长职务。持续一个多月的舆论热潮才逐渐平息。

三个月之后，2016 年 12 月 29 日，澎湃新闻曝当事院长陈玲因在深圳的 60 套房产与人发生争执，遭人起诉，使该事件又重回公众视野，引发新一轮讨论。

(二)分析方法

综合事件发展情况及报告截止日期，本专题以"2016 年 8 月 19 日至 2016 年 12 月 31 日"为分析时段；利用百度指数等分析工具，并通过浏览新闻网页、社交网站等分析媒体观点和网民言论。专题首先对舆情发展过程中在每个关键节点起到主导作用的报道进行简单的文本分析；接下来以这些关键报道为区隔，除潜伏期外，将舆情分为六个阶段，分别从六个阶段各自所在的时间段，抽取 300 条网友言论，共计 1800 条，从以下四个方面进行统计分析。

1. 词频统计

利用图悦分析软件，分析各阶段所抽取评论中词语出现的频率。

2. 情绪倾向判断

结合事件情况，以较为公认的喜、怒、哀、惧 4 种基本情绪进行分析统计。

3. 态度倾向判断

以网友评论内容的态度倾向，分为正面、中立、负面。

4. 评论目标指向

此次事件中网友言论的目标指向主要有：①逝者刘伶俐；②博文学院人事处（江雪芸）；③博文学院院长陈玲（因博文学院在 2002 年由兰州交通大学申办，2004 年被教育部确认为甘肃省首批独立学院，属于本科层次的普通高等学校，陈玲职位类似于博文学院校长，所以除非网友明确指出兰州交通大学校长，此处仅用"校长"之词等概认为是指陈玲）；④博文学院；⑤兰州交通大学；⑥民办院校；⑦教育体制；⑧社会整体评价（包括对私有制、医保等社会保障的评判，对贫富差距、官员腐败的评判等）；⑨教育主管部门；⑩媒体评价；⑪舆论评价；⑫城管；⑬其他（包括法院、甘肃省份、工会、人事部、劳动仲裁部门、法律、教师健康、在读学生、医生等）。

(三) 舆情概述

综合来看，"兰州患癌女教师被开除"事件舆情发展主要可以分为两个板块：其一是事件发生之初 2016 年 8 月 19 日至 9 月底一个多月的舆论情况；其二是三个月后因开除者"陈玲"私人房产争执引发的连带舆情。

新闻媒体方面，整个事件中报道内容经历了由陈述和跟进事实，转向评论事实，在舆情渐趋平息后又重新跟进事实报道的过程。事件由央媒引爆，经都市类媒体炒热，再由央媒评论定调，接着由都市类媒体引发新一轮舆论探讨。在舆情已然平息的三个月后，都市类媒体又再次将事件主体之一博文学院院长陈玲带入公众视线内，引发网友讨论热潮。

网友言论方面，根据统计分析结果，如表 2-3-1 所示，从整体上看，此次事件中，网友的情绪被"怒"气充斥，超七成；其次是"哀"，近两成；另有极少量的"惧"和"喜"和"其他"并未凸显情绪倾向的内容。随着事态发展与媒体报道跟进，在六个阶段中，情绪"怒"大致呈"M"形，先升高、再下降、继而升高，最后下降；与之相反，情绪"哀"大致呈"W"形。值得一提的是，仅有的 3 条情绪"喜"均出现在事件末期媒体曝光陈玲因房产争执被人起诉之后（如图 2-3-1）。

表 2-3-1　网友整体情绪倾向

情绪倾向	怒	哀	其他	惧	喜
数据	1323	335	134	5	3

数据来源：湖南大学网络舆情研究所

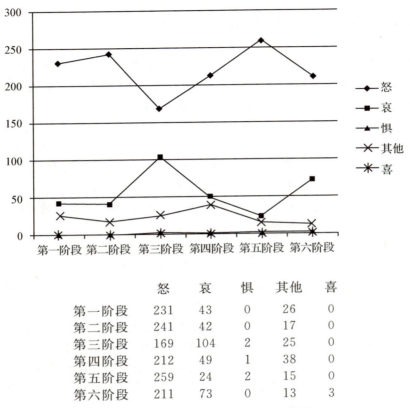

	怒	哀	惧	其他	喜
第一阶段	231	43	0	26	0
第二阶段	241	42	0	17	0
第三阶段	169	104	2	25	0
第四阶段	212	49	1	38	0
第五阶段	259	24	2	15	0
第六阶段	211	73	0	13	3

图 2-3-1   网友情绪不同阶段趋势图及数据

数据来源：湖南大学网络舆情研究所

如表 2-3-2，在态度倾向方面，负面态度占据了主导地位，超九成，与情绪被"怒"气充斥相契合；8 条态度较为正面的评价中有 4 条目标指向为"媒体"，1 条目标指向为"舆论评价"，1 条为"城管"正名，2 条分别对"社会整体评价"和"教育体制"表达积极态度。如图 2-3-2 所示，三种态度倾向虽然在每一阶段略有波动，但并不十分明显。

表 2-3-2   网友整体态度倾向

态度倾向	负面	中立	正面
数据	1677	115	8

数据来源：湖南大学网络舆情研究所

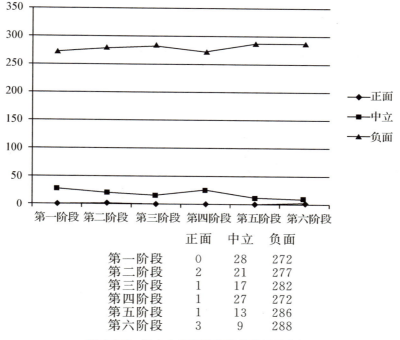

	正面	中立	负面
第一阶段	0	28	272
第二阶段	2	21	277
第三阶段	1	17	282
第四阶段	1	27	272
第五阶段	1	13	286
第六阶段	3	9	288

图 2-3-2　网友态度不同阶段趋势图及数据

数据来源：湖南大学网络舆情研究所

在评论目标指向中，如图 2-3-3 所示，针对博文学院和院长陈玲的言论近六成，其中情绪"怒"超 93％，负面态度则超 98％；涉及社会整体评价的言论，近二成，包括前期针对私有制、社会保障制度等的评判，末期陈玲因 60 处房产争执被诉后，网友针对贫富差距、官员腐败等的评判，该类型的言论中负面态度占据绝大多数，情绪倾向方面，以"哀"为主，近六成，其次为怒，三成以上。同时，伴随事态的推进和新闻媒体报道、评论的跟进，渐渐出现一些涉及其他方面的讨论，如城管、民办院校等，另有言论评判事态推进中媒体、舆论的作用与失误。

整体来看，此次事件网友态度及情绪相对消极，对于事件涉及的直接主体包括博文学院和院长陈玲，可谓怒气冲冲；另外，网友对社会整体评价较为消极和悲观，不得不说，该事件前期因涉及民办教育、医疗制度等问题，后期因牵涉房价、贫富差距等问题，极易引发网友联想，使已累积的负面情绪集中爆发。某种程度上，此次舆情事件中，无论是博文学院一开始做出开除人事处长的决定，中期登门道歉，后期院长陈玲辞职，还是主流媒体发布评论力图引导舆论走向，网友的情绪始终未能得到平复，直至事件渐渐淡出公众视野。且舆情平息三个月后，当事人"陈玲"因房产争执被媒体曝光，又与此前事件叠加，再次引爆舆论场。

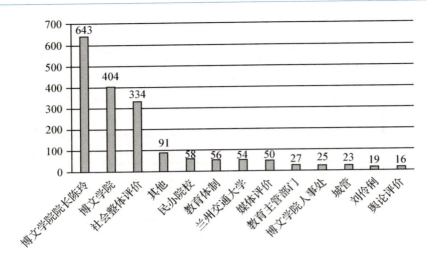

图 2-3-3　网友评论目标指向

数据来源：湖南大学网络舆情研究所

二、舆情阶段性分析

(一)漫长的潜伏期

潜伏期自刘伶俐 2014 年被开除到去世，直至 8 月 15 日微信公众号"斗瘤"发布文章《在兰州一所大学教英语的她，在患癌后就被开除了》(文章详述刘伶俐患癌及治疗全过程，及期间被学校开除等一系列遭遇，为后续报道奠定一系列基本事实，文章获得 26701 的阅读数和 376 的点赞数)。就舆论情况而言，此文除受到传统媒体关注外，并未在舆论场掀起波澜，也并未引起事件相关主体的重视。因此，本文对该阶段不做分析。

(二)第一阶段：传统媒体公布基本事实，引爆舆论场

1. 关键节点

2016 年 8 月 19 日，《中国青年报》报道《大学女教师患癌被开除事件调查》。

2. 媒体报道分析

报道《大学女教师患癌被开除事件调查》因受人民网、凤凰网、新浪网等网络媒体转载和传播，彻底引爆舆论第一次高峰(如图 2-3-4)。报道所述事实与微信公众号发布的文章《在兰州一所大学教英语的她，在患癌后就被开除了》所述内容基本相同，特别之处在于加入了刘伶俐代理律师观点"开除系违法"，突出了法院判决学校开除行为无效的内容(如表 2-3-3)。

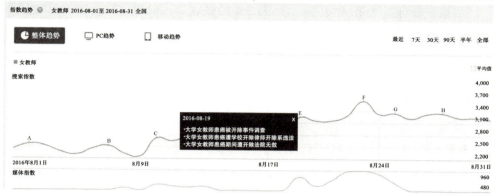

图 2-3-4 百度指数检索"女教师"所显示的峰值 1
数据来源：百度指数

表 2-3-3 第一阶段媒体报道基本信息

第一阶段重点媒体报道				
（时间范围：8 月 19 日至 8 月 21 日）				
日期	标题	来源	媒体类型	报道性质	报道种类
8 月 19 日	大学女教师患癌被开除事件调查	中国青年报	央媒	中性	事实性报道

数据来源：湖南大学网络舆情研究所

3. 普通网民舆情状况

《大学女教师患癌被开除事件调查》一经发布便引发舆论震动。笔者从 8 月 19 至 8 月 21 日时段内抽取 300 条评论，所做词频统计如图 2-3-5 所示。

图2-3-5 第一阶段网友言论词频统计图
图片来源：图悦词频分析系统

根据统计分析结果（如表 2-3-4、表 2-3-5），在第一阶段，网友情绪以"怒"为主，占 77％，其次为"哀"约占 14.33％，"其他"约占 8.67％；态度倾向方面，负面态度约占 90.67％，中立态度约占 9.33％。

表 2-3-4　第一阶段网友情绪倾向

情绪倾向	怒	哀	其他	惧	喜
数据	231	43	26	0	0

数据来源：湖南大学网络舆情研究所

表 2-3-5　第一阶段网友态度倾向

态度倾向	负面	中立	正面
数据	272	28	0

数据来源：湖南大学网络舆情研究所

在评论目标指向中，第一阶段针对博文学院及学院院长陈玲的言论分别占到 32％和 28％，均为三成左右，共六成。其中，针对博文学院的言论，负面倾向占 91.67％，中立态度为 8.33％，情绪倾向则以怒为主，约占 86％；针对院长陈玲的言论有 97.62％为负面言论，仅有 2 条相对中立的言论，情绪倾向均为"怒"；针对社会整体评价，负面态度约占九成，情绪"怒"约占五成，"哀"约占四成（如图 2-3-6）。

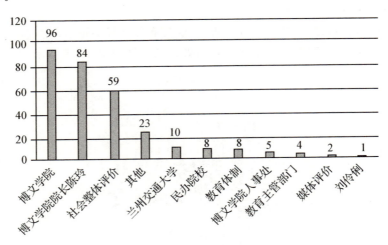

图 2-3-6　第一阶段网友言论目标指向

数据来源：湖南大学网络舆情研究所

（三）第二阶段：媒体步步紧跟，网友群情激愤

1. 关键节点

2016 年 8 月 22 日，兰州交通大学博文学院发布文件公开处理决定并道歉（如图 2-3-7）。

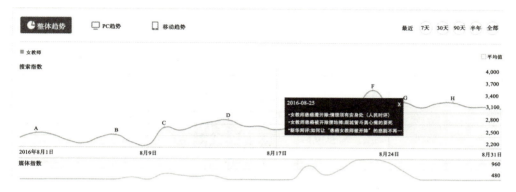

图 2-3-7　百度指数检索"女教师"所显示的峰值 2

数据来源：百度指数

2. 媒体报道分析

2016 年 8 月 22 日，博文学院公开处理决定，并发布道歉信，次日院长登门道歉，家属获得赔偿，引发媒体新一轮报道热潮。澎湃新闻在该阶段发布了大量重要事实性报道，并在报道中逐渐将矛头直指博文学院院长陈玲（如表 2-3-6）。

表 2-3-6　第二阶段媒体报道基本信息

第二阶段重点媒体报道 （时间范围：8 月 22 日至 8 月 24 日）					
日期	标题	来源	媒体类型	报道性质	报道种类
8 月 22 日	兰州交大博文学院恢复患癌教师劳动关系，人事处长被停职检查	澎湃新闻	都市类媒体	中性	事实性报道
8 月 22 日	患癌被开除女教师母亲收到撤销开除通知大哭：要院长公开道歉	澎湃新闻	都市类媒体	负面	事实性报道
8 月 23 日	女教师患癌被开除，兰州交大博文学院官网向其家属发道歉信	澎湃新闻	都市类媒体	中性	事实性报道
8 月 24 日	起底院长陈玲：荣誉称号多出自山寨社团北师大称未授其博士	澎湃新闻	都市类媒体	负面	事实性报道

数据来源：湖南大学网络舆情研究所

3. 普通网民舆情状况

在博文学院公布事件处置结果并致歉，以及澎湃新闻多次报道之后，笔者抽取该阶段的网民评论词频统计如图 2-3-8 所示。

图2-3-8　第二阶段网友言论词频统计图

图片来源：图悦词频分析系统

在第二阶段，网民情绪中的"怒"气较第一阶段略有增长，超 80％，情绪"哀"基本不变，为 14％，"其他"为 5.67％。态度倾向方面，负面态度略有增长，为 92.33％；中立态度有所减少，约为 7％；首次出现正面态度倾向评论 2 条，均为向曝光事件的媒体表达称赞之意（如表 2-3-7、表 2-3-8）。

表 2-3-7　第二阶段网友情绪倾向

情绪倾向	怒	哀	其他	惧	喜
数据	241	42	17	0	0

数据来源：湖南大学网络舆情研究所

表 2-3-8　第二阶段网友态度倾向

态度倾向	负面	中立	正面
数据	277	21	2

数据来源：湖南大学网络舆情研究所

在评论目标指向中，第二阶段针对博文学院的言论显著增长，五成以上，态度倾向均为负面，情绪倾向以"怒"为主，九成以上；另外在该阶段抽取的 300 条言论中，针对兰州交通大学、民办院校、博文学院人事处和刘伶俐的言论均有所增加，其中针对兰州交通大学的 12 条评论中，情绪倾向"怒"与态度倾向"负面"

均为 10 条，另有两条情绪为"其他"，态度为"中立"；针对民办院校和博文学院人事处的态度倾向均为"负面"，情绪倾向为"怒"；针对刘伶俐的情绪倾向以"哀"为主。此外，该阶段首次出现针对"舆论"所发表的评论，多认为若非舆论压力，事件无法得到曝光和解决，如"看来老百姓的口水比法院管用，舆论压力很给力！"；针对媒体的评价也有所增加，且态度倾向较为正面和积极（如图 2-3-9）。

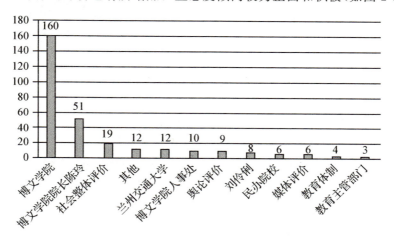

图 2-3-9 第二阶段网友言论目标指向

数据来源：湖南大学网络舆情研究所

（四）第三阶段：媒体言论引发不满，"哀"伤之情有所增长

1. 关键节点

从 2016 年 8 月 25 日开始，事件事实及后续发展已在澎湃新闻的曝光下基本清晰，媒体转而进入评论阶段（如图 2-3-10）。

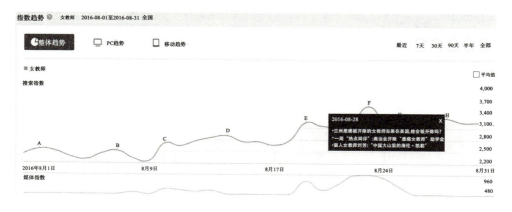

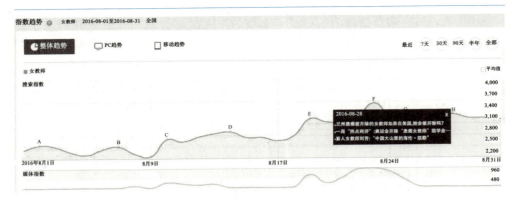

图 2-3-10　百度指数检索"女教师"所显示的峰值 3、4

数据来源：百度指数

2. 媒体报道分析

多数评论报道来源以"央媒"为主，来自《人民日报》和新华网的两篇报道均将侧重点放在"患癌女教师被开除"事件的"道德底线"上；来自微信公众号北美留学生日报的评论则简单陈述事实并对比中美在相关问题上的法律规定等。另外，《法制日报》在事件结束后进行的报道虽新增专家访谈等内容，但其报道略有"标题党"之嫌，也因此引发舆论震动（如表 2-3-9）。

表 2-3-9　第三阶段媒体报道基本信息

第三阶段重点媒体报道 （时间范围：8 月 25 日至 9 月 15 日）				
日期	标题	来源	媒体类型	报道性质	报道种类
8 月 25 日	女教师患癌遭开除：情理须有安身处	人民日报	央媒	中性	评论性报道
8 月 25 日	如何让"患癌女教师被开除"的悲剧不再上演？	新华网	央媒	中性	评论性报道
8 月 25 日	患癌女教师被开除曾摆地摊：跟城管斗勇心痛的要死	法制日报	央媒	负面	事实性报道
8 月 28 日	兰州患癌被开除的女教师若在美国，她会被开除吗？	北美留学生日报	新媒体	中性	评论性报道
8 月 28 日	一周"热点网评"：奥运会开除"换癌女教师"助学金诈骗	新华网	央媒	中性	事实性报道

数据来源：湖南大学网络舆情研究所

3. 普通网民舆情状况

第三阶段所抽 300 条评论词频统计如图 2-3-11 所示，显然，《法制日报》略显

"标题党"的报道激发了网友对"城管"群体长期以来的怨怒之情。

图 2-3-11 第三阶段网友言论词频统计图

图片来源：图悦词频分析系统

在第三阶段中，网民情绪中的"怒"气较第二阶段略有减轻，约占 56.33%，情绪"哀"显著增长，约占 34.67%，"惧"首次出现，"其他"约占 8.33%。态度倾向方面，负面态度仍有增长，占 94%；中立态度仍有减少，约占 5.67%；1 条正面态度为城管正名（如表 2-3-10、表 2-3-11。)

表 2-3-10 第三阶段网友情绪倾向

情绪倾向	怒	哀	其他	惧	喜
数据	169	104	25	2	0

数据来源：湖南大学网络舆情研究所

表 2-3-11 第三阶段网友态度倾向

态度倾向	负面	中立	正面
数据	282	17	1

数据来源：湖南大学网络舆情研究所

在评论目标指向中，与第二阶段相比，第三阶段针对"社会整体"进行评价的言论显著增长，其中负面态度占 92.55%，其余为中立，情绪以"哀"为主，占 71.27%；针对新闻媒体所进行的评价也有所增长，与上一阶段的正面支持不同，该阶段针对媒体的评判均为负面态度，且"怒"气占 83.87％，这在一定程度上表明网友对该阶段新闻报道及评论较为不满，如指责媒体"文不符题"等；由于《法制日报》单独将"城管"放在标题中，该阶段首次出现针对"城管"的言论，态度以负面为主，有极少的正面和积极态度，情绪方面以"怒"和"哀"为主。该阶段针对"博文学院"和"院长陈玲"的言论相较而言有所减少（如图 2-3-12）。

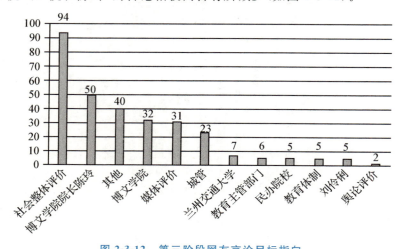

图 2-3-12　第三阶段网友言论目标指向

数据来源：湖南大学网络舆情研究所

（五）第四阶段：事件重回公众视线，制度因素受关注度提升

1. 关键节点

2016 年 9 月 13 日，在舆情基本平复时，《广州日报》发布报道《"甘肃患癌女教师被开除"后续：学院老师纷纷离职》（如图 2-3-13）。

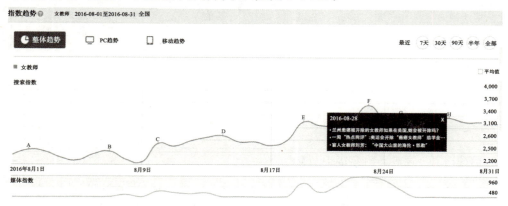

图 2-3-13　百度指数检索"女教师"所显示的峰值 5

数据来源：湖南大学网络舆情研究所

2. 媒体报道分析

《"甘肃患癌女教师被开除"后续：学院老师纷纷离职》一文再次引发网民热议及讨论（如表 2-3-12）。

表 2-3-12　第四阶段媒体报道基本信息

第四阶段重点媒体报道 （时间范围：8 月 16 日至 9 月 25 日）					
日期	标题	来源	媒体类型	报道性质	报道种类
9 月 13 日	"甘肃患癌女教师被开除"后续： 学院老师纷纷离职	广州 日报	都市类媒体	负面	事实性报道

数据来源：湖南大学网络舆情研究所

3. 普通网民舆情状况

第四阶段抽取 300 条评论词频统计如图 2-3-14 所示。

图 2-3-14　第四阶段网友言论词频统计图

图片来源：图悦词频分析系统

在第四阶段中，网民情绪中的"怒"气显著回升，约占 70.67%，情绪"哀"有所减轻，约占 16.33%。在态度倾向方面，负面态度约占 90.67%；中立态度为 9%（如表 2-3-13、表 2-3-14）。

表 2-3-13　第四阶段网友情绪倾向

情绪倾向	怒	哀	其他	惧	喜
数据	212	49	38	1	0

数据来源：湖南大学网络舆情研究所

表 2-3-14　第四阶段网友态度倾向

态度倾向	负面	中立	正面
数据	272	27	1

数据来源：湖南大学网络舆情研究所

　　在评论目标指向中，针对博文学院与院长陈玲的言论均有所增长，总量再次超六成，情绪倾向仍然以"怒"为主，态度倾向以"负面"为主；针对民办院校和教育体制的言论较前几个阶段增长显著，针对民办院校的言论，负面态度占72.72％，其余为中立态度，情绪倾向中"怒"占45.45％、"哀"占18.18％、"惧"占4.55％；针对教育体制的言论，负面态度占82.82％，中立态度占13.64％，仅1条评论态度相对正面积极（如图2-3-15）。

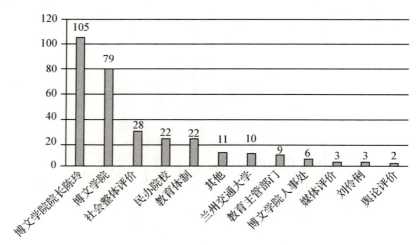

图 2-3-15　第四阶段网友言论目标指向

数据来源：湖南大学网络舆情研究所

(六)第五阶段："尘埃落定"，院长陈玲终为众矢之的

　　1. 关键节点

　　2016年9月26日，央视新闻发布报道《兰州交大博文学院院长陈玲辞职曾签字同意开除患癌女教师刘伶俐》。

　　2. 媒体报道分析

　　2016年9月26日，央视发布兰州交通大学博文学院院长陈玲辞职消息，引发了舆论小幅度波动（如表2-3-15、图2-3-16）。

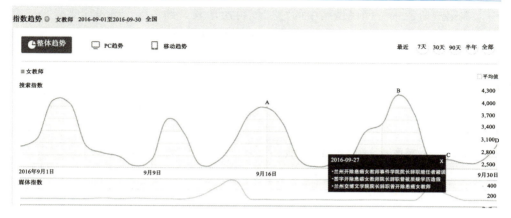

图 2-3-16　百度指数检索"女教师"所显示的峰值 6

数据来源：百度指数

表 2-3-15　第五阶段媒体报道基本信息

第五阶段重点媒体报道				
（时间范围：9 月 26 日至 12 月 20 日）				
日期	标题	来源	媒体类型	报道性质	报道种类
9 月 26 日	兰州交大博文学院院长陈玲辞职曾签字同意开除患癌女教师	央视	央媒	中性	事实性报道

数据来源：湖南大学网络舆情研究所

3．普通网民舆情状况

第五阶段抽取的 300 条评论词频统计如图 2-3-17 所示。

图 2-3-17　第五阶段网友言论词频统计图

图片来源：图悦词频分析系统

在第五阶段中，网民情绪中的"怒"气再次增长，约占 86.33％，情绪"哀"有所减轻，为 8％。在态度倾向方面，负面态度再次增长，约占 95.33％，中立态度和正面态度有所减少（如表 2-3-16、表 2-3-17）。

表 2-3-16　第五阶段网友情绪倾向

情绪倾向	怒	哀	其他	惧	喜
数据	259	24	15	2	0

数据来源：湖南大学网络舆情研究所

表 2-3-17　第五阶段网友态度倾向

态度倾向	负面	中立	正面
数据	286	13	1

数据来源：湖南大学网络舆情研究所

在评论目标指向中，博文学院院长陈玲被彻底推上舆论的风口浪尖，针对其所进行的评论均为"负面"态度，情绪"怒"高达 98.5％；在该阶段中，除了针对"兰州交通大学"的评论有所增长外，针对其余主体的言论均有减少或与上一阶段持平趋势。针对兰州交通大学的言论中，有近七成希望作为上级部门的兰州交通大学能给出说法（如图 2-3-18）。

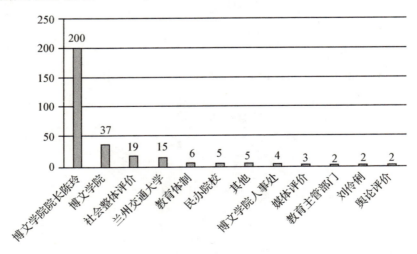

图 2-3-18　第五阶段网友言论目标指向
数据来源：湖南大学网络舆情研究所

(七)第六阶段：风波再起，舆情焦点再度扩大

1. 关键节点

2016 年 12 月 29 日，澎湃新闻《兰州交大博文学院原院长陈玲被起诉，涉及在深圳所购 60 套房》重新引爆舆论。

2. 媒体报道分析

澎湃新闻接到读者投诉称，陈玲及其丈夫王吉祥通过名下公司，在深圳罗湖核心城区持有公寓 60 套，总建筑面积超 3000 平方米，目前公寓全部改造用于酒店经营，按该区域二手房目前约每平方米 5 万元的市价估算，60 套公寓总价值约 1.5 亿元。同时，陈玲夫妻因被指扣押租客两百万元酒店物资，被深圳市民任力起诉。新闻曝出后，多家媒体或转载，或对最新信息进行评论，整体来看，真正引发网友讨论的还是澎湃新闻发布的文章，其余评论并未受到很大关注(如表 2-3-18)。

表 2-3-18　第六阶段媒体报道基本信息

第六阶段重点媒体报道 (时间范围：12 月 20 日至 12 月 30 日)					
日期	标题	来源	媒体类型	报道性质	报道种类
12 月 29 日	兰州交大博文学院原院长陈玲被起诉，涉及在深圳所购 60 套房	澎湃新闻	都市类媒体	负面	事实性报道
12 月 30 日	陈玲院长还有多少故事	京华时报	都市类媒体	中立	评论性报道
12 月 30 日	女教师患癌被开除 原院长 60 套房产来源是否合法？	燕赵晚报	都市类媒体	中立	评论性报道
12 月 30 日	陈玲背"债"做"慈善"？	中国江苏网	都市类媒体	负面	评论性报道

数据来源：湖南大学网络舆情研究所

3. 普通网民舆情状况

第六阶段抽取的 300 条评论词频统计如图 2-3-19 所示。"慈善"一词因澎湃新闻在报道时称"此前在今年 8 月 25 日，身处舆论漩涡中的陈玲接受澎湃新闻专访时曾声称，办民办学校就是做慈善，个人经济损失很大"引起。

在第六阶段中，网民情绪中的"怒"气略有降低；情绪"哀"涨幅较大，占比约为 24.33%；新增"喜"，一条为媒体欢呼，另有两条为"陈玲"深陷旋涡而喜悦。在态度倾向方面，与上一阶段相比，起伏不大，3 条相对正面的态度主要针对媒体和舆论；中立态度中有 1 条针对媒体，2 条针对社会整体评价，其余为客观分

图 2-3-19   第六阶段网友言论词频统计图

图片来源：图悦词频分析系统

析陈玲的"房产"问题（如表 2-3-19、表 2-3-20）。

表 2-3-19   第五阶段网友情绪倾向

情绪倾向	怒	哀	其他	惧	喜
数据	211	73	13	0	3

数据来源：湖南大学网络舆情研究所

表 2-3-20   第五阶段网友态度倾向

态度倾向	负面	中立	正面
数据	288	9	3

数据来源：湖南大学网络舆情研究所

在该阶段媒体报道中，"陈玲"成为毫无疑问的事件主体，在网友评论的目标指向中（如图 2-3-20），与上一阶段相比，针对陈玲的言论虽有减少，但是仍超五成。然而与前五个阶段不同，在此刻的网友眼中，陈玲所象征的，已不仅仅是一个民办院校的无情院长，随着相关个人资产被曝光，她已升级为"富"的代表，甚至是"官"的代表；且贫富差距、官民对立都是广受关注的社会问题，这也导致了"社会整体评价"言论的急剧增长。针对"陈玲"的言论中情绪"怒"超过九成，针对"社会整体评价"的言论"哀"与"怒"几乎各占五成。另外，针对"民办院校"的言论亦有所增长，网友多认为陈玲的房产为开设民办院校所得；在该阶段的整体网民言论中，虽有呼吁上级部门调查的声音，但相对微弱。

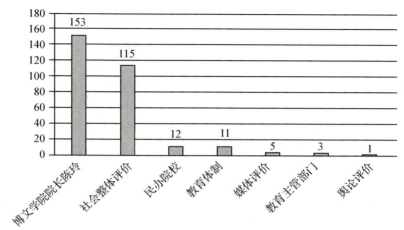

图 2-3-20　第六阶段网友言论目标指向

数据来源：湖南大学网络舆情研究所

三、舆情应对点评

（一）事件主体：对自我行为及其后果缺乏足够认知

纵观此次事件舆情发展状况，最为重要的是博文学院校方针对开除患病教师一事以及其后可能引发的系列问题，缺乏足够认知。从媒体后续报道来看，刘伶俐被开除并非该院校"特例"，其本身就是隐患。但隐患并非不可消除，在刘伶俐长达一年多的申诉期内，若博文学院能预想到之后的事态发展并稍作妥协，都不至于沦落到被网友唾骂；即使在长达一年多的时间内学院认为自己的行为"合法"，那么当微信公众号文章发出时，学院也应快速反应，毕竟离事件被传统媒体大范围曝光还有时间，事件波及尚不广泛，处理起来当然也不会太棘手；即使不做处置，至少也该做好事件即将引发舆论狂潮的思想准备。事实证明，一切发展都未能引起事件主体博文学院及其领导对自我行为的认知和对事件的重视。又或者说，他们一直认为自己的行为符合学校规章，但在舆论狂潮中，往往是"情"，而非"理"占据上风。

（二）媒体：部分媒体有投机之嫌，引导性言论未感触受众所需

舆论监督是媒体的功能和重要职责。在重要事件中不发声，可能会降低媒体的公信力，不利于媒体的长远发展；但是，如果事件事实已经非常明确，没有新鲜可填充的事实或真正有价值的观点，就要避免硬发声，甚至是有投机之嫌的报道。此次事件中，当媒体在前期披露有价值的事实时，网友一般对媒体持正面和认可的态度；然而后期某些媒体"炒作"几乎都是旧闻，甚至将一些并不重要的细

节用在标题中（如"城管"这一广受关注的话题），所带来的要么是"不明真相"的网友仅凭标题胡乱谩骂，要么是认真读新闻之后，将矛头直指发布文章的媒体。另外，在此次事件中媒体意图引导舆论但似乎并没有重拾公众信心，反而将矛头引向了自己，也许是报道内容没有感触当时情境下网民的心意和所需。

(三)上级部门和主管部门：一言不发，舆情焦点有所扩大

在整个事件发展过程中，网友时常要求博文学院当初的申办单位兰州交通大学回应，但是兰州交通大学从始至终都未出面。即便事发时兰州交通大学已经与博文学院没有关系，但是毕竟名字相连，并不是所有网友都会去一一查实，一言不发的沉默态度并不利于获得正面的社会评价。在事件发展过程中，相应教育主管部门也是如此。从某种程度上来说，这些都是促使事件后期网友对社会整体评价较为悲观的主要原因。同时也是陈玲房产争执被曝出后，即使事实不清并无证据证明房产属非法，多数网友也将其财产视为非法所得，并将其财产与民办院校的开设和管理、教育体制问题，甚至是贫富差距、贪腐等问题联系在一起的重要原因。

四、舆情应对建议

此次事件无疑给公众的社会信心造成了较大的负面影响，谈及如何应对当然可以起到"以儆效尤"的作用，但更为重要的是社会信心的重建。

(一)增强长远意识，预测可能引发的负面影响

一切问题最好的解决办法当然是将问题解决于未发生之时。很多问题回过头看都是有据可循，因此，这些"据"理应在问题未发生时便受到重视。正如上文舆情反思时所说，倘若学校能意识到自己的所作所为可能引发的后果，并在事情发展过程中及时做出处理，都不至于让事态发展到不可收拾的地步。

(二)舆情回应要起于"理"，诉于"情"

不得不承认，虽然反应较为迟缓，此次事件校方还是采取了"辞去人事处长、发布公开道歉信及处理决定、登门道歉、予以赔偿、院长辞职"等措施，但是仍不能平复网友的愤怒之情。一部分原因出于网友认为斯人已去，再多补偿也无济于事；另一部分原因则是网民长期愤怒之情的郁积，此事促使累积的负面情绪集中爆发。当然前两者确实都是很难改变的事实。但是如果校方在回应时能照顾网友情绪，在回应时以"法"、以"规制"为起点，并加入一些感性化的言论或做法，兴许可以稍微平复网友的不满情绪。

(三)重拾公众信心是解决问题的重中之重

事发主体及相关部门虽然可以通过预测舆情走向防范二次舆情的爆发，但正如上文所言，难以平息的事件可能是因为网友紧抓住了一个爆发口，因而，长期

郁积得以解决才是重中之重。面对日趋多元化的公众需求，重拾公众信心并不能一蹴而就。在此次事件中，虽然也有一些肆意谩骂的言论，但是多数网友在社会整体评价方面所针对的都是一些可以通过一步步努力去解决的问题，如民办院校的管理、社会保障的完善等，这些都不是幻影。2016 年 12 月 30 日，陈玲重回公众视线后，《京华时报》的一句评论引人深思："盖子被媒体揭开之后，就等着时间去遮掩，等待公众遗忘，这是不应该的。"

专题四：校园食品安全问题网络舆情专题分析

一、事件概述

校园食品安全问题始终是社会、学校及家庭关注的热点，纵观 2016 年，我国校园食品安全形势仍不容乐观。2016 年 10 月 11 日，在山东某校发生的食堂疑给学生吃猪食事件，一经报道即在网上引起广泛讨论，折射出学校在食品安全管理方面的缺位。当前校园食品供应环节准入标准低、食堂"以包代管"、原材料采购把关不严等问题较为突出，对在校学生食品安全造成极大隐患。

根据各大平台对校园食品安全的搜索关注度，可对 2016 年校园食品安全问题相关动态窥见一斑。由于校园食品安全事件的表现形式多为"食物中毒"，所以在百度指数中搜索"食物中毒＋学校"，使得到如图 2-4-1 所示的校园食品安全事件总体趋势图。2016 年校园食品安全话题始终处于较高关注度。在这一年中，3 月、5 月和 8 月末均出现关注度高峰，这或与开学季以及临近高考的敏感节点有关，这几个高峰说明在特定的时间点，校园食品安全更容易引起关注，因此，相关议题的舆情在监测和预防上都是有迹可循的。

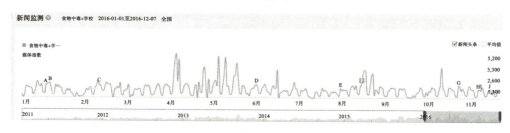

图 2-4-1　2016 年校园食品安全事件总体态势

数据来源：湖南大学网络舆情研究所

研究梳理了 2016 年 1 月 1 日至 2016 年 12 月 31 日媒体有关校园食品安全的报道，搜索"校园食品安全""食物中毒"等关键词，尽可能多地获取校园食品安全方面的报道文本，剔除不符合的报道，最终统计相关结果为 44 篇，笔者将报道逐一归类制成如表 2-4-1 所示的表格目录，并对结果进行分类分析。

表 2-4-1　2016 年校园食品安全事件汇总表

时间	来源	事件
3 月 17 日	大众网	网曝青岛理工大学费县校区多名学生疑似食物中毒
3 月 18 日	广州日报	新会多名学生疑似食物中毒
4 月 8 日	澎湃新闻	南京一中学 30 多名师生就餐后疑似食物中毒，食堂已停用
4 月 8 日	齐鲁晚报	同学恶作剧，南京一男孩误喝墨汁疑苯酚中毒
4 月 10 日	华商网	安徽工业大学学生组团西安旅游，超 30 人食物中毒得急性肠炎
4 月 11 日	石家庄新闻网	邯郸一学校疑似集体食物中毒
4 月 13 日	安徽商报	安徽一高校 80 多名师生西安食物中毒食药监介入调查
4 月 28 日	中青网	武汉学生食物中毒，不同程度出现头晕呕吐症状学校暂不受访
4 月 28 日	新京报	北京一学校多名学生呕吐，学生称食堂餐食有异味
4 月 29 日	陕西广播电视台	西安一幼儿园多名孩子呕吐腹泻，疑食物中毒
5 月 3 日	兰州晨报	29 名学生吃食堂售过期方便面中毒，校长被处分
5 月 8 日	华商报	小学生学校猝死，疑吃辣条中毒而死
6 月 2 日	中安在线	安徽一高校 82 名学生食物中毒，食堂吃饭后上吐下泻
6 月 3 日	北京青年报	北京 3 名大学生"呷哺"就餐后疑似食物中毒
6 月 13 日	海南日报	海南大学学生集体食物中毒，城西校区食堂被罚 74999 元
6 月 19 日	京华时报	北京一培训学校 20 名儿童腹泻学校称非食物中毒
6 月 23 日	新文化网	吉林农业科技学院左家校区的学生疑似发生大面积腹泻
6 月 27 日	新民网	复旦等高校 19 名学生上吐下泻，曾点一家外卖或食物中毒
7 月 26 日	新华报业网	南通一食堂 80 人疑似食物中毒绝大多数为大中院校学生
8 月 22 日	京华时报	陕西一幼儿园开园食物中毒
8 月 27 日	央广网	长春 45 名学生疑似食物中毒送医，当地疾控中心已介入调查
9 月 14 日	财经网	湖南沅陵一学校 65 人食用牛奶呕吐腹痛，系牛奶中菌落群超标所致
9 月 15 日	楚天金报	武汉一高校 20 余学生腹泻呕吐，疑似食物中毒案件还在调查
9 月 20 日	重庆晨报	辽宁一高校多名学生腹泻呕吐入院，校方：正在调查
9 月 23 日	映像网	信阳息县一学校发生食物中毒，67 名学生被送医
9 月 23 日	澎湃新闻	江苏宜兴一学校多名学生腹泻，多个监管部门介入
9 月 24 日	楚天金报	洪山区一小学多名学生出现呕吐学校排除食物中毒

续表

时间	来源	事件
9 月 24 日	北京青年网	网曝长春高校上百学生集体腹泻，疑似食物中毒水中存甲醛油漆味
9 月 28 日	西安晚报	延安一小学 41 名学生疑似食物中毒 25 名学生住院治疗
9 月 30 日	中青在线	海南省工商职业学院发生学生食物中毒事件
10 月 10 日	齐鲁晚报	山东一学校食堂疑给学生吃猪食，家长怒讨说法
10 月 13 日	新京报	浙江嵊州一学校疑现食物中毒，三十余名学生送医暂无危险
10 月 14 日	劲彪新闻	哈尔滨医科大学多名学生呕吐被送往医院就诊
10 月 20 日	澎湃新闻	河北正定小学生食物中毒事件：学校被指隐瞒病情，官方未回应
10 月 21 日	新京报	河北一中学学生集体中毒：已非首次食堂仍在运营
10 月 22 日	交汇点	南京一幼儿园 30 余名学生疑食物中毒呕吐不止
11 月 21 日	中国吉林网	长春突击检查中学食堂：服务员用手抓饭，转基因豆油未公示
11 月 25 日	澎湃新闻	山东一高校餐厅员工用抹布回收剩菜再卖
11 月 30 日	华西都市报	四川高校食堂菜里发现大量肉虫
11 月 23 日	中国青年网	山西一职校近百人疑食物中毒被送医，官方调查学校食堂
11 月 29 日	大公报	香港九龙湾一所小学 12 人出现呕吐，疑似食物中毒
12 月 9 日	中新网	基隆一初中 26 人毕业旅行中疑似食物中毒 校方调查
12 月 11 日	大河报	河南信阳数十名学生中毒系发芽土豆引起

二、事件特征

(一)时间特征解析

如图 2-4-2 所示，总体看来，2016 年校园食品安全问题的数量下半年略高于上半年。上半年集中在 4 之际，下半年集中在 9 月份，在 4 月、6 月以及 9 月均出现了峰值。这三个月均处于季节交替之际，本身食品变质的可能性或高于以往月份，加之 4 月和 9 月处在开学期间，6 月正值毕业季，相较之下是媒体较关注校园的重要时期。与此同时，媒体对于事件的报道有一定的"逐热性"，当一个食品安全事故引起讨论后，媒体内在短时间会持续关注该领域，因此出现报道量的峰值。

1 月和 2 月并未搜索到关于校园食品安全的报道，原因可能有以下两点：一是 2015 年一系列的食品安全事件发生后，许多地方相继颁布相应食品安全应急预案进行整治，校园食品安全问题得到缓解；二是与媒体的关注度有关，2016 年年初的开放二胎、台湾大选、精准扶贫等一系列大事件吸引了媒体的注意力，或对于校园食品安全问题的关注度有所分散。

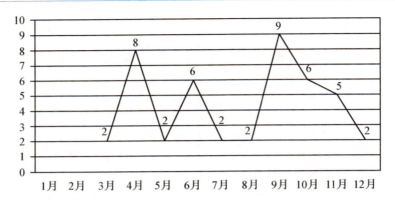

图 2-4-2   2016 年校园食品安全事件时间分布图（单位：起）

数据来源：湖南大学网络舆情研究所

（二）地域特征解析

从图 2-4-3 看，全国七大地理区域均有相应事故发生，说明校园食品安全是一个全国性的问题，应引起普遍关注。

就数量差异而言，华东地区校园食品安全被报道最多，主要原因有：①华东地区位于沿海，经济相对发达，相应媒体数量多，关注度高；②华东地区人口密集，学生人数多，食品安全事件发生的可能性更大；③该地区民众的维权意识较为强烈，学校一旦发生食品安全问题，家长懂得利用媒体进行维权。西南地区只有一起校园食品安全事件，除了西南地区人口密集程度相对较小的原因外，媒体资源不发达也是重要因素。

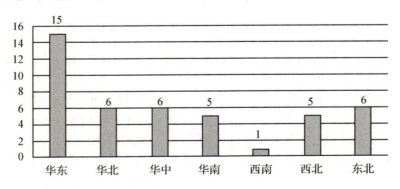

图 2-4-3   2016 年校园食品安全事件地域分布图（单位：起）

数据来源：湖南大学网络舆情研究所

（三）事件类型解析

如图 2-4-4，在本次统计中，许多校园食品安全事件曝光于新浪微博，但是其

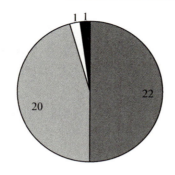

■新闻网站　■报纸　□新浪微博　■电视

图 2-4-4　2016 年校园食品安全事件来源分布（单位：起）

数据来源：湖南大学网络舆情研究所

主要发布者仍然是传统媒体在新浪微博上的官方账号，所以在分析中，将这一类来源统一归为"传统媒体"。在网络媒体不断发展的同时，"报纸"不应只局限于纸类这一固定的传播载体，还应包括其所运营的全媒体平台。在统计的 44 起食品安全事件中，有 20 起事件来源于报纸这一"传统媒体"。值得注意的是，新闻来源的途径与以往有所不同，新闻网站仍然是最主要的信息来源之一，一方面由于新闻网站平台具有天生的时效性优势，另一方面在于新闻网站越来越强的采编实力。

三、观点汇总

2016 年我国校园食品安全大环境较往年有所改善，特大食品安全问题明显减少。2015 年相关食品监管部门不断出台相关食品安全政策和标准，并不定时对外公布食品抽检结果，有效提高了食品行业监管的决策透明度，为 2016 年进一步完善食品安全监管做好了铺垫。

(一)食堂卫生引关注

在统计的 44 项校园食品安全事件中，有 23 例食品安全事件的涉事主体为学校食堂，占比高达 52.2％。尤其在 2016 年 10 月 11 日"山东一学校食堂疑给学生吃猪食"的新闻经《齐鲁晚报》报道后，引起了巨大的舆论热潮，该话题一度登上新浪微博热门话题榜第一位。

1. 媒体观点

食堂逐利的冲动，必然是从经营对象身上牟取效益的最大化。利欲驱使之下，学校食堂很可能放松要求，如有关卫生设施能省就省、在食材的采购上只贪图便宜而不注重质量、有关确保饭菜卫生的操作要求因"节约"成本而走过场，因此，尤其需要校方始终盯紧监管的眼睛。而现在让人忧心的是，学校不仅放弃了监管责任，而且，很可能因为其中存在利益输送，已经和食堂穿同一条裤子。

——新京报《"给学生吃猪食"要有个交代》

每次食堂一出安全事故，学校出面道歉都成为"标配"。杜绝一次次的道歉，从众多校园食品安全问题中找到制度化的解决办法，才是最应该做的。

——中国教育报《强化监督才是学校食堂安全"标配"》

2. 网民观点（主要针对食堂承包制度）

网友 1：全国学校的食堂都被校长亲戚承包了。（5736 次赞同）

网友 2：承包无度，饮食无法。（1328 次赞同）

网友 3：关于饭堂承包制度，初衷是为了让有经验的人进行管理，并且规范相关工作的，但是很多情况是非公开竞标，利用皮包公司垄断经营权。上述新闻报道称食堂由校长亲妹负责经营。

（二）监管体制触发讨论

新修订的食品安全法施行以来，全国食品安全监管体系不断完善，食品抽检合格率升至 96.8%，但仍有 53% 的公众认为政府监管不到位或不作为，两者出现巨大反差的原因主要在于监管仍有较大缝隙。

1. 媒体观点

监管的失语既是责任的失位，也是公信的失血。之于个案，地方政府在应急处置的同时，应该彻查负有监管责任的机构与人员，对该校食堂是如何监管的，不问不责实乃姑息纵容。学校食堂的食品安全监管，缺少的并不是办法，最简单有效莫过于引入学生家长的轮流监督，没有想不到的办法。之于食品安全监管，在任何食品安全事件面前，监管机构与责任人严禁失声，有没有监管以及怎么监管的应当第一时间做出说明，给社会应有的交代，应当形成制度与惯例。

——扬子晚报《比猪食更可怕的是监管"失语"》

鸭肉长蛆事件既有学校食堂的责任，他们可能贪图便宜而选择了变质的鸭肉，同时监管部门也难逃其责，如果他们真正发挥监管效能，那么就不会让过期变质的食品流入市场，祸害市民，监管部门的失职渎职，则会造成食品安全体系形同虚设，其危害是巨大的。

——中国网《学校食堂安全问题倒逼监管发力》

管好学校食堂难在何处？不外乎企业逐利、学校失职、部门缺位。从招标采购、厨师资质到食堂卫生环境，任何环节出问题都可能导致意外发生。此次事件涉事各方显然没有像学生家长一样，将学生食品安全摆在头等重要的位置上，没能做到严格把关、准入和监督，最终导致"习惯性失守"。

——新华时评《保障校园食品安全要用好社会监督》

2. 网民观点

网友 1：监管，不监也不管。（512 赞同）

网友 2：食品监督局就没有作为吗？我们这里一个初中，也是检查到食堂有腐烂的猪肉，结果什么事也没有，难道不应该辞退学校校长吗？

网友 3：呵呵，传说中的有关部门呢？

网友 4：监管失职，媒体不曝没人管。

（三）外卖卫生属"灰色地带"

在高校云集的武汉地区，华中科技大学、华中农业大学、武汉理工大学、武汉体育学院等高校，今年都纷纷划立了"禁区"——限制外卖车辆进入公寓区。无独有偶，北京、厦门等多地高校也先后出台了类似的禁令。媒体曝光多起外卖APP 混乱经营、卫生状况堪忧的现实情况与外卖给予了学生更多选择的这一矛盾，也成为今年校园食品安全领域的热议话题。

1. 媒体观点

"禁还是不禁"拷问高校管理。自由开放是大学建设的应有之义。但反观现实，在各种禁令面前，高校管理与开放性似乎成为矛盾体。

——检察日报《教育评论：外卖进校园 该不该禁？》

外卖禁入校园的方式太过武断，与其去堵，不如去疏。其实，学校出现学生频繁叫外卖的现象，首先应该反思校园内食堂的供应是否发生了问题，是不是食堂的规模不够，不足以满足学生的用餐需求？是不是食堂饭菜的质量不好，不符合学生的口味？是不是食堂的设计不够合理，要让学生步行很久排队很久才能吃上一顿饱饭？出现问题，校方应及时从学生的角度出发，反思自身可能存在的问题，进行解决，而不是将责任推到外卖身上。

——信息时报《外卖入校园该不该禁？》

2. 专家观点

在一味地发布'禁令'的同时，高校是否会反思学校食堂存在的问题？

——中国人民大学法学院教授刘俊海

设门禁或保安是中国高校的流行做法，这和当前的社会环境有一定关系。学校负有保护学生人身安全的义务，设门禁可以对进校人员身份进行查证，是可以理解，也确有必要的做法。

——中国政法大学副教授朱巍

3. 网民观点

网友 1：方便就好！冬天出门太冷了。

网友 2：学校食堂的菜你是不知道有多难吃，有时候米饭还没熟。

网友 3：如果学校食堂的菜好吃、量多，进去不用排半个小时队，宁愿菜价贵点我也愿意去。

　　网友 4：不应该先根治一下食堂的卫生问题吗？

四、典型案例分析：山东一学校疑给学生吃猪食

　　在 2016 年的校园食品安全事故中，"山东一学校疑给学生吃猪食"事件经报道后在社交媒体上引起了巨大的舆论反响，一度登上新浪热门话题当日第一名。作为 2016 年最具话题性的校园食品安全事故，本报告选取其作为典型案例进行分析。

(一)事件概述

　　2016 年 10 月 9 日，山东烟台海阳英才实验学校部分学生家长到市政府反映学校食堂管理混乱、食材质量不合格等问题。

　　10 月 10 日上午，海阳英才实验学校上百名学生家长聚集学校讨说法。据家长反映，食堂里的水果大多是腐烂的，剩饭菜都馊了还给学生吃。

　　10 月 10 日上午，海阳英才实验学校就家长反映的食堂伙食问题，在学校微信公众号发布致学生家长的一封公开信，对家长反映的肉、西红柿、鸡蛋等问题一一答复。家长对学校的这些答复表示"不满意，不接受"。

　　10 月 10 日下午，海阳市政府对该市英才实验学校部分学生家长反映学校食堂管理混乱、食材质量不合格等问题发表公开信称，市场监管局第一时间对学校食堂 22 个品种的食材进行了抽样，检测结果将于一周后反馈。

　　10 月 15 日，通报海阳英才实验学校食堂食材问题调查处理情况，海阳英才实验学校食堂负责人于春丽等 3 人被给予行政拘留 15 天的处罚，政府相关职能部门的 6 名工作人员被停职调查。

(二)传播概况

　　从图 2-4-5 看出，10 月 9 日，舆情事件并未在网上引起广泛关注，10 日至 11 日，相关舆情信息的传播量开始明显攀升，11 日 11 时后，关注度开始持续走强。11 日至 13 日关注度迅速攀升形成三个峰值，主要原因是新华网、凤凰网、京华时报等影响力较大的媒体发声，其中，新京报 11 日转发的相关新闻的网民评论量达到了 2487 条，京华时报官方微博转发称"发霉馒头、淋巴肉、馊饭菜……山东一学校食堂疑给学生吃猪食"，网民评论量更是达到 11498 条。当天事件成为微博热门话题第一位，舆情走势与微博走势基本重合，说明微博作为事件舆论场和发声场作用明显，也说明主流媒体在舆论场的强大号召力。

　　自 10 月 9 日至 12 月 12 日 19 时，"海阳英才学校食堂"事件数据总量为54732 条，其中微博数据为 46957 条，新闻网站数据为 2036 条，论坛数据为1943 条，微信数据为 788 条，客户端数据为 460 条。从来源类型统计分析，微博

趋势变化

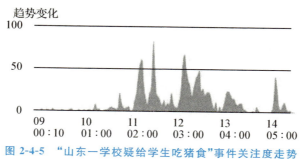

图 2-4-5 "山东一学校疑给学生吃猪食"事件关注度走势

数据来源：湖南大学网络舆情研究所

占比高达 85.79%，是主要的舆论阵地。

（三）观点分析

1. 食堂外包制的争议

10 月 12 日，《北京青年报》发表文章《"给学生喂猪食"暴露食堂外包隐患》，称学校食堂食品安全关系到每一个学生的健康，最近这几年，国家有关部门不断出台了一些约束学校食堂的具体规定。云南某地也出台了新的规定，规定校长和老师必须和学生在同一个窗口打饭，必须在同一个锅里盛饭，必须在同一个食堂就餐，但这未必就能确保学校食堂不出问题。大多数的学校食堂是承包出去的，这样一来，进驻校园食堂的就都是普通的商家了。在学校经营食堂需要交纳相对较高的费用，这些经营户也就会最终"羊毛出在羊身上"，上交给学校的费用，需要在学生身上找回来。这才是学校食堂安全隐患多发的根本问题和漏洞。

2. 校方危机应对能力弱

《"给学生喂猪食"暴露食堂外包隐患》表示，在学校的回应里，自始至终都没有说到家长质疑的猪饲料和鸡饲料的问题。既然是回应，为何不将猪饲料和鸡饲料的问题也说个明明白白？通过家长提供给有关部门的图片来看，猪饲料和鸡饲料就放在食堂里，家长说，这些猪饲料和鸡饲料是用来熬制稀饭的，而学校方面却在这个最重要的问题上，保持了沉默。

这些猪饲料和鸡饲料并没有被熬制成稀饭，那么这种东西放在食堂里，是不是也很不合适，是不是也达不到卫生安全的标准？假如说，没有被熬制成稀饭，学校为何不去据理力争？学校愿意对"臭鸡蛋""烂水果""淋巴肉"做出回应，为何要避重就轻？

3. 学校监管易成盲区

10 月 11 日，《中国教育报》发表文章《高校食堂安全莫成被遗忘的角落》，称食堂安全理当成为校园安全建设的题中之意。要让这块监管盲区成为法治之地，成立家长等参与的膳食委员会或是治标之策，而治本之计还在于明确学校食堂的属性定位，在租赁制度、职能监管、学校责任等层面明晰责任权利关系，把一切可能的猫腻杜绝在制度之内，莫让学校食堂成了少数人的印钞机。

(四)舆情点评：食堂安全乱象亟待整治

"给学生吃猪食"是此次事件中的传播关键词，食堂饲料袋、"变质"鸡蛋、淋巴肉等图片刺激到了网民，加之对学生食品安全的担忧，使得网民愤怒情绪瞬时爆发，一时之间，指责甚至谩骂蜂拥而至，涉事学校和当地监管部门首当其冲成为指责对象。斥责学校唯利是图，不顾学生身体健康的网民占据了多数。部分网民对通报和处置结果表示了不满，认为对监管部门的问责力度太小。另有部分网民则认为海阳市有关部门处置迅速，信息公开透明，值得称赞。

舆论产生"猪食"的联想并非没有道理，而食堂承包者为校董事亲妹妹则影射了利益纠葛问题。《扬子晚报》评论指出，比猪食更可怕的是监管"失语"，监管的失语既是责任的失位，也是公信的失血，在任何食品安全事件面前，监管机构与责任人严禁失声，有没有监管以及怎么监管应当第一时间做出说明，给社会应有的交代，应当形成制度与惯例。

学校食品安全问题牵动舆论神经，折射食堂乱象。前有"柳州问题牛奶"引发的不安，现有"食堂给学生吃猪食"带来的震怒，学校食品安全问题牵动着舆论神经。从多起事件中不难看出，食堂承包者的见利忘义、与学校勾结谋利以及上级监管部门的监管不力，不仅导致食品安全事故屡禁不绝，也一再触碰民众的心理底线。所有问题已给学校和监管部门敲响了警钟，对食堂安全乱象进行系统整治刻不容缓。

学校与海阳市政府的态度形成了鲜明对比，正视问题、积极应对处置方能最大程度减少负面影响。从回应情况来看，学校的言辞被企业打脸，正是推卸责任、避重就轻的态度及与家长的对抗情绪激化了矛盾。而海阳市政府在收到举报后，迅速联合教体局、市场监管局等部门展开调查，并发表公开信表示彻查到底。监管部门的积极态度给家长吃了定心丸，也缓和了情绪，随后在 10 月 15 日发布调查结果还就家长质疑问题一一进行回复。不论是时效观念、积极态度，还是联动应对和信息全面公开的举措，都显示出海阳市政府较为成熟的舆情意识和危机处理能力，从而让事情有了"交代"，一定程度上也挽回了监管部门的公信力。

五、原因分析与建议思考

(一)原因分析

1. 餐饮企业入校门槛低

20世纪90年代起，高校后勤实行社会化改革，社会餐饮企业可通过招标、承包等形式进入学校食堂，但对社会餐饮企业的准入标准却无国家层面上的统一规定。根据现行规定，企业只要具有餐饮经营资质即可进入学校经营。由于对餐饮企业的诚信经营、不良记录等均没有系统化考察评审，这就导致部分学校食堂引进的社会餐饮企业良莠不齐。

2. 食堂"以包代管"监管难

根据《食品安全法》规定，学校作为校园食品安全第一责任人，在对外承包食堂时只对企业承包经营权，食堂管理权由学校负责。但部分学校却将食堂转包给个人管理，个人再转包的现象，目前都不同程度存在。

大多数学校因无力承办学校公共食堂，便采取承包、转包的形式，将食堂经营权出让给私人或企业。许多学校食堂承包方并不都具有食堂承包资质，无证经营现象严重。在学校管理缺位的情况下，餐饮企业出于成本考虑，易出现采购不合格原材料，在餐饮具消毒、工作人员健康培训等环节也存在偷工减料等违规行为。例如，海南省临高县有关部门2013年4月至5月对该县114家学校单位食堂摸底情况显示，合法办证经营的单位有29家，属于无证经营的单位有85家，非法经营的单位高达62.5%。

3. 食材采购源头控管疏松

校园食品安全最关键的环节在于原材料采购源头控制，在实际操作中部分学校食堂在原材料采购过程中并未严格执行索票索证及台账管理制度，采购没有正规检验单，进货查验和采购记录制度也难以落到实处。学校食堂采购的食品来源不明，进货渠道无法追溯。大多数学校食堂进货账目由承包人掌握，因涉及学校和食堂承包者之间的利益关系，部分地区的学校和相关教育部门表示"无权干涉食堂的经营行为"，对食堂的卫生监管也流于形式。即使进行监管，"打招呼""提前预报"等行为也让监管沦为"走过场"。

(二)建议思考

针对校园食品安全问题，必须尽快完善和落实各项校园食品安全管理制度，建立严格的校园食品采购追溯机制，引入第三方组织和保险机制等，以有效预防和化解校园食品安全风险。

1. 提高食堂准入标准

学校食堂餐饮企业为师生群体提供用餐，应该设定更高的准入标准。政府应从国家层面制定全国统一的校园餐饮企业准入标准，引入诚信记录、经营资质等评审指标。这样一来对于承租学校房屋从事餐饮行业的企业就有了较高的"入门槛"，那些靠关系又无真正实力的餐饮企业就不能轻易走进校园。同时，学校内也应该成立相应部门，专门管理餐饮企业招标、监管等事宜。

2. 食堂承包标准化管理

可以将学校食堂列为特殊餐饮单位，食堂承包应列入政府招标计划，统一投标以减少学校与承包方的利益纠葛。校园食品安全范围不仅指"校园内"，校园外的餐饮店、小吃摊等也是校园食品安全的一部分，同样需要社会和政府的高度关注。标准化的食堂承包管理为校园内外的餐饮企业提供统一准则，也更有利于校园食品安全管理。

3. 严管食材采购

保证原材料安全从源头上保证了校园食品安全。保障各项食品安全管理制度落到实处，是提高当前校园食品安全水平的关键所在，建立并落实食品、食品添加剂及食品相关产品采购索证索票、进货查验和采购记录制度，大宗原材料采购、从业人员健康体检、餐饮用具消毒等关键环节必须由学校把关。校方所承担的法律责任不能因为经营权的转移而转嫁，校园食堂使用的原材料也可由政府部门牵头，采取原材料集中采购、集中配送的方式。

4. 优化惩罚与赔偿机制

近年来发生的多起校园中毒事件，在后续处理上存在"没死人就不是大事"和"没死人就不严惩"的倾向，一些事件的调查结果也不公开透明，处理倾向采取大事化小、小事化了的做法。因此，必须制定出台校园食品安全事故惩罚机制和措施，一旦发生学生群体性食物中毒事件，要严肃追究食堂承包者、学校后勤部门及主管领导的责任。

目前校园食品安全问题上普遍存在"企业肇事、政府埋单"的现象，政府还应学习西方国家保险业投保食品安全经验，建立校园食品安全责任保险制度。通过引入第三方监督和保险机制，建立科学的风险防范机制和赔偿机制。可设立由卫生、工商、食药监和教育等部门联合值班的举报热线，采取校内和校外双重监督的模式，锁紧校园食品安全的大门。

例如，2013 年，江西省保监局在江西赣州、吉安两地开展校园食品安全责任险试点，对造成学生人身伤害和财产损失的，保险公司最高可向学生支付每人每次 20 万元的赔偿。目前已有 19 个校园午餐配送单位与保险公司签订保单，承担风险保障 5525 万元，有效保障了校园食品安全。学校餐饮经营单位作为投保人，保险公司通过查阅其经营记录，对餐饮企业进行评估，同时督促企业规范操作。在事故发生后，它又可作为第三方协调化解机构，有效化解社会矛盾，承担部分企业因疏忽和过失而导致的学生人身损害和财产损失。

专题五：校园贷安全问题网络舆情专题分析

2016 年教育年度八大关键词中，备受社会舆论关注的校园贷上榜，凸显了行业乱象和大学生信用教育缺失。以校园贷为代表的互联网金融产品进入大学校园后，不断激起舆论风波。本专题通过系统化数据梳理与分析，力图呈现 2016 年校园贷安全问题的网络舆情情况，并选取一个典型的校园贷事件进行案例分析，以期对校园贷安全问题网络舆情状况做出一定解读。

一、事件概述

校园贷是 2016 年轰动校园及社会的舆论话题之一，触发事件为河南某高校的一名在校大学生，用自己身份以及冒用同学的身份，从不同的校园金融平台获得无抵押信用贷款高达数十万元，后无力偿还跳楼自杀。校园贷引发外界关注后，媒体相继报道了裸条贷、欠款退学打工、借贷赌博以命偿债等校园贷乱象，2016 年 11 月 30 日发生的裸贷风波再次吸引大众关注，事件背后的校园贷安全问题发人深思。

在这几起事件中，以校园贷、借贷宝为代表的互联网金融充当了"帮凶"的角色。这些平台本身存在的风控漏洞被不法分子利用，将自制力差、意志薄弱的高校学生一步步推向深渊。本专题通过系统化分析，力图呈现 2016 年校园贷安全问题的网络舆情状况，结合该现象特征从宏观层面进行解读，以求社会各界对校园贷现象舆情有一定的了解，并分析造成校园贷乱象的原因，提出具有针对性的解决策略。

据不完全统计，2016 年共有 40 起有关校园贷事件被相继曝光。具体情况梳理如表 2-5-1：

表 2-5-1　2016 年校园贷事件汇总表

时间	来源	学校	事件
3 月 20 日	中国青年报	河南牧业经济学院	沉迷赌球，校园贷款无法偿还跳楼自杀
3 月 27 日	工人日报	天津财经大学珠江学院	分期平台标榜"一年免息"，利息是没有，但每个月要收服务费 83 元

续表 1

时间	来源	学校	事件
4 月 8 日	东南早报	福建师范大学闽南科技学院	19 名学生背上 70 万贷款
4 月 21 日	齐鲁网	济南某大学	济南一大学生信息泄露被恶意贷款
5 月 12 日	中国江西网	江西机电职业技术学院	大学生欠钱遭拘禁 年息高达 36％
6 月 16 日	安徽商报	合肥某高校	又一校园贷现身："兼职贷"年利息 21％ 直逼高利贷
7 月 7 日	东方早报	云南红河学院	红河学院一女生网贷逾期未还持身份证照片被泄露
7 月 15 日	北京青年报	北京某高校	大学生用校园贷骗同学 60 万后失联冒用同学身份骗贷 受害者多达 80 余名 警方已介入调查
8 月 5 日	新华网	大连工业大学	大连培训公司用校园贷骗数百名学生 涉案金额或超百万
8 月 8 日	成都商报	成都大学	学生"被贷款"一万多元
8 月 10 日	央广网	吉林某高校	校园贷再爆乱象：客户经理伙同线下代理学生负债百万
8 月 14 日	海峡都市报	福建工程学院	大学生网贷 30 万赌球全输光 父亲持棍打断其手臂
8 月 14 日	京华时报	山东莱芜职业学院	诈骗催债电话短信不停歇
8 月 14 日	东方网	河北保定某大学	大学生贷款一千二还款变三万
8 月 20 日	南方都市报	重庆财经专科学校	借款几千结果欠十万，一农村大学生被迫睡公园
8 月 22 日	扬子晚报	常州某大学	常州一大学生深陷"校园贷"短短几月被追债 10 万
8 月 22 日	重庆晨报	重庆合川区人文科技学院	大一小伙陷"校园贷"危机，已与家人失联
9 月 5 日	京华时报	山东财经大学	有 60 多名学生的信息被拿去贷款
10 月 9 日	京华时报	湖南文理学院	18 名大学生发现"被贷款"50 余万元
10 月 15 日	京华时报	长春市吉林动画学院	50 余名学生陷分期诈骗，涉案金额达 200 余万元
10 月 18 日	新文化报	长春某大学继续教育学院	学生贷款晚还 6 天 1 万变 4.2 万，吞药自杀

续表2

时间	来源	学校	事件
10 月 24 日	东南网	漳州城市职业学院	校园贷款坑爹坑同学大学生背负百万债务欲跳楼
10 月 30 日	央视新闻	长春 7 所高校	校园贷长春样本：七所高校近 80 人被骗，学姐受骗后再骗学妹
10 月 31 日	国际旅游岛商报	海南大学、海南师范大学、琼台师范学院	曝收款人向学生"直播讨债"
11 月 11 日	中国青年网	阜阳学院	女生因无力偿还 50 万裸条而精神失常
11 月 13 日	中国青年网	福建三明学院	多名学生校园兼职被骗 深陷"校园贷"
11 月 14 日	澎湃新闻网	合肥某职业学校	借"裸条贷"5 万最终欠下 50 万，家长被逼卖房
11 月 20 日	新京报	阜城学院	借用四十多位同学的身份信息，进行校园贷
11 月 21 日	南海网	海南师范大学	校园贷诈骗案 涉案金额达数百万元
11 月 23 日	生活报	黑龙江旅游职业技术学院	3 名大二学生掉入"校园贷"陷阱，背近 20 万债务
12 月 5 日	南国都市报	海南工商职业学院	欠"校园贷"6 万元月息超 5000 元，海南学生休学打工
12 月 5 日	潇湘晨报	长沙某大学	大学生身份证丢失，背上万元校园贷
12 月 12 日	承德晚报	承德某大学	大三男生将身份证借给朋友进行"校园贷"，朋友贷出 2 万后消失
12 月 16 日	环球网	长沙某职业院校	大学生借校园贷欠下 10 万元，父亲打工帮其还债
12 月 19 日	潍坊晚报	潍坊某高校	借款 2 万，短短八个月需要还 4.9 万
12 月 19 日	新华网	吉林某高校	吉林高校在校大学生利用校园贷诈骗被判刑 5 年
12 月 19 日	长沙晚报	湖南农业大学	湖南一学生丢失身份证，没借钱却遭 3 家校园贷催债
12 月 20 日	澎湃新闻网	南京农业大学	南京一大学生利用校园贷骗 180 余万，涉及数十同学
12 月 23 日	河南电视台	郑州某大学	郑州一大学生陷校园贷陷阱 无法还款曾想轻生

数据来源：湖南大学网络舆情研究所

二、事件特征

(一)时间特征解析

如图 2-5-1,从 2016 年校园贷事件被报道的月份趋势情况来看,校园贷事件的发生具有一定的连续性和集中性。3 月,河南高校一名大学生负债轻生的事件使得校园贷乱象曝光,随后的几个月,校园贷问题陆续受到《人民日报》、新华社、央视、《中国青年报》等中央级媒体关注,在 8 月达到高峰,多达 10 起关于校园贷问题的事件被报道。10 月、11 月和 12 月也持续有较高的曝光量。

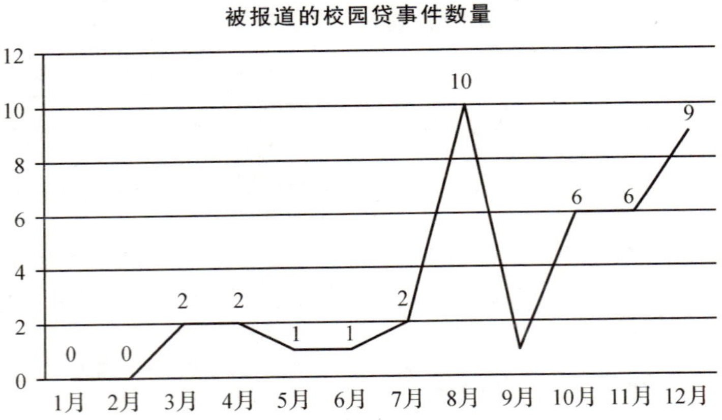

被报道的校园贷事件数量

图 2-5-1   2016 年校园贷事件月份趋势图

数据来源:湖南大学网络舆情研究所

(二)地域特征解析

如图 2-5-2,从事件分布区域来看,2016 年以来,媒体公开报道的 40 起校园贷事件集中在华东地区,高达 13 起。其次为华中地区,有 9 起。第三位是东北地区,有 7 起。华北和西南地区各有 4 起。除此之外,华南地区 3 起,西北地区没有校园贷事件被报道。

整体来看,校园贷事件是普遍存在的现象,只是不同地区的严重程度不同。华东地区经济发达,媒体活跃度相对较高,校园贷事件被报道的概率较大。

(三)传播载体解析

如图 2-5-3,从事件曝光媒体来看,2016 年媒体公开报道的 40 起校园贷事件中,通过传统纸媒曝光的事件最多,高达 25 起,约占总体的 62%;其次,新闻网站曝光 13 起,约占 33%;除此之外,还有 2 起电视曝光的事件。具体来说:

第一,本地媒体优先发声,纸媒展现地缘优势。他们对于所在区域的新闻事件敏感度最高,能够在时效性上拔得头筹。

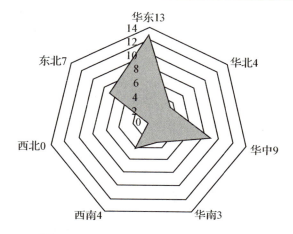

图 2-5-2　2016 年校园贷事件地域分布图

数据来源：湖南大学网络舆情研究所

　　第二，网络媒体活跃，扩大报道传播范围，引发公众关注与讨论。网络普及率高，网民思想意识活跃，这与网络的开放性、方便快捷性、隐匿性强有关。

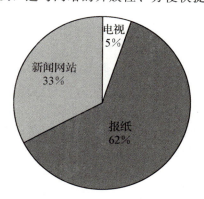

图 2-5-3　2016 年校园贷事件曝光媒体分布图

数据来源：湖南大学网络舆情研究所

（四）网贷平台解析

　　网络上存在各种各样的学生信贷机构，这些机构大概分成三类：第一类是学生分期购物平台，满足学生购物需求，如趣分期、任分期等；第二类是单纯的P2P 贷款平台，如名校贷、投投贷等；第三类是传统电商所提供的信贷服务，如淘宝的蚂蚁花呗、京东白条等。这些信贷平台为学生所提供的信贷服务大多用于电子产品的分期消费，有的网络信贷公司还会直接向学生提供贷款。

2009 年银监会下发通知，明确要求不得向未满 18 周岁的学生发放信用卡。各大商业银行随后停止针对大学生发放信用卡，这为大学生分期购物平台提供了成长土壤。

目前几家主要的分期平台可提供的借款额度在数千至数万元不等。百度搜索靠前的某校园贷款平台页面上显示，平台申请人数接近 77 万人，并滚动显示借款人、借款人学校及借款金额等信息，借款额度为 1000 元到 2 万元不等。

据了解，网贷平台的分期月利率普遍在 0.99% 至 2.38% 之间，很多都远超目前银行信用卡分期费率。一旦逾期偿还欠款，需要支付的违约金不容小觑，高低相差数倍。例如，"名校贷"收取逾期未还金额的 0.5%/天作为违约金，"趣分期"则要收取贷款金额的 1%/天。还有少数小贷公司会收取贷款金额 7% 至 8% 作为违约金。不仅违约金吓人，有些平台还收取一定的押金和服务费。例如，部分平台在每月收取 5% 利率外还设置了 5% 的服务费，因其描述具隐蔽性，部分学生借贷用户往往因忽略额外费用信息而需承担更多偿还费用。

目前这些网络借贷公司主要通过以下形式开展校园金融业务：一是单纯通过广告的线上业务，在网上简单注册，提供信息即可；二是网贷公司雇佣人员在校园或周边大量发放广告。许多高校校园的各个角落都能看到金融借贷的小广告。

(五)政府监管措施解析

针对校园贷乱象，政府部门并非不闻不问。为加强对校园不良网络借贷平台的监管和整治，教育和引导学生树立正确的消费观念，教育部和中国银监会于 2016 年 4 月 13 日发布《关于加强校园不良网络借贷风险防范和教育引导工作的通知》(以下简称《通知》)，要求加大不良网络借贷监管力度，加大金融、网络安全知识普及力度，加大学生资助信贷体系建设力度，帮助学生增强金融、网络安全防范意识。

《通知》明确要求建立校园不良网络借贷日常监测机制。高校宣传、财务、网络、保卫等部门和地方人民政府金融监管部门、各银监局等部门要密切关注网络借贷业务在校园内的拓展情况，高校辅导员、班主任、学生骨干队伍要密切关注学生异常消费行为，及时发现学生在消费中存在的问题。

《通知》还明确要求建立校园不良网络借贷实时预警机制。及时发现校园不良网络借贷苗头性、倾向性、普遍性问题，及时分析评估校园不良网络借贷潜在的风险，及时以电话、短信、网络、橱窗、校园广播等多种形式向学生发布预警提示信息。

针对部分大学生不良的消费观和过度消费习惯，《通知》要求加大学生消费观教育力度，教育引导学生树立文明的消费观。关心关注学生消费心理，纠正学生超前消费、过度消费和从众消费等错误观念。

2016 年 6 月 23 日，教育部还发布信息提醒青年学生，警惕校园不良网络借贷陷阱。校园贷还成为部分地方政府进行互金专项整顿的重要领域。不过，监管层的整治似乎起效甚微。在舆论上表现为，在 2016 年年初就引起舆论热议的校园贷话题，延烧一年之久尚未熄灭，又在年末煽起了一场舆论风暴，2016 年 11 月爆发的女大学生裸贷事件再次引起公众广泛关注。

乱象频出的校园贷安全问题现今已成为全国性议题，2017 年地方"两会"，单纯针对整个 P2P 行业所提的议案大幅减少，代表委员们开始转向对校园贷的关注。

1. 完善征信体系

湖南"两会"期间，湖南省政协委员、湖南信息学院董事长陈登斌，湖南省政协委员、企业家胡国安建议，学校教育应为大学生树立正确的消费观；同时，加强互联网金融立法和对网络借贷业务的监管，严格控制互联网贷款审核程序和条件，建立健全统一完善的征信体系，防止一人在不同平台多次贷款。

2. 制定校园贷规范细则

长沙"两会"期间，市人大代表陈树和长沙市政协委员袁姐提出了《关于对校园网贷加强监管的建议》。他们建议长沙市金融办等部门出台相关条款，对"校园贷"产品的行业细则予以规范和限制，并向湖南省银监会提出关于"校园贷"监管的补充建议。他们还提出，应对长沙市的"校园贷"产品进行彻底清查整改，并鼓励群众举报；建议提高网络信贷公司的准入门槛以及严格的资质要求。

3. 实行校园贷人性化设计

福建"两会"期间，台湾民主自治同盟福建委员会提交了《关于推动校园网贷规范化发展的建议》（以下简称《建议》）。《建议》认为，应从加强对校园网贷的监管和干预、规范网络贷款行为管理、实行"校园网贷"人性化设计、注重校园金融知识教育及人格培养等方面推动校园网贷规范化发展。贷款的上限额度、利息设置、还款方式及期限，应比照国家助学贷款模式，给学生提供合理的贷款服务。对于消费购物性质的贷款来说，则应该参照学生信用卡管理模式，严格限定同一学生可参与的"校园网贷"平台数量或项目数量，使其保持在合理消费范围内。

4. 学校严格把关负责

贵州"两会"期间，贵州省政协委员、贵州理工学院党委书记曾羽表示，"校方应该成立专门的学生部门，及时关心学生心理动态及借贷行为。对进校推广办理贷款的人员进行严格审查，从源头上将夸大、不实的宣传堵住。同时，积极引导学生到正规金融机构办理贷款。"当学生一旦陷入信贷危机中，学校要积极出面，帮助学生解决问题。曾羽还建议："家长与学校做好配合工作，积极引导大学生树立正确的消费观，控制学生的消费行为，最终避免大学生落入不良信贷危机中。"贵州省政协委员李存雄、刘济宁，贵州省人大代表陈治松亦有相关表述。

5. 严厉打击非法收贷

重庆"两会"期间，重庆市政协委员李耀建议相关部门一定要切实规范"校园贷"，严厉打击放贷机构非法收贷，这样才能使它朝好的趋势发展。李耀强调，2016年，"校园贷"大火，想趁机发财的非法放贷机构也有许多，这些非法机构多半存在非法收贷行为，有关部门要依规依法实施严厉打击，以免其造成不良的社会影响。

6. 进行财商教育

广州"两会"期间，面对频出的校园网贷事件，广州市人大代表、中国人民银行广州分行副行长曲延玲建议应将金融知识教育纳入国民教育体系，对学生进行财商教育，让他们学会正确理财，并且建立"借钱要还"的责任与意识。

三、典型案例分析：女大学生裸贷 30 万

"女大学生裸贷 30 万"事件揭露了校园贷背后的乱象，吸引了众多网民关注，网络舆情发展始末较为清晰，因此校园贷安全问题网络舆情专题选取其作为案例，详细舆情分析如下。

(一)舆情概述

2016 年 11 月 13 日，媒体曝光合肥某职业学校一大二女生，通过"裸条"借钱用来和男友花销，一年时间，不到 5 万元的本金"利滚利"成了 50 多万元的欠款。因无力偿还，该女生"裸持身份证照片"被泄露到网络，家人电话也被催债电话打爆，家人在报警同时，只得变卖了唯一住房还款。新浪微博话题#女大学生裸贷 30 万#累计 858 万阅读量，6847 条讨论。

1. 舆情初始阶段

2016 年 11 月 10 日 19 点 15 分，中国青年网发表报道《95 后女大学生校园贷 30 万本金需还 50 万 "裸条"被发至网络》，称 95 后女生小于(化名)向多个校园贷平台借款本金 30 万元，并部分提供"裸条"担保。如今，利滚利，小于要偿还借贷平台本息总计达 50 多万元。相关借贷"裸条"也被发至网络。为此，她精神濒临崩溃。无奈之下，小于父亲只能将家里仅有的住房挂在网上售卖，"填坑"还债。该篇报道根据微博爆料(该微博已被删除，有截图)，采访了借贷双方当事人，较全面地报道了此次事件。

2. 舆情发展阶段

随着女大学生裸贷的消息在网上散播，网易新闻、搜狐新闻、澎湃新闻网、中国新闻网等各大媒体也纷纷转载转发，跟进报道。

2016 年 11 月 10 日 19 点 15 分，网易新闻转载报道《95 后女大学生校园贷 30 万需还 50 万"裸条"被发上网》，网友跟帖讨论累计 46747 条。

2016 年 11 月 10 日 21 点 34 分，澎湃新闻网转载报道《女大学生校园贷 30 万需还 50 万，放贷人网曝"裸条"逼债》，累计评论 134 条。

3. 舆情爆发阶段

新浪微博用户@合肥校园发起微话题＃女大学生裸贷 30 万＃，累计 858 万阅读量，6847 条讨论，"女大学生""裸条""30 万""50 万"等敏感字眼迅速引爆网络舆论场。

2016 年 11 月 13 日 19 点 22 分，@合肥校园：＃合肥身边事＃【合肥 95 后＃女大学生裸贷 30 万＃父亲被逼卖房还债】合肥一名 95 后女大学生因为交了男朋友，花销比较大，于是她将目光转向了"校园贷"。她"裸贷"30 万元，如今利滚利要偿还本息达 50 多万元……无力偿还后，其裸照被发网上。无奈之下，父亲只能将家里仅有的住房挂在网上售卖，"填坑"还债……（转发 649 条，评论 1883 条）

2016 年 11 月 14 日 11 点 41 分，@合肥校园：据悉，小于在大一时交了男朋友，花销比较大，于是她将目光转向了"校园贷"，第一次贷了 2000 元，因为很轻松就贷到了款，小于就一发不可收拾。不知不觉中，与她有"贷款"往来的网贷平台及放贷人达到 59 家，贷款本金共计 30 万元。经过几个月"以贷养贷"的"滚雪球"，现在本息已经达到 50 多万元。（转发 148 条，评论 708 条）

4. 舆情消退阶段

"女大学生裸贷 30 万"事件在 2016 年 11 月 15 日之后逐渐平复。舆情从 2016 年 11 月 10 日爆发，并于当日晚上持续发展到达第一个高潮，网易新闻转载的报道引发大量跟帖回复，网络舆情讨论热烈。2016 年 11 月 10 日至 13 日，国内多家新闻媒体转载报道推动舆情持续发展。2016 年 11 月 14 日，新浪微博用户@合肥校园发起话题＃女大学生裸贷 30 万＃，引导微博讨论，舆情集中爆发达到第二个高峰。2016 年 11 月 16 日，舆情逐渐降温，微博话题讨论量减少，关注度降低，但 2016 年 11 月下旬又有 4 起校园贷事件被陆续报出。

（二）舆论倾向分析

根据新浪微博＃女大学生裸贷 30 万＃话题里的投票结果（共 1723 人参与），及网易新闻报道里的跟帖分析（跟帖 2798 条，共有 47647 人参与），网友舆论倾向大致有以下几类。

1. 认为该学生自作自受，不值得同情

网友 1：这样的人就是活该，让她受点罪她才知道悔改！

网友 2：好！好！好！不值得同情！

2. 对相关部门表示气愤，呼吁加强监管

网友 1：每次看了真的很气愤，成年人都经常上当，何况是大学生呢，国家就没有社会导向的义务吗！这都多久了相关部门一点作为都没有吗！？

网友 2：高利贷横行无忌，这个责任谁来负，国家明确禁止高利贷，但还是这样泛滥，应该有人要为监管不严负责。

网友 3：用"裸"去换"钱"这是个怎样的心态？借贷的人也有问题，也不能一味地指责女大学生，明明女大学生就没有偿还能力，为什么还要借她那么多钱？明摆着就是个坑，对于裸贷这种有伤风化的现象，还是呼吁相关部门以加强监管。

3. 问责学校，质疑教育的缺失

网友 1：关于此现象，各相关部门都积极出台政策加强管理。我想说的是最该改进的是学校，没有了国学课，人们的思想不受束缚了。没有国学约束，人性就会堕落。

网友 2：校园贷款的毒手已经伸向了校园，国家需要管制，学校也需要治理。所以这既是学生的错，也是国家管理制度的错。

4. 对学生父母深表同情

网友 1：父母无奈卖房还债，可怜天下父母心。

网友 2：最后可怜的还是父母，哎。

(三)舆情点评

大学生暂无足够的经济能力可用于精致的旅游、购入房产或其他大宗消费支出，较为廉价又能彰显品位的生活文化类的产品便出现大卖的情景。消费主义的盛行成为女大学生"献身裸贷"的主要原因。追求体面的消费，渴求无节制的物质享受和消遣，不少大学生已将这些当作生活的目的和人生的价值，即使面临周利息高达 20% 的贷款，也不惜以身试险。

合法学生贷款的缺位、网贷平台的大量涌现、相关法规的不完善，除了学生的自律、家长的管教、学校的教育以外，相关部门还需要采取措施弥补漏洞，刹住"裸贷"之风，避免贷款方因一时疏失所造成的严重后果。

四、原因分析与建议思考

(一)原因分析

1. 大学生信用消费市场空缺催生校园贷平台

2014 年 10 月，中国支付清算协会印发《银行卡业务风险控制与安全管理指引》通知，要求发放大学生信用卡前，应落实第二还款来源，并取得第二还款来源愿代为还款的书面担保。此后部分银行仍推出大学生信用卡，但基本无信用额度，且审批严格、形同虚设，无法满足消费需求旺盛的大学生。互联网消费金融公司的服务对象仅针对具有稳定职业或收入的客户，并不包括大学生群体。综合电商为了拓展业务，推出白条消费金融服务，但其主要客户群并非大学生。

随着互联网金融的发展，大学生信用消费市场的空缺催生出专门针对大学生的分期购物平台。分期平台在审核、风控、服务等方面都更加具有针对性。申请便利、手续简单、放款迅速，瞄准大学生日常生活开销的校园网络借贷平台得以迅速发展。从2010年到2015年，全国高校的总数基本持稳，约3600家；在校生数量缓速增长，如按2600多万名学生，每人每年分期消费5000元估算，分期消费市场规模可达千亿元人民币量级。

2. 校园贷平台监控管理不足

目前市面上的大部分"校园贷"类P2P平台只要根据《公司登记条例》在工商部门进行注册，并在相关通信管理部门备案，再花费少量资金研发或购买P2P软件系统就可以运营，处于无准入门槛、无行业标准、无监管机构的"三无"状态。同时，受制于技术、成本等方面的原因，其风控能力很有限。

大多数互联网金融平台发放的"校园贷"类产品，在发放相关贷款时不需要"面签"，不需要提供担保人的书面保证，不控制贷款用途，不采取风险管理等措施，只需学生简单上传相关身份信息即可。而大学生的经济条件、自控能力、消费习惯各异，如不经风险审核、担保和监控，贷款很有可能遭到滥用。相关平台往往前期纵容大学生非理性消费，后期却一味催收，甚至以收取高额利息或违约金为根本目的，演变为变相的"高利贷"。同时，由于央行个人征信系统还没有完全覆盖大学生群体的信用数据，再加上大学生网贷消费公司之间属块状分割，如果缺乏监管，就可能会出现大学生在不同平台间进行多次分期贷款，甚至可以轻易借用他人身份信息获得贷款的现象，从而加剧大学生过度"透支"信用的风险。例如，河南大学生郑某凭借班长身份，获得同学的身份证、家庭等多项信息，并由此假借同学名义申请贷款，不断拆东墙补西墙，最后居然在14家网贷公司欠下了远远超过自身偿还能力的巨额债务。

3. 大学生消费观念的转变

随着居民消费水平的不断提升，消费观念的逐渐转变，信用消费、超前消费的消费模式逐渐获得公众认可，特别是获得新生代大学生的认可。智能电子设备、旅游及购物、文化产品等消费热点逐步涌现。猎奇心较强的大学生群体更愿意尝试新事物，进行超前消费。2016年年初发布的《中国校园消费金融市场专题研究报告2016》显示，超过67%的大学生认可并接受分期消费，并且33%不认可分期消费的大学生中仍有 78％的人进行过分期消费。

4. 学生的自我控制能力不足

目前，很多大学生并无足够的金融风险防范意识，更无妥善的财务规划能力。虽然不少"校园贷"都隐藏着高利息陷阱，但很多学生对贷款利息、违约金、滞纳金等收费项目的计算方式和金额并不知晓，极有可能因网贷而背上沉重的债务，甚至陷入"拆东墙补西墙"的连环债务之中。部分贷款公司往往会采取追索、威逼、上门要账、盯梢，甚至是违法逼债等行为，大学生顾于声誉和学业往往忍气吞声，久而久之便成为高利贷的牺牲品。这种不良放贷行为将直接影响在校学生的正常生活，不仅会恶化学生之间的人际关系，还会引发还债者铤而走险，甚至做出违法犯罪行为，最终付出惨重的代价。

5. 家长、学校教育监管不足

校园贷乱象频发，家长和学校也负有一定的责任。很多大学生都是家长的骄傲，家长面对儿女非理性消费形成的"意外账单"，尽管心痛或愤怒，但还是会选择乖乖买单，不忍心让孩子因此背负信用污点，影响其毕业甚至接受法律制裁；校方也抱着"多一事不如少一事"的心理，规劝学生家庭早日还钱了事，甚至部分被盗用信息的"借款人"也被建议先堵上债务窟窿。这种心理会助长校园贷平台无风控放贷的"积极性"，也不利于学生形成正确的理财观，树立责任意识。

(二)建议思考

1. 完善监管制度和规范

首先，应出台前置性规范，明确有关部门的责任分工，健全并细化相关法律法规，配套建立快速投诉通道，完善"校园贷"类 P2P 平台企业风险评估、信息披露等机制，有效监管平台的运营业务和风控措施，促进"校园贷"类 P2P 平台的健康、有序发展。

其次，金融监管部门要加强对"校园贷"业务的监督，要求业务部门规范审核流程，严格审核贷款人的身份信息、资质和偿还能力，对信息审核不严的，应追究相应责任。

最后，针对目前国内个人征信体系不健全以及平台大数据积累不足制约网贷行业规避风险能力等现状，建议在学校设立统一的校园金融中心，完善校园金融征信体系建设，对学生的信用信息、贷款记录、偿还能力进行第三方评估，并要求所有的"校园贷"类平台发放的贷款，需通过该金融中心审核，杜绝"一人多贷"、无力偿还等问题出现，为学生网上借贷"加一道安全阀"。同时，还要尽快将大学生网贷平台数据纳入征信系统，打破各平台之间信息封闭的现状，提高行业风险控制水平。

2. 引导大学生理性消费

网贷进校园，能缓解一些大学生的燃眉之急，或者能增加大学生理财投资知识和经验，这并不是坏事。但从诸多案例中可以看到，大学生借贷不少都是花在了买手机、电脑、衣服、化妆品等炫耀性消费上。一方面，大学生亟待建立正确的消费观念，要掌握一些必要的金融知识，学会理性消费，培养自己的信用意识和契约精神，还要建立风险意识，把提前消费、信贷投资等控制在合理范围内。另一方面，大学生也要学会"货比三家"，仔细辨析各个校园贷平台的贷款金额、利息水平、违约赔偿等条款后再做选择，在消费过程中也应注意保存消费凭证、还款记录、电子合同等作为维权证据。

3. 加强大学生财商教育

高校应开设一些金融理财知识课程，加强对大学生金融基础知识的教育，提高学生风险意识，培养学生的"财商"，帮助学生树立、培养防范风险意识和识别各种非法借贷的能力，防止学生身陷超前消费与过度消费之中。大学生只有掌握基本的金融知识，消除懵懂的借贷心理，树立健康、理性的消费观和理财观，才能不被一时的享乐冲昏头脑，远离高利贷产品特别是违约后赔偿额度特别大的网络借贷平台。

专题六：教师失德违纪事件网络舆情专题分析

教育发展教师为本，教师素质师德为首。师德师风建设是实践社会主义核心价值体系的基础工程和重要载体，教育的健康发展离不开一支优质的教师队伍，而教师队伍建设的根本是师德师风建设。近年来，教师群体越来越受到关注，围绕教师的相关话题热议度居高不下，与此同时，教师失德违纪现象也愈发凸显，成为近几年社会普遍关心和亟待改善的问题。本专题通过系统化分析，力图呈现2016年教师群体失德违纪现象的网络舆情状况，并从宏观层面结合该现象特征进行解读，以便社会各界对教师失德违纪现象的舆情状况有进一步的认识和了解。

一、事件概述

教师职业道德是教师应该遵守的最基本的道德准则，它对教师的教育理念、态度、行为、品质等能够产生直接影响。教师职业道德失范行为指的是教师做出偏离或者违反职业道德规范的失当行为。虽然我国绝大部分教师忠于职守，精于教书，勤于育人，但某些教师的失范行为却严重影响了教育事业的发展和青少年的健康成长，给社会造成了负面危害。

　　近年来，关于教师玩忽职守、体罚学生、对学生实施性骚扰等不合乎职业道德规范的教育事件屡屡发生，教师的道德行为失范问题已经日益引起社会各界的重视。因此，重视教师职业道德失范现象，分析造成教师举止失宜的原因，并提出具有针对性的解决策略，具有现实的必要性。纵观 2016 年教师失德违纪现象，通过搜索关键词"教师""师德"等，对"澎湃新闻"2016 年全年报道进行筛选，共得出相关事件样本 217 个，相关话题涉及性侵、性骚扰伤害，侮辱歧视学生行为，收受学生和家长财物，体罚和变相体罚等。

二、事件特征

(一)时间特征解析

　　如图 2-6-1，从时间分布来看，2016 年 1 月到 12 月，教师失德违纪相关事件几乎每月都有报道，且媒体公开报道的话题数量基本呈增长趋势，这种时间连续性说明该现象已呈现普遍化，且越来越成为网民广泛关注的社会问题。3—6 月及 9—12 月正值学生在校期间，相关事件发生量较高，呈上升趋势，其中，在 5 月(30 起)和 12 月(34 起)分别达到较高峰值，这可能与学校即将面临考试，教师压力较大有关。此外，该时间段学生即将面临放假，可能存在于疏于学业、难于管理的情况，教师情绪易波动，从而诱发不当惩罚、言语失当等失范行为。

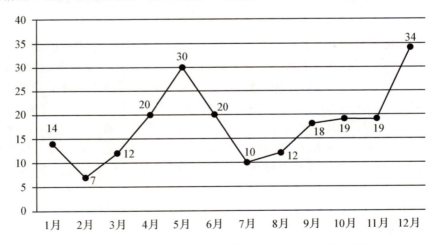

图 2-6-1　2016 年教师失德违纪事件月份分布图(单位：起)

数据来源：湖南大学网络舆情研究所

(二)地域特征解析

　　如图 2-6-2，从地域分布来看，华东(78 起)、西北(30 起)、华中(23 起)、西南(22 起)、华南(16 起)五大区域均有教师失德违纪现象发生。其中，华东(78 起)和西北(30 起)成为事件多发的主要区域。华东区域由于人口基数大，教育重视程度普遍较高，媒体活跃度相对较高，所以报道教师失德违纪事件的概率较大。同时，该地区民众的维权意识较为强烈，家长懂得利用媒体进行维权，故曝光率较高。而西北地区由于经济发展相对落后，师资力量相对薄弱，教师的法律意识尚待加强，所以出现类似事件的概率较大。如图 2-6-3，从省份分布来看，相关事件发生较多的省份有安徽(21 起)、陕西(21 起)、山东(20 起)、河北(18 起)、江苏(15 起)、湖南(14 起)。这几个省份由于人口较多，学生升学、竞争压力等较大，所以民众对于教育话题重视度较高。此外，人口流动性较高也增加了这些省份的不稳定因素。

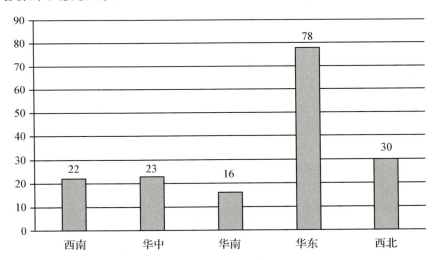

图 2-6-2　2016 年教师失德违纪事件地域分布图(单位：起)

数据来源：湖南大学网络舆情研究所

(三)事件类型解析

如图 2-6-4，从事件类型来看，主要有性侵伤害(38 起)、学术不端(28 起)、不当惩罚(82 起)、言语失当(13 起)、变相收费(11 起)、贪污腐败(18 起)、有偿辅导(4 起)、教学失职(15 起)以及其他事件类型(12 起)。其中，涉及不当惩罚和性侵伤害的类型比重最大，分别占 39.2% 和 18.2%。如图 2-6-5 所示，在性侵伤害事件中，小学、初中占比最大，即 15 岁以下学生遭受性骚扰、猥亵、性侵等比例约占 65%。通过对两图表分析可得出以下几点结论。

图 2-6-3　2016 年教师失德违纪事件各省份分布图(单位：起)

数据来源：湖南大学网络舆情研究所

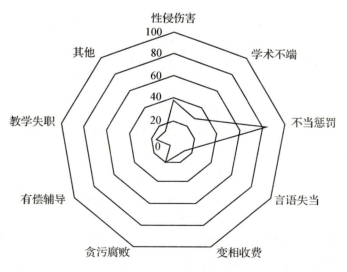

图 2-6-4　2016 年教师失德违纪事件类型比重图(单位：起)

数据来源：湖南大学网络舆情研究所

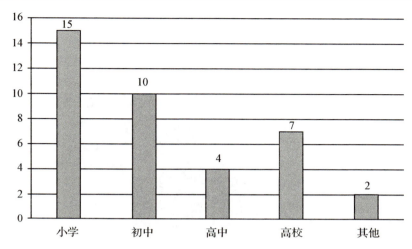

图 2-6-5　不同年龄学生受教师性侵害分布图（单位：起）

数据来源：湖南大学网络舆情研究所

1. 师生矛盾凸显，不当惩罚曝光率高

不当惩罚是由于教师权力使用不当，对学生身心发展造成严重负面影响的行为。体罚或变相体罚、心理惩罚都属于不当惩罚。部分家长和教师心目中，出于"严师出高徒"的观念，认为严厉的恶性惩罚是难以避免甚至是不可或缺的手段，这可从高达 82 起的不当惩罚事件中窥见一斑。然而这种带有封建色彩的传统观念否认了师生之间的人格平等和尊严平等，违背了教育规律，同时严重侵害了学生的生命健康权和人格尊严权。

2. 性侵备受关注，涉事学生平均年龄较低

中华社会救助基金会统计显示，近年来被媒体曝光的儿童性侵案件平均每天达 1.38 起。从本次统计数据来看，性侵害已成为威胁青少年人身安全最为突出的安全问题之一，并且受害人多为平均年龄在 10 岁左右的未成年人。在性侵事件中，大部分事件是"熟人作案"，是加害人利用金钱乃至信任、虚假的关爱等来引诱被害人。许多未成年人对性侵防范意识差，对什么样的身体接触是"禁区"没有概念，这也折射出我国在未成年人性教育方面的不足。

（四）涉事主体分布解析

如图 2-6-6，上述教师失德违纪事件中，涉事教师多在小学、中学和高校，其中涉事主体为小学教师的事件占 29％，中学教师占 19％，高校教师占 22％。中小学教师失德违纪行为多集中于不当惩罚、性侵伤害等方面。由于性健康教育开展不力以及受害学生缺乏自我保护意识等因素，性侵伤害现象多发，且在农村中小学发生数量较多。高校教师失德违纪行为多集中于学术不端、贪污腐败方

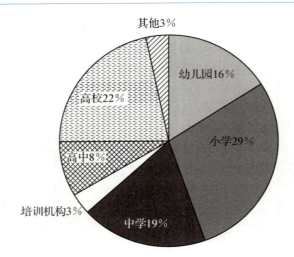

图 2-6-6   2016 年教师失德违纪事件涉事主体分布图

数据来源：湖南大学网络舆情研究所

面，在部分高校，一方面"一把手"往往统管一切资源与权力，内部制约机制付诸阙如；另一方面部分教师疏于学术，放松了对学生的专业要求，导致抄袭现象频发。

（五）传播载体解析

1. 微博成为曝光教师失德违纪事件的主要首发地

如图 2-6-7，近年来，微博的兴起使得信息传播空前加速，不仅打破了传统媒体的"专业主义壁垒"，为大众提供了一个便捷发声的话语平台，更打破了传统媒体主导的舆论格局，推动了舆论新格局的发展。微博不仅成为曝光教师失德违纪事件的发源地，更成为舆论的发酵地和新闻事件的舆论高潮漩涡圈，微博信息传播对于弱势群体的关注，对于新闻真相的探究，形成了一种推动政府及其职能部门改善工作的压力，推进了事情解决的进程。但应该重视的是，微博在带来便捷、即时的信息传播的同时，也不可避免地为谣言的滋生提供了温床。

2. 贴吧、论坛成为舆论传播的重要集散地

贴吧、论坛中的人际传播因其鲜明的开放性、虚拟性而区别于现实生活中的其他传播行为，同时，贴吧、论坛的"民办"性质又使其进入的门槛较低，舆论氛围也更加宽松，因而给讨论者带来了更大的安全感和更强的表现欲。贴吧、论坛中的多数内容都是直抒胸臆，畅所欲言，不加掩饰和润色，形成了名副其实的"群言堂"。

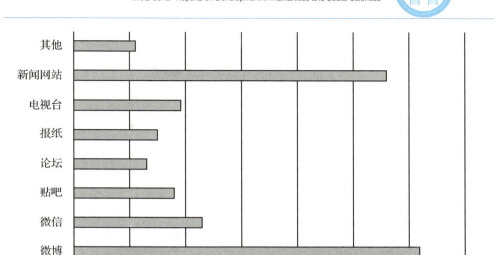

图 2-6-7　2016 年教师失德违纪事件传播载体分布图

数据来源：湖南大学网络舆情研究所

三、观点汇总

（一）媒体观点

1. 建立行之有效的教师队伍规范管理机制

《南方日报》评论称，让师德有存在感，意味着我们不能只是单纯从受害者角度建言献策，还必须彻底改变教师评价体制，制定一套行之有效的规范机制，大大加重对师德的考核比重，真正震慑那些居心不良的教师。

2. 更新教师教育理念，提高教师职业道德素养

新华网评论称，教育伦理和教师道德是全部教育教学工作的价值基础；新的社会环境，需要建构与时俱进且面向实践的新师德，重筑时代新师魂；面向实践，皈依真理，才能重建合理的、人人应做、人人能行的师德规范和师德标准；合理的师德规范，应能恪守底线、追求高尚、自他两利、提升自我，促进专业发展。新时代师德应具备"五心"，即"责任之心""仁爱之心""敬业之心""乐群之心"及"爱国之心"。

3. 提高学生及家长的自我保护意识

凤凰教育评论称，应根据学生的理解程度，教授其一定的法律知识，不断提升中小学生的法律意识，帮助他们学会用法律来保护自己的合法权益，尤其当自身权益受到侵害的时候，他们就能够根据所学知识来进行自我保护。每一位家长

都要采用科学、合理的方法对孩子进行教育，帮助孩子建立起平等意识，建立起人格尊严，构建起健全的法律人格。

4. 完善法律，加大对失德违纪行为的惩处力度

新华社评论称，高校应加大对学生实施性骚扰等丑陋现象的打击惩处力度，将师德沦丧者清理出教师队伍。

《潇湘晨报》评论称，"从业禁止"进入司法实践，一方面，可以通过法律的震慑力倒逼心术不正者及时收敛，在一定程度上预防社会悲剧的发生；另一方面，体现了"治病救人"的法治精神——给那些心术不正者迷途知返的机会。

5. 健全维权监督机制，畅通投诉和举报渠道

《光明日报》评论称，对教师职业道德状况进行监督不仅能够促进教师完善自我，发展自我，真正将优秀教师和一些道德失范的教师进行有效的区分，还能对道德失范的教师形成一种外在的约束力和社会舆论压力，促进教师进行有效的反省。

(二)网民观点

1. 认为教师规范行为需要社会重视

网友 uqyh 山亭代发微博称，"再度敲响呼唤人性良知的警钟！"网友草原露珠2013 在微博中发表评论，"我们尊重教师，但现在金钱已经腐蚀了他们的心灵，利益已占据了他们的心房。殊不知这些会影响到孩子，孩子会跟着学的。"

2. 要加大对违反师德和学术不端行为的查处力度

有网友在天涯社区发表观点称，"教师本是备受尊敬、值得信赖的群体，但个别教师对学生性侵，完全与师德、人伦相悖，对学生身心造成莫大伤害，也败坏了整个教师队伍的声誉。一旦性侵学生的事实成立，都会受到法律惩处。也期待在日后修订完善相关法律法规时，能将性侵学生面临'从业禁止'的条款落到实处。"

3. 学校应完善性教育课程

有网友在凯迪社区中发表评论称，"以往，对教师的考核主要看重其教学水平，而忽视了师德。教育部门应加强对师德的监管与考核，保持教师队伍纯洁。学校缺少有关儿童保护、性教育方面的课程，需完善性教育课程。家长更要关注孩子的心理变化。"

四、原因分析

(一)教师失德违纪现象的客观原因

1. 社会转型进程的加快，促使教师社会价值观的分化

价值观是人们行为选择的逻辑起点，具有极强的导向功能，对人的行为选择具有重要影响甚至决定作用。随着我国社会转型的加速，人们的价值观念和意识形态结构不断趋于多元化，一些与主流意识形态不同甚至相反的价值观念

也大量涌现，致使各种观念互相碰撞与冲突。于是，一部分教师在处理社会利益关系时，不再从以往社会认同的集体主义、公共利益出发，一部分人谨守传统，而另一部分人却转向看重个人私利，这样就造成了社会价值判断逻辑起点的分裂。这种分裂使他们在日常生活中的实际行动与社会所倡导的价值标准相背离，以致产生一种理想与现实的矛盾，造成他们行为准则的混乱，从而出现一些失范行为。

2. 相关教育制度的缺失，易导致失范行为的形式

随着我国社会转型的加快，教育也在迅速走向现代化，教育系统内部产生了某些结构性变化。教育的大众化、高校的扩招、学制的塔尖平面化，使学生整体素质普通化。处于新旧结构转换中的教师，受这种结构性变化影响找不到自身行为的坐标，一部分教师在思想上仍置身于旧有的教育结构中，按照旧有行为模式对学生进行教育和管理；还有一部分教师因不知道怎样应对新的情境而消极怠工，这都容易导致失范行为的出现。

3. 成绩至上的应试教育，成为教师道德失范行为的导火索

毋庸置疑，传统的教育方式及观念依旧影响着推行素质教育的今天。大多数的学校和教师依然为了升学率在工作。教师们关注的不是如何对知识结构进行优化以及如何改变陈旧的教学方式，而是一味教学生怎样去应对考试。在这种背景下，学生很难有更多的创造能力以及实践能力，这就导致教师在严谨治学方面可能出现失范的情况。同时应试教育也造成了教师、家长以及学生之间关系的失衡，学生家长对教师抱有给孩子各方面更多关照的期望，这种期望越高，就会更加依赖和信赖教师，教师就越处于优势地位，这种优势地位的产生很可能成为教师职业道德失范行为的温床，容易导致教师自我定位过高，缺少与家长的沟通，甚至易诱导贪污腐败行为的发生。

(二) 教师失德违纪现象的主观原因

1. 教师自身涵养低，存在价值观偏颇

其一，教师自身的素质是造成教师职业道德失范的关键因素。从目前情况来看，我国大部分教师能够遵纪守法、忠于职守、为人师表、爱护学生，具备较高的个人素质和专业能力，而存在失德违纪现象的教师在教师队伍中只占极少一部分。这小部分教师如果对教育的热情不高，甚至有的教师还存在不满情绪，就很容易受外界思想的影响，出现价值观的偏颇。其二，教师的自我提升意识不强。作为教师应该不断地学习，接受新的知识，从各个层面不断地提升自己的知识储备、专业能力水平、思想道德素养等。不过，根据当前的实际现状，不少教师并未利用阅读和学习等各种方式去充实自己，以致他们思想逐渐落后，无法跟上时代发展的步伐，面临全新的教育理念更易心存抵触。

2. 部分教师教育理念落后，忽视心理教育

教师做出体罚或者对学生缺乏尊重、区别对待的行为，并非教师教育技能的问题，而是教师教育理念和态度方面的问题。这些教师的教学理念相对落后，他们认为学生作为受教育对象，评估他们个人价值及学习成效的主要标准就是考试成绩，学生的终极目标是分数，同时也是教师教学的目标所在。教师一味地对学生进行教育，却完全不了解自己的学生，如每个学生到底有什么不同，是否需要关注他们的道德、心理及身体等各方面的素质。不少教师还认为变相体罚能够让学生的成绩提高，他们认为这种方式并没有任何不妥，不会伤害到学生的身心健康，还能够有效地提高学生成绩。受这些落后教育理念的影响，变相体罚就成为一种常规的教育方式。

3. 学生及家长缺乏自我保护意识

学生时期是人一生中形成人生观及价值观的关键阶段。在这个时期，学生思想品德及人格尚未成熟，一些学生并不了解相关的法律知识，不清楚应当如何保护自身的合法权益，法律意识薄弱。而家庭是学生成长的第一个课堂，父母是他们人生的启蒙老师。但在日常生活当中，多数家长无法正确指导学生的法律教育。并且，不少家长无法正确认识民主教育，自以为对自己的孩子进行怎样的惩罚都是理所应当的。当孩子犯错的时候，一些父母总是以家长权威自居，用粗暴简单的打骂方式来教育孩子。家长这种专制的教育方式，会让孩子从小就缺乏一种民主平等意识，久而久之，对于教师的权威和强制，也难免同样采取顺从的态度。

五、建议思考

(一)加强价值观引导力度，使教师认同主流价值标准

要矫正某些教师的失范行为，必须加大价值观引导力度，有目的地引导社会价值观的发展方向，抑制那些不符合社会发展潮流、不利于社会和谐的价值取向，剔除其中的拜金主义和功利主义成分，引领教师群体践行社会主义核心价值观。这就要求我们的政府部门、社会主流媒体抨击贪污腐化、投机取巧等一系列以谋取各种私利为目的的教育腐败行为，大力奖励、鼓励遵纪守法者和道德高尚者，把积极控制与消极控制手段结合起来。在社会资源分配方面，鼓励通过合法途径达到目的，剥夺为达目的而不择手段者的权益，并加大那些为社会做出贡献者的分配比重，使人们的价值观逐步回归到社会主义核心价值体系，从而促使失范行为向合法合理行为转变。

(二)更新教师教育理念，提高教师职业道德素养

传统教学模式已经无法适应现代教学要求，同时也无法满足社会对全方面人

才的要求。教师在实践过程中需要革除以往"不打不成器""棍棒底下出人才"的错误教育理念，充分利用各项教学资源，采取素质教育的理念进行有效的教学实践，与学生之间进行有效互动，尊重学生的个人价值，建立全新的师生观。教师要尊重学生的主体精神，使其在学习过程中充分发挥自己的能动性。此外，教师应在实践过程之中根据学生的真实需求给予更多的关爱，只有从心理上真正地尊重学生才能够有效地促进师生平等关系的建立，从而有效地提高课堂活力，让学生有更多的激情和热情参与到学习之中。

(三)完善教师管理制度，规范教师职业道德行为

管理者需要认识到整个过程的复杂性和系统性，要借鉴国内外的优秀经验，制定合理的目标和计划。另外，教育管理部门也可以建立教师培训基地，将教师的职业道德培训以及岗前培训进行有效结合，使教师的培训制度更趋于规范化和制度化。还可以将教师岗前培训和职业资格证制度进行结合，使其既接受专门的职业培训还能够丰富自身的经验，通过岗前培训，提高角色转变的认知，提高教师职业道德。培训包括：一是教育科学基础理论的培训，使教师掌握有关教育的一般原理和原则；二是进行法律法规的学习，使教师能够树立正确的法律观念；三是进行学校传统和历史教育，使教师能够对学校深入了解，从而能够从内心爱学校，激发爱岗敬业的内在情感；四是提高教师的职业技能培训以及科研水平。师德培训工作要做到真正符合时代的要求，使教师能够运用先进教学理念和教学方式来进行教学实践活动，保障教学活动与时代相融。同时要注意有效利用教师们易于接受的教育载体，在潜移默化中对他们实施教育。

(四)构建监督体系，约束教师失德违纪行为

对教师职业道德状况进行监督不仅能够促进教师完善自我、发展自我，真正将优秀教师和一些道德失范的教师进行有效区分，还能够有效地对道德失范教师形成一种外在约束力和社会舆论压力，促进教师不断地进行自我反省。在对教师职业道德失范进行监督的过程中，学生、学校、家长以及社会公众都是重要的监督主体。学校以及教育管理部门需要对教师进行实时的监督并拥有对教师的管理权，其他的监督主体则主要负责监督。另外，社会各界进行师德监督主要途径之一就是直接向教育行政管理部门进行举报和投诉，如果该渠道无法保持通畅和公平公开，那么就会导致教师道德失范行为的普遍发生，也就失去了整个管理部门自身的作用和意义，因此，教育行政管理部门需要保障整个举报渠道的通畅有效性，使社会各界能够突破时空的限制进行教师道德失范行为的举报和投诉，从而促进各类问题的解决，让每一起投诉或举报都听得见"回音"。

(五)提高学生的自我保护意识，形成抵制失德违纪行为的社会氛围

青少年在成长的过程中，自我保护意识的建立是非常重要的。此时，如果能

够根据学生的理解程度，教授他们一些法律知识，帮助他们学会用法律来保护自己，那么就具有非常重要的意义。这个目标的实现，需要学校、家庭、社会的共同努力。首先，家庭方面，作为学生的监护人和直接影响者，具备良好法律意识的家长，将会在言传身教中影响孩子逐渐建立起健全的法律人格。每一位家长都有必要采用科学、合理的方法对孩子进行教育，帮助孩子建立起基本的法律意识。其次，学校是学生学习知识的重要场所，因此也是培养学生建立法制观念的主要战场。在某种程度上来说，法律知识是构建法律意识的基础，如果没有法律知识，法律意识便无从谈起。学校应该根据不同学生的接受能力，合理地安排一些符合青少年身心特点的法制教育活动。通过多种方法渠道，有计划、有目的地建立起学生的法律意识，形成抵制教师失德违纪行为的社会氛围。

专题七：高校电信诈骗事件网络舆情专题分析

随着我国电信业的不断发展，近年来以网络、电话、短信为媒介的电信诈骗犯罪呈蔓延趋势，且作案手段不断翻新，高校大学生更成为电信诈骗受骗新群体。2016 年是高校电信诈骗高位运行的一年，特别是 8 月份以来，山东、广东连续发生学生被诈骗后死亡的案件，影响十分恶劣。本专题通过系统化数据梳理与分析，力图呈现 2016 年高校电信诈骗事件的网络舆情状况，并从宏观层面结合该现象进行数据化剖析，以期在一定程度上解读高校电信诈骗舆情状况。

一、事件概述

2016 年 8 月 21 日，据媒体报道，山东临沂准大学生徐玉玉遭遇电信诈骗后，因心脏骤停，不幸离世。事件经网络媒体报道转载后引发舆论关注，当地成立专案组侦查案件。此后，同类案件不断进入公众视野，多家媒体刊发评论文章，舆论关注点聚焦信息安全漏洞、个人信息保护、虚拟运营商监管等电信诈骗背后深层次的现象及问题，相关内容持续引发公众讨论。

高校学生成为电信诈骗受骗"重灾区"，这不仅受当前电信诈骗案件高发、作案手法不断翻新的大环境影响，更主要原因是学生群体社会阅历较浅、安全防范意识相对薄弱，又是使用互联网等电信平台的主力军。纵观 2016 年高校电信诈骗现象，通过搜索"高校""电信诈骗"等关键词，对全网相关报道进行筛选，从中选出相关样本 44 个进行重点分析。在当前互联网与新媒体技术迅速普及、网络安全提升至国家战略高度的视域下，规范监管网络信息等相关领域，对大学生乃至整个社会的安全稳定有至关重要的意义。

二、事件特征

（一）时间特征解析

如图 2-7-1，从时间分布来看，2016 年 1 月到 12 月，在我国高校电信诈骗事件中，媒体公开报道的话题数量呈不均匀分布。但可以发现，以学生群体为目标的电信诈骗事件越来越成为网民广泛关注的社会问题。其中，8 月份由于受山东临沂徐玉玉事件的广泛影响，相关高校电信诈骗话题受到社会各界热议，因而媒体报道量达到峰值。3 月、9 月正值学生开学期间，涉及银行卡缴费等事宜，实施电信诈骗行为发生数量较多，且呈上升趋势。此外，时间段 5—6 月为每年毕业季，诈骗者实施机会多，且学生面临着多重压力，情绪易波动，因而易诱发上当受骗等行为。

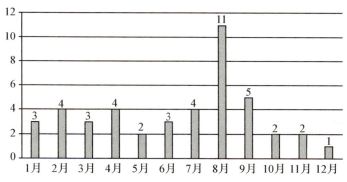

图 2-7-1　2016 高校电信诈骗事件月份分布图（单位：起）

数据来源：湖南大学网络舆情研究所

（二）地域特征解析

如图 2-7-2，从地域分布来看，华北（9 起）、东北（3 起）、华东（8 起）、西北（3 起）、华中（7 起）、西南（4 起）、华南（5 起）七大地理地区的高校均有电信诈骗现象发生，可见电信诈骗是具有全国范围辐射影响力的重要议题，必须引起重视。其中，华北（9 起）和华东（8 起）成为事件的多发区域。华北与华东地区由于人口基数大，高校数量占全国比例多，教育重视程度普遍较高，媒体活跃度也相对较高，因而报道高校电信诈骗事件的频率较高。同时，该地区民众的维权意识较为强烈，家长懂得利用媒体进行维权，故曝光率较高。而西北、东北地区由于经济发展相对缓慢，电子通信设备覆盖率相对较低，媒体报道量相对较少。具体从省份分布来看，广东、上海、四川、山东等省份相关事件发生次数较多。

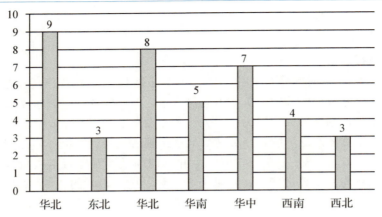

图 2-7-2   2016 年高校电信诈骗事件地域分布图（单位：起）

数据来源：湖南大学网络舆情研究所

（三）传播载体解析

总体而言，舆论场中电信诈骗的相关议题形式丰富，新闻报道日平均量超过千次，短时间内令电信诈骗现象成为社会性话题，持续推高舆情热度。如图 2-7-3，统计发现，报道高校电信诈骗事件的网络舆情事件多发源于新闻网站、网络论坛等媒体。其中，新闻网站仍是最大的信息来源，发源于新闻网站的舆情事件数量位于首位，高达 19 起，新闻网站对教育网络舆情的生发作用仍不可忽视。当然微博、微信也逐渐成为网络舆情传播的重要集散地，分别位列舆情发源媒体的第三、第四。

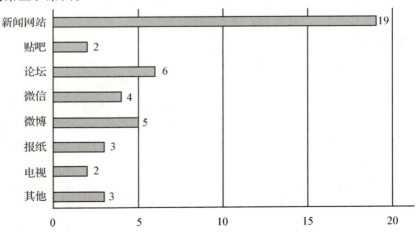

图 2-7-3   2016 年高校电信诈骗事件传播载体分布图（单位：起）

数据来源：湖南大学网络舆情研究所

在一连串"诈骗血案"的极端事例被报道后，各种各样的电信诈骗案陆续被媒体披露。例如，河南一母亲退火车票被骗走 6 万救命钱、清华大学教师被电信诈骗 1760 万元等，不断为话题的广度和热度"加料"，使得舆论沸腾。在公众的强烈关注之下，各路媒体纷纷刊发深度报道。不少媒体还对当下电信诈骗新手段做出盘点，如央视节目《防骗进行时：电信诈骗骗术大揭秘》、东方网刊发报道《起底电信诈骗：什么样的骗术让大学生接连上当》等，集中揭秘诈骗骗术，其精准化、专业化的手法令人惊愕。在媒体聚焦下，诈骗牵涉的个人信息泄露问题备受关注，如《还原教育电信诈骗利益链：2000 元买省高考名单》《个人信息遭泄露 电信诈骗网络信息管理存隐忧》等新闻报道引发舆论共鸣，网民纷纷现身说法对此现象予以抨击，呼吁尽快完善法律保护个人隐私。不少媒体还将关注点延伸到诈骗背后的灰色利益链条，如《揭密电商平台背后的灰色产业链》《360 安全专家揭秘电信诈骗黑色产业链》等报道传播广泛。

三、观点汇总

(一)媒体观点

1. 防范电信诈骗应以堵住信息泄露为首要抓手

信息泄露以及其带来的电信诈骗涉及群众生命财产安全。信息泄露看似直接无害，但正是因为不法分子掌握了精准的个人信息，才会提高诈骗的成功率，所以从源头上整治信息泄露也同样迫在眉睫。

财新网评论称，电信诈骗中反映出来的一个值得关注的重要问题，就是数据安全问题。此前备受关注的"徐玉玉案"，就是典型的教育部门个人信息泄露事件。在'互联网＋'的背景下，因为信息泄露的源头太多，所有的信息都要求上网，包括教育、医院、人才交流中心、幼儿园等各类企事业单位，更不用说支付机构、电商平台等互联网公司，所以防范电信诈骗首先要堵住信息泄露。

2. 健全相关法律法规，加大电信诈骗行为的打击惩处力度

《法制日报》评论称，电信网络诈骗犯罪是严重影响人民群众合法权益、破坏社会和谐稳定的社会公害，必须坚决依法严惩。

半岛网称，电信诈骗已经形成一条完整而严密的产业链，这就要求银行、运营商和警方协同作战，强化落实实名制，加大对诈骗行为的惩处力度，铲除电信诈骗的土壤，不给诈骗分子任何空子可钻。

3. 高校应联动职能部门，强化学生群体防范电信诈骗的意识

《重庆晚报》称，高校师生更易于接受新鲜事物，又具备一定的网络知识，但社会经验不够丰富，大多是在收到网络购物、短信中奖、朋友借钱等虚假信息或是在进行网络游戏装备交易时被骗。需要注意的是，现在高科技网络骗术越来

多，在任何情况下都要谨慎，注意保护个人信息。高校也应当联动公安等职能部门，加强对学生的网络安全教育，用实例科普防诈骗的技巧。

（二）网民观点

1. 追问信息泄露源头

网民在天涯社区中评论称，"信息泄露太容易了，我们刚报完名参加事业编制或公务员考试，抑或是教师编制考试、职称英语、计算机考试，第二天就有辅导班打电话了。"新浪微博网友称，"如今许多的电信诈骗无不是与信息泄露有关，但是信息泄露恐怕不光是人为的恶意买卖造成的，网络中许许多多这样那样的诱惑、要求，无不是要求要绑定手机号、绑定支付宝号、绑定微信号。"

2. 质疑公职部门不作为

凯迪社区网友称，"电话卡实名登记，不就是为了避免此类事件吗？我认为，应该反思的是自上而下政策的制定，政策真正落实和贯彻，应不折不扣。手机实名，包括网络电话、改号软件等源头在通信公司，这样的非法网络电话，怎么就能打到正规网络的电话号码里，屏蔽不是技术性的难题吧。"新浪微博网友称，"电信诈骗猖獗的主要原因是信息的泄露和警察不作为。"

3. 建议加强信息安全领域监管

新浪微博网友发表评论，"当电信诈骗遭遇户随人走，在个人信息安全形势严峻，已然成为重大社会安全问题的今天，必须要将个人信息安全纳入公共安全的范畴，提升到国家安全战略层面，在立法、监管、安全技术等各方面补齐'短板'。"腾讯微博网友称，"是谁泄露了我手机号？我们的监管是否该做些实事呢？严查电信诈骗，政府报告、新闻等信誓旦旦，能不能说了也落实一下？"

4. 呼吁从法律制度层面加大打击惩处力度

新浪微博网友呼吁尽快出台个人信息安全立法，"什么信息泄露，现在个人信息一点保密性都没有，不知道被卖了多少次，希望为个人信息保密立法。"天涯社区网友称，"加大对电信诈骗犯罪团伙的首要分子、骨干成员、累犯、惯犯、职业犯的惩处力度，无疑为依法打击电信诈骗犯罪提供了法律保障，为电信和网络开辟了安全通道，为广大人民群众提供了法律保护平台，让现代化信息更好地服务人类。"

四、原因分析

据统计，当前活跃使用的电信诈骗形式有 30 余种，常见的有冒充熟人诈骗、假绑架诈骗、直接汇款诈骗、网络招工诈骗、电话欠费诈骗等。诈骗内容有专门的团队精心策划设计，针对不同的受害群体量身定做，步步设套。但无论诈骗分子的手段如何花样翻新，最后都是通过获取受害人的银行卡、密码等个人信息达到骗钱的目的。研究认为 2016 年电信诈骗不断引发舆情风波的原因主要如下几点。

(一)同情心及移情效应引爆舆情

在诸多电信诈骗事件中，引爆舆情的社会心理因素值得关注。面对贫困大学生这一弱势群体，网民自然会产生同情心理，并且电信诈骗骚扰是大多数网民普遍有过的经历，在这种"无孔不入"的精准骗局下，任何人都有可能成为受害者。此前由小事件上升为公共议题的魏则西事件、女生和颐酒店遇袭事件等，均有类似的同情心理和移情效应促使舆情急速发酵。

与此同时，类似的悲剧被媒体密集曝出，"信息裸奔""徐玉玉是电信诈骗领域的魏则西""我们都会是下一个徐玉玉"等言论获得广泛传播。此外，像魏则西事件形成社会倒逼压力促使百度整顿"竞价排名"盈利模式一样，舆论还希望学生群体受骗事件能在电信诈骗的"黑幕中炸出一个缺口"。

(二)简单归因找到情绪"发泄口"

分析网民评论发现，不少网民称自身或亲属、朋友遭遇过类似诈骗经历，并且在报案过程中遭遇警方敷衍对待，破案更是"不知猴年马月"，还认为警方"提醒公民个人提高防范意识"是在撇清责任。

网民根据自身经验和认知，将此简单归结为基层民警对电信诈骗办案不积极、破案能力弱，并以此为"发泄口"，表达对基层公安机关的失望、不满以及质疑，而对信息安全的担忧则更加重了人们的恐慌心理。这些评论很容易获得网民的点赞并被顶上"热门评论"，从而误导舆论形成"警方不作为"的认知偏差。

(三)制度性反思引导话题深入

近年来，在类似公共议题中，权威媒体均参与相关话题的评论，形成超越个案的制度性反思，承担着引导并走向理性探讨的作用。在此次舆情中，新华社、《人民日报》、中央电视台等媒体在传统平台和新媒体平台全面发力，分别从不同角度表达了关注，如反思构建个人信息保护制度，从源头杜绝信息安全漏洞；呼吁公安、工信、运营商等部门加强协作，加大打击电信诈骗力度；完善和修改相关法律法规，为打击电信诈骗提供司法支撑；整顿规范虚拟电信运营商的权责等。权威媒体的反思和探讨产生广泛影响，也为话题增添热度，成为决定舆情走势的重要变量。

五、建议思考

(一)加强动态研判，发布预警信息

针对电信诈骗隐蔽性强、手段不断翻新等特点，公安机关应牵头成立覆盖全国范围的联络平台，专门接受受害群众的报案、举报和维权，通过反应灵敏、快速有效的信息机制，及时对案件信息进行汇总和上报，通过实时更新最新犯罪动态加强研判工作。同时，政法机关也应当在总结经验的基础上，定期向公众发布预防警示。例如，提醒公众对于 400、170、178 等开头的电话提高警惕，将防患未然置于首位，形成灵活能动、全局掌控、反应迅速、统一行动的处置机制，以有效打击电信诈骗犯罪。

(二)及时回应质疑，扭转认知偏差

现今电信诈骗案件的舆论暂时回落。2016 年 9 月，最高人民法院、最高人民检察院、公安部、工业和信息化部、中国人民银行、中国银行业监督管理委员会六部门联合发布《防范和打击电信网络诈骗犯罪的通告》，严厉打击电信诈骗行径。各地警方也纷纷宣布电信诈骗报案初查后一律以刑事案件立案。有关部门在处置类似案件时需保持严谨态度，面对网民的不信任和疑虑，应及时表态稳定人心。针对伺机而起的"丑警仇警"谣言，要加大打击惩处力度，并主动予以公开，增加警示效果，并通过个案的侦办，扭转舆论偏见。

(三)多种角度引导，构筑公众信心

面对电信诈骗带来的社会负面情绪，政法机关应主动进入舆论场，通过有策划、有步骤地宣传报道，最大限度地借助主流媒体的引导作用，强化公众对政府打击电信诈骗的信心。在舆论引导方面，政法机关应对近期打击电信诈骗的重大专项成果予以集中展示，针对舆论存在的误解和不满，要勇于与公众沟通和对话。

此外，还应组织业内专家学者对官方治理措施予以解读，也可以让基层一线人员现身说法，争取众多网民的理解与包容。通过不同角度的宣传引导，促使公众明辨是非、凝聚共识。

(四)强化协作机制，发挥联动效果

电信诈骗这类社会问题，往往牵涉多个不同管理部门的配合，公安机关应加强协查协作机制建设，从整体上构建综合、全面的联动处置机制。在外部，建立与商业银行、通信运营商、电商平台及互联网支付机构等更紧密的对接机制，一旦出现诈骗苗头，能够第一时间调取相关线索，掌握案件的相关动态，为迅速侦办犯罪案件提供先决条件。在内部，由于电信诈骗案件成因复杂，而且近年来越来越呈现互联网的特质，因此更需要加强网安、经侦等不同警种之间的沟通交流机制建设，强化公安内部协调机制，最大限度地发挥联动效果。

(五)营造高压氛围，提高辨识能力

政法机关还需要充分利用多类型媒体，对打击电信诈骗犯罪的决心以及相关打击成果和典型案例进行广泛报道和积极宣传，形成全社会对于电信诈骗犯罪零容忍的高压态势。同时，政法机关与高校协作强化教育和培训，实现对各年龄层次学生群体全方位覆盖，通过揭露各种电信诈骗伎俩，让他们能够快速识别常见的诈骗手段，提高其识别诈骗和反诈骗的能力，增加学生自我信息保护的自觉性，进而在全社会形成"不敢""不易"电信诈骗的社会氛围。

专题八：高校"双一流"建设网络舆情专题分析

建设世界一流大学和一流学科，对于提升我国高等教育发展水平、增强国家核心竞争力、奠定长远发展基础，具有十分重要的战略意义。对"双一流"建设特别是一流大学的研究，从 20 世纪 90 年代开始就有了比较系统的讨论，也有学者提出一流学科是一流大学建设的核心和重中之重。在我国"十三五"开局前夕，国务院出台了《统筹推进世界一流大学和一流学科建设总体方案》（以下简称《方案》），这是继"985 工程""211 工程""2011 计划"之后我国高等教育领域的又一重大举措。该文件一经出台，引起了教育领域乃至社会各界的广泛关注，各高校如何建设"双一流"以及提高我国高等教育整体水平成为讨论热点。本专题对有关"双一流"建设的重要舆情进行梳理、分析，综合国家政策解读，力图摸清舆论风向，以为国内高校的"双一流"建设提供建议。

一、舆情回顾

2014 年 5 月 4 日，习近平总书记在北京大学师生座谈会上明确指出，要坚定不移地建设世界一流大学。李克强总理也多次要求要通过改革，优化教育资源配置，激发办学活力，为持续发展经济、保障和改善民生做出更大贡献。2016 年 6 月，教育部宣布一批规范性文件失效，其中包括《关于补充高等教育"211 工程"三期建设规划的通知》《关于继续实施"985 工程"建设项目的意见》《关于实施"重点特色学科项目"的意见》《关于继续实施"优秀学科创新平台"建设的意见》等。国家教育体制改革领导小组认真总结以往建设经验，深入分析世界上高水平大学建设规律和趋势，提出了推进世界一流大学建设的新方案。《方案》指出，"到 2020 年，我国若干所大学和一批学科进入世界一流行列，若干学科进入世界一流学科前列；到 2030 年，更多的大学和学科进入世界一流行列，若干大学进入世界一流前列，一批学科进入世界一流学科前列，高等教育整体实力显著提升；到 21 世纪中叶，一流大学和一流学科的数量和实力进入世界前列，基本建成高等教育强国。"《方案》一经出台就受到社会各界的广泛关注。

党和国家领导人一直将建设世界一流大学作为一项重要任务，高校"双一流"建设的提出并上升为规范性文件，为我国建设一流大学和一流学科提供了宏观的顶层设计、明确的方向指引。因此，对国家政策进行深入分析与解读，了解并把握社会各界对"双一流"的意见走向具有十分重要的意义。

经过梳理，有关高校"双一流"建设有以下几个较重要的时间节点(如图 2-8-1)。

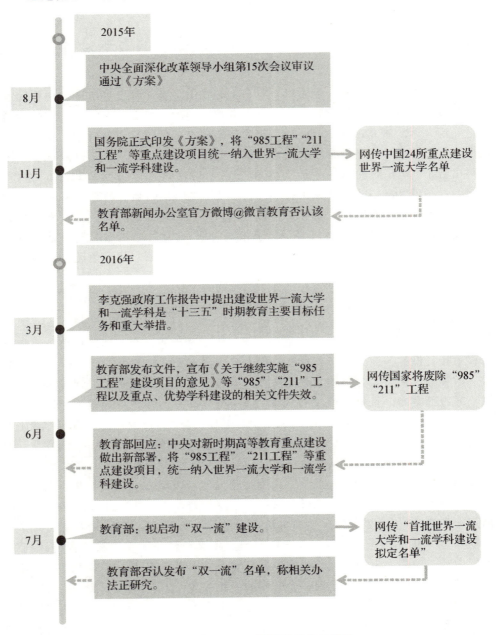

2015年

8月   中央全面深化改革领导小组第15次会议审议通过《方案》

11月   国务院正式印发《方案》，将"985工程""211工程"等重点建设项目统一纳入世界一流大学和一流学科建设。

网传中国24所重点建设世界一流大学名单

教育部新闻办公室官方微博@微言教育否认该名单。

2016年

3月   李克强政府工作报告中提出建设世界一流大学和一流学科是"十三五"时期教育主要目标任务和重大举措。

教育部发布文件，宣布《关于继续实施"985工程"建设项目的意见》等"985""211"工程以及重点、优势学科建设的相关文件失效。

网传国家将废除"985""211"工程

6月   教育部回应：中央对新时期高等教育重点建设做出新部署，将"985工程""211工程"等重点建设项目，统一纳入世界一流大学和一流学科建设。

7月   教育部：拟启动"双一流"建设。

网传"首批世界一流大学和一流学科建设拟定名单"

教育部否认发布"双一流"名单，称相关办法正研究。

图 2-8-1   高校"双一流"建设事件时间轴
数据来源：湖南大学网络舆情研究所

（一）节点一：《方案》审议通过

事件回溯：2015 年 8 月，在全面深化改革领导小组第 15 次会议上，《方案》审议通过。

（二）节点二：《方案》正式印发

事件回溯：2015 年 11 月，国务院正式印发《方案》，提出"进入世界一流行列"和"进入一流前列"的明确要求，这是我国首次提出大学、学科要在一定时间内进入世界一流前列的宏伟目标。

《方案》印发后立即引发舆论关注和热烈讨论，随之一份关于 2020 年中国 24 所世界一流大学、23 所国际知名大学分布表（含港澳台地区）的详细名单在网上广泛流传。教育部新闻办公室官方微博@微言教育 11 月 11 日对此进行回应：近日网上出现关于"中国 24 所重点建设世界一流大学名单"的消息，经了解，教育部从未发布过该名单，还请大家不要轻信。

（三）节点三：政府工作报告提及建设世界一流大学和一流学科等工程

事件回溯：李克强政府工作报告中提出建设世界一流大学和一流学科是"十三五"时期教育主要目标任务和重大举措。

（四）节点四：《关于继续实施"985 工程"建设项目的意见》失效

事件回溯：教育部官网 6 月 23 日发布一份文件，当中 382 份规范性文件被宣布失效，包含《关于继续实施"985 工程"建设项目的意见》等"985""211"工程以及重点、优势学科建设的相关文件。

文件发布后，网上开始流传"国家将废除 985、211"这一说法，尤以高校师生讨论最甚。对此教育部回应：中央对新时期高等教育重点建设做出新部署，将"985 工程""211 工程"等重点建设项目，统一纳入世界一流大学和一流学科建设。

（五）节点五：拟启动"双一流"建设

事件回溯：教育部称，中央对新时期高等教育重点建设做出新部署，将"985 工程""211 工程""优势学科创新平台""特色重点学科建设"等重点建设项目，统一纳入世界一流大学和一流学科建设。教育部等正研究制定实施办法和配套政策，拟于 2016 年启动新一轮建设。

声明一出，一份名为"首批世界一流大学和一流学科建设拟定名单"的名单（如表 2-8-1）就在网上疯传，尤以高校论坛讨论最为热烈。教育部随后否认发布该"双一流"名单，并称相关办法正在研究。这之后也仍不断有许多国内外评估机构发布纷繁复杂的大学排行。

表 2-8-1　2016 年"一流大学"排行榜

时间	排行榜	发布机构	主要内容
6 月 15 日	2016 世界一流学科排名	独立高等教育信息机构上海软科	在能源科学与工程学科领域，中国大学表现优异，清华大学位列全球第一。这一学科中国有 17 所大学进入了世界百强，仅次于美国的 25 所
6 月 16 日	2016 广报大学一流学科排行榜	广州日报数据和数字化研究院	国内高校，一个学科如果排名进入全国前 5 位，可认为即将跨入世界一流学科行列或接近世界一流学科水平
9 月 22 日	2016—2017 年世界大学排名	泰晤士高等教育	中国的北京大学位列第 29 位，首次跻身全球 30 强，今年中国共有 59 所大学进入了世界一流大学名单
10 月 28 日	2016 年世界一流大学和一流学科评价研究报告	武汉大学中国科学评价研究中心、中国教育质量评价中心、中国科教评价网	中国 5 校跻身百强，北京大学排第 25 名，中国内地有 42 所大学进入了排行榜前 600 强
11 月 12 日	基本科学指标数据库（Essential Science Indicators，ESI）	Clarivate Analytics 公司（原汤森路透知识产权与科技事业部）	公布 2016 年 11 月 ESI 最新数据中国内地高校 TOP100 的情况，并与 2016 年 9 月进行了对比

　　数据来源：湖南大学网络舆情研究所

二、舆情分析

　　通过对事件的回顾、梳理，不难发现政府"双一流"建设方案的出台常伴有谣言出现。这既体现了大众对高校"双一流"建设的高度关注，也显示出相关信息呈现不够全面的问题，为谣言的滋生、传播提供了空间。在高校"双一流"建设的相关讨论中，媒体、高校校长、高校学生成为主要的发声群体。

（一）媒体观点

　　《方案》印发后，最先发声的是《人民日报》、新华社等中央级媒体。作为党和政府的喉舌，媒体总是在第一时间披露相关信息，进行分析预测。而党媒更是要争抢时效，抢占舆论的制高点以引导舆论。

　　如表 2-8-2 所示，媒体关于高校"双一流"建设的报道规律大致表现为：《方案》印发之初，媒体多在第一时间转载报道，《人民日报》、新华社等媒体进行了一定的解读，其他媒体多转发官方主流媒体时评；后期，各媒体陆续针对方案中的个别关注点进行深入剖析，从不同角度对高校"双一流"建设提出了建议。

表 2-8-2　媒体关于高校"双一流"建设的报道汇总表

时间	来源	板块	标题	主要内容
2015 年 11 月 5 日	澎湃新闻	教育家	世界一流大学和学科建设顶层方案出炉，本世纪中叶进世界前列	刊发《方案》
2015 年 11 月 5 日	微信公众号"人民日报政文"	时势关注	吹响世界一流大学建设"冲锋号"	解读方案，谈"双一流"目标与"985、211"是何关系
2015 年 11 月 5 日	新华网	新闻中心	新华时评：瞄准"世界一流"久久为功	从资源、人才、成果、创新等方面提出建设一流大学的意见
2015 年 11 月 9 日	人民日报	教育	中国需要怎样的"世界一流大学"	争创一流中的中国特色
2015 年 11 月 9 日	人民网	教育频道	"双一流"建设不只是少数"尖子"高校的事	在"世界一流"建设的过程中带动高等教育水平整体提升
2015 年 11 月 9 日	腾讯网	腾讯教育	建设世界一流大学绝非只烧钱	合理高效使用资源，使之真正服务于知识和教育
2015 年 11 月 12 日	光明网	教育	教育时评：创建世界一流大学亟需育人"新坐标"	创新育人理念、育人观
2015 年 11 月 16 日	人民网	教育	一流大学建设迎来"关键时刻"	高校建设的成功经验和经济社会飞速发展利于贯彻落实"双一流"方案
2016 年 1 月 19 日	中国科学报	新闻	徐宗本：大学推进"双一流"离不开内涵建设	从人才、文化、创新三个方面加强大学自身的内涵建设
2016 年 3 月 22 日	光明网	光明日报	一流大学既要"至真"也要"至善"	高校要围绕立德树人，培养知性与德性双重卓越的人才

续表

时间	来源	板块	标题	主要内容
2016 年 7 月 5 日	光明网	光明日报	时评："一级学科"能等同于"一流学科"吗	界定好一流学科的"学科"内涵
2016 年 7 月 21 日	人民网	教育	高校双一流：为大学脱下那件"新装"	激发高校的内生动力
2016 年 10 月 5 日	光明网	光明日报	人文教育是一流本科的主色	高校应加强人文教育
2016 年 11 月 10 日	中国青年报	教育	"双一流"是建设高教强国的一部分，但不是全部	做强各类高等教育，建设高等教育强国

数据来源：湖南大学网络舆情研究所

(二)校长观点

　　高校校长作为高校建设中发挥统筹性作用的管理者，其对《方案》的理解，以及提出相应的建设方案，将会直接影响高校发展蓝图。《方案》一经出台，国内外高校校长纷纷从发展优势及建设重点等方面，发表了对一流大学建设的看法。

　　1. 中国建设"双一流"大学的优势

　　从建设"双一流"高校的优势来看，国内高校校长大多强调政府支持和生源优势。作为人口大国，我国高校最大的优势就是庞大的人才基础。另外，国家对高等教育的重视，使得高校发展政策支持优势非常明显。"中国制造 2025""互联网＋""产业结构转型升级""丝绸之路计划"等一系列国家战略，为高校建设指明了方向，提供了将科研成果转化为生产力的平台。国家推动创新驱动转型发展，为建设一流大学和一流学科提供了光明前景。

　　国外各大高校校长同样看到了中国高校建成"双一流"的人才优势和政府支持优势。他们认为，要成为世界一流的大学需要强大的财政支持。中国政府从国家战略、政策倾斜等体制方面对高校建设进行扶持，为高校发展打造了一个强有力的后方保障，无异于为火箭提供助推剂，有利于中国大学快步向世界一流大学行列进军。

　　2. 中国建设"双一流"大学的重点

　　如图 2-8-2，从打造"双一流"高校的建设重点来看，国内高校校长强调世界一流大学的评价体系的制定。26％的校长在谈及建设一流大学时，重点强调了完善一流大学评价体系的重要性。对于"建设世界一流大学就是提升排名""SCI、ESI 等数据库收录排名应成为建设世界一流大学指挥棒"的说法，不少校长持批判态度。他们认为，国内部分高校按大学排行榜的某些指标规划发展，容易导致趋同化。16％的校长认为在"双一流"建设中，应鼓励高校办学突出自己的特色。不少高校校长建议，"双一流"评价体系要引导国内高校寻求个性化发展模式，避免"千校一面"。

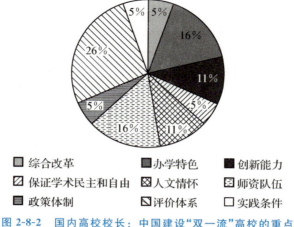

综合改革　　　　　　办学特色　　　　　　创新能力
保证学术民主和自由　人文情怀　　　　　　师资队伍
政策体制　　　　　　评价体系　　　　　　实践条件

图 2-8-2　国内高校校长：中国建设"双一流"高校的重点

数据来源：湖南大学网络舆情研究所

　　除了对评价体系的讨论，16％的国内高校校长指出应加强高校师资队伍的建设。师资队伍质量要加强，师德水平要提高，同时在条件允许的情况下聘请国外知名学者任职或开展学术讲座，推动学术科研与世界接轨。11％的国内高校校长强调在建设一流大学和一流学科的过程中，要注重提高创新能力。国家重视创新驱动转型发展，高校更应顺应这一大势，充分发挥高校的科研优势和人才优势，在创新创业领域有所作为。此外，11％的国内高校校长认为现今一流大学建设需要加强科技教育，但更应加强人文教育，一流的人文教育是一流大学的主色；也有校长提及要进行综合改革，完善政策体制以及提高师生的实验实践条件等一流大学建设重点。

　　如图 2-8-3，与国内校长强调的一流大学建设重点不同，国外高校校长认为中国高校最重要的是加强国际化。43％的国外高校校长认为中国大学需要更国际化，与国际高校合作。因为我们面临的挑战是全球性的，如全球变暖等问题，这些迫使全世界的高校要在国际层面上进行合作。

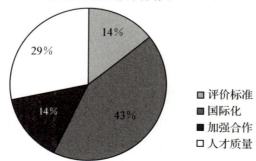

评价标准
国际化
加强合作
人才质量

图 2-8-3　国外高校校长：中国建设"双一流"高校的重点

数据来源：湖南大学网络舆情研究所

国外校长也强调提高人才质量，即提高师资队伍质量，以及制定合理的评定标准。他们认为，中国大学不应一味盲目遵循欧美的标准成为"一流大学"，中国应该有自己的标准和定义，要结合中国实际，思考中国需要什么样的大学，需要什么样的教育。此外，14％的国外高校校长建议中国大学要加强合作，保持开放的心态与国内外大学交流，向其他院校学习，还要与有相似目标、发展战略的大学进行合作，使组织内的所有大学都获得进步。

(三)学生观点

关于建设"双一流"的消息一出即引起了各高校学生的关注，有关一流大学、"985""211"工程的帖子在高校论坛常常热度较高。以下即对几个主要学生论坛的相关言论进行梳理(如表2-8-3)。

表 2-8-3　高校论坛关于建设"双一流"观点汇总表

论坛	主题	评论关键词
南大小百合	统筹推进世界一流大学和一流学科建设总体方案	新一轮圈钱、一堆废话、政府给高校打标签、喊口号不干实事
北大未名 BBS	建设世界一流大学	教育乱象、教育部喊口号不作为
水木清华	大陆高校没有一流待遇，哪有一流水平？	高校教师待遇差
交大 BBS——兵马俑	国务院发布推进一流大学方案	政策失衡、政策倾斜
北京师范大学论坛 BBS	一流大学与教育公平	教育不公平

数据来源：湖南大学网络舆情研究所

通过梳理不难看出，虽然学生对高校"双一流"建设很关注，但是整体却呈现一种偏负面的评价。一方面，受从众心态和对立情绪的影响，互联网时代下，部分学子为了博眼球获得注意力，会采用一些偏激对立的表述；另一方面，也从侧面体现出部分高校学子并未真正享受到政府、学校提供的完善服务。学术不端、师德败坏等部分教育领域的不良现象引起了学生的不满，使相关教育部门、学校组织在学生群体中的信服力下降。

三、应对分析

国务院印发《方案》后，教育部以及各省市、高校均采取相应措施或制定相应计划，响应国家号召，抓住机遇、迎接挑战。

（一）教育部举措

教育部在高校建设和发展中起着引领和指导作用。20 世纪 90 年代中期以来，教育部、发展改革委、财政部针对高等教育不同发展阶段的不同要求，先后实施"211 工程""985 工程"等重点建设项目，推动一批重点建设高校的综合实力和国际影响力显著提高，带动提升了我国高等教育的整体水平，有力支撑了经济社会持续快速发展。

已实施多年的"985 工程""211 工程"在汇集办学资源、提升高等教育的综合实力上功不可没，与此密不可分的是这些重点高校占据了主要的办学资源。"双一流"的提出触动了"985""211"高校敏感的神经，也给非"985""211"高校打了一针"兴奋剂"。

如何巩固现有重点高校优势，同时扶持一批特色发展的地方院校，是当前我国高等教育综合发展、走向世界一流所面临的问题。通过发布"双一流"实施办法等纲领性文件，启动实施"统筹推进两个一流"战略，成为中国大学冲刺国际前列、打造顶尖学府的"冲锋号"。教育部为高校建设"双一流"提供了各项支持，为国内高校在走向世界一流的路上保驾护航（如图 2-8-4）。

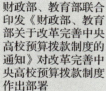
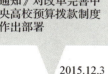

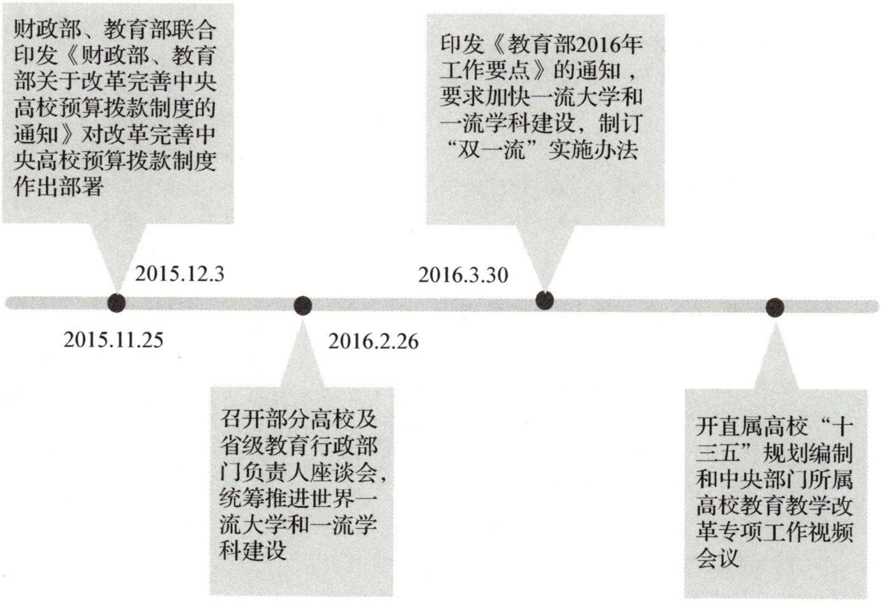

财政部、教育部联合印发《财政部、教育部关于改革完善中央高校预算拨款制度的通知》对改革完善中央高校预算拨款制度作出部署

印发《教育部2016年工作要点》的通知，要求加快一流大学和一流学科建设，制订"双一流"实施办法

2015.12.3   2016.3.30

2015.11.25   2016.2.26

召开部分高校及省级教育行政部门负责人座谈会，统筹推进世界一流大学和一流学科建设

开直属高校"十三五"规划编制和中央部门所属高校教育教学改革专项工作视频会议

图 2-8-4　教育部推进"双一流"建设工作图

数据来源：湖南大学网络舆情研究所

（二）各省举措

目前我国高校资源分布严重不平衡，一些省份地区有近 10 所甚至超过 10 所

的"211 工程"院校，如北京、上海、江苏等地，其中北京高达 25 所；但有的省份却仅有一所"211 工程"院校，如河北、河南、山西等省。继 1995 年 11 月国家启动"211 工程"和 1998 年 5 月提出的"985 工程"后，现今的"双一流"项目又成了各大高校争相冲刺的目标。各省为了争取更好的教育资源，也纷纷制定争创"双一流"的规划（如表 2-8-4）。

表 2-8-4　各省建设"双一流"高校规划表

省份	目标	资金投入
上海市	到 2020 年，力争使上海高等学校学科整体实力达到一个新水平，20 个左右的一级学科点和一批学科方向达到国际一流水平	上海市正式开始实施高峰高原重点学科建设计划，第一阶段为期三年，投入 36 亿元
广东省	"十三五"时期进入国内一流高校前列，进而建设成为"文理医工各具特色融合发展，具有广泛国际影响的世界一流大学"	2015—2017 年，广东省将专门安排 50 亿元专项资金用于高水平大学建设
河南省	到 2024 年，全省 5 个左右学科进入国家'世界一流学科'行列；10 个左右学科进入国内前列，ESI（基本科学指标数据库）排名进入前 1%，或在权威第三方评价中进入前十名或前 5%	2015—2017 年安排 10 亿元；2018—2024 年每年安排 3 亿元；总计 31 亿元
贵州省	推进区域内大学和学科"双一流"建设	"双一流"建设将分为 2 个周期，一期为 2016 年至 2020 年，二期为 2021 年至 2025 年。其中，一期将按照每年不低于 1 亿元的标准投入建设扶持资金
江苏省	到 2020 年，全省 15 所以上高校进入全国百强，其中 10 所左右高校进入前 50 名；支持若干所大学进入国家层面开展的世界一流大学建设行列。到 2030 年，江苏高等教育整体实力显著提升，建成在全国具有重要影响的高等教育强省，支持 2 所左右大学和一批学科进入世界一流行列	对进入全国百强的省属高校，省财政自 2017 年起统筹新增教育经费加大投入，根据绩效评价结果，每年每校给予 1 亿元左右资金支持
湖南省	争取 3 所大学进入国家争创世界一流大学或世界特色大学行列；5 所大学进入国内一流大学或国内特色大学行列；5 所学院进入国内一流应用学院行列；5 所高职学院进入国内一流高职学院行列	进一步整合各类项目资金，集中力量实施"双一流"人才计划、创新团队计划、学科（专业群）建设计划、拔尖人才培养计划、科学研究计划和产学研平台计划六大计划

续表

省份	目标	资金投入
四川省	到 2020 年，具备一定实力的高校进入国家一流、冲击世界一流；若干学科进入世界一流学科行列	
山东省	"十三五"期间，重点扶持 6 所左右省属高校和 20 个左右优势学科，争创国内一流。重点建设 10 所左右应用型高校进入国内先进行列，继续实施优势特色专业发展支持计划，强化应用型人才培养	
山西省	3 年内，我省将力争建成国内高水平大学 1～2 所，重点支持山西大学、太原理工大学按照国务院"双一流"建设精神率先发展	

数据来源：湖南大学网络舆情研究所

中国虽然是一个高等教育大国，但还不是高等教育强国，在教育教学理念、人才培养模式、资源配置、结构布局等方面与世界高等教育强国还有一定差距。要做到国家高等教育水平的整体提高，离不开各省市、各高校的共同努力。从上表可以看出，各省对建设"双一流"高校都保有很大的热情和信心，大多制订了具体的发展目标和资金投入计划。省校双方积极寻求发展战略的契合点，以省内重点高校为抓手，兼顾其他高校发展，必将以点带面带动全省高校整体水平的提升，从而推动全国高校的发展，支撑创新型国家建设。

四、建议思考

（一）制定合理的评价体系

在创建世界一流大学与学科的道路上，如果没有一个以追求卓越和世界一流为导向的教育科研评价体制为牵引，很可能会影响建设世界一流大学与学科的建设进程。评价体系具有导向功能，但目前国内外有许多评估机构，纷繁复杂的大学排行让人摸不着头脑，也给一些高校造成了办学思路上的混乱。针对这个突出问题，《方案》提出，要建立健全绩效评价机制，积极采用第三方评价，提高科学性和公信度，还提出资金分配应更多考虑办学质量特别是学科水平、办学特色等因素，动态调整支持力度等思路。

统一思考、统一布局、统一推进，有助于克服过去重点建设存在的身份固化、竞争缺失、重复交叉等问题，对于加快建设世界一流大学和一流学科是非常必要的。中国高等教育学会会长瞿振元表示，今后可以考虑引入"可进可出"的竞争机制，落伍的应该退出、新生的应该进来。

要以国际通行的学术标准来推动国内学术生态的重建，建立全面、独立的第三方评价机制，形成中国特色大学评价体系。要直面现实问题，制定有效的政策方针，奋起直追。综合性大学，应该在多个学科拥有世界级的领袖和领军人物，培养世界一流人才，做出有影响力的工作，要能和世界一流大学竞争教授、竞争学生；特色型大学，则应该在某些研究领域真正做到世界领先，而不是求全、求大。

(二)建设一流的本科教育

建设一流的本科教育，是"双一流"建设的重要基础。人才培养是高等学校的根本任务，人才培养水平是衡量高校办学水平的重要标准。2015 年新修订的《高等教育法》再次明确，高等学校要以人才培养为中心，开展教学、科研、社会服务。人才培养是中心，是根本，是大学的本质属性。党中央、国务院高度重视高校人才培养工作，《中共中央关于制定国民经济和社会发展第十三个五年规划的建议》和《国民经济和社会发展第十三个五年规划纲要》聚焦人才培养，对高等教育改革发展做出了全面部署，并明确提出"提高高校教学水平和创新能力，使若干高校和一批学科达到或接近世界一流水平"，凸显了党和政府对加强高校人才培养工作、提高教学水平的高度重视和殷切希望，凸显了提高人才培养质量在"双一流"建设中的地位和作用。本科教育在人才培养工作中占据基础地位，本科教育质量是大学办学声誉的重要载体。因此，一流的本科教育是一流大学的重要基础，建设一流大学必须建设一流本科。坚持"本科为本"，是我国一流大学建设的必然选择。

建设一流的本科教育，要着力深化教学改革。当前和今后一个时期，高水平大学要认真贯彻落实党的十八届五中全会和国家"十三五"规划精神，紧紧围绕实现更高质量的高等教育这一主题，全面贯彻党的教育方针，落实立德树人的根本任务，以"创新、协调、绿色、开放、共享"五大发展理念为引领，以支撑创新驱动发展战略、服务经济社会发展为导向，深化教育教学改革，切实增强学生的社会责任感、创新精神和实践能力，全面提高教学水平和人才培养质量。深化教学改革是一项系统工程，涉及各个方面，需要解决的问题很多。各校的情况不同，改革重点也各不相同，但更新教育理念、深化创新创业教育改革、调整优化学科专业结构、完善开放办学协同育人机制、提升国际交流合作能力、推进信息技术与教育教学深度融合、深入推进拔尖创新人才培养这几项任务是共同的。

建设一流的本科教育，还要狠抓工作落实。当前，高校正在完善"十三五"规划、制订"双一流"建设方案，要把加强一流本科、深化教学改革作为重点内容纳入其中，提出明确的目标、政策和举措，整体推进，配套实施。要进一步明确，高校主要领导是本科教学工作的责任主体。学校党委常委会、校长办公会要定期研究部署本科教学工作，积极、务实、有效地解决教育教学中的重点难点问题。

(三)提供充足的经费保障

高等教育是一项成本很高的事业，世界一流大学和一流学科的建设无论是引进高水平的师资队伍，还是建设完备的科研设备和学术数据库，充足的经费保障是必不可少的。但事实上，我国对高等教育的投入相比于世界教育强国仍处于偏低水平。根据经济合作与发展组织（以下简称经合组织，OECD）近几年来发布的《教育一览》(Education at a Glance)数据显示，OECD 国家中发达国家的高等教育总投入占 GDP 比例一般超过 1.3%，以美国为代表的教育强国甚至高达 2.8%，其中财政投入一般维持在 GDP 的 1%。相比之下，我国高等教育总投入占 GDP 偏低，财政投入约占 GDP 的 0.775%，为高校办学经费的主要来源。

因此，必须通过改进现有财政拨款与使用机制，扩大高校办学自主权，鼓励大学间良性竞争，以促进高校办出特色和水平。首先，进一步完善现有的财政拨款机制。在现行生均综合定额的基础上，根据物价变化建立高校生均拨款的定额增长和动态调整机制，建立学生生均差别拨款机制；加大基本支出在财政拨款中的比重，扩大高校统筹安排使用经费的自主权，提高资金使用效益，实现财政拨款的精细化管理。其次，尽快落实《国家中长期教育改革和发展规划纲要(2010—2020 年)》中提出设立高等教育拨款咨询委员会的工作，建立具有专业性、权威性的第三方高等教育质量评估指标体系和机构；建立非竞争性和竞争性拨款相结合的绩效拨款模式，动态管理、分类引导，逐步形成政府宏观管理、高校自我约束、社会参与评价相互结合的有效机制。最后，加快高等教育财政投入的立法进程，强化政府对高等教育财政拨款的立法保障；重视社会教育捐赠意识的文化培育，通过鼓励社会捐赠、发展教育基金会、支持民办教育等手段广泛吸纳社会资源；充分发挥税收优惠政策的导向作用，研究适应我国国情和高等教育事业发展需求的社会捐赠措施，确定合理的减免税比例，促进高校社会捐赠的良性发展。

(四)发展优秀的师资队伍

建设中国特色世界一流大学，必须紧扣一流目标，体现世界水平。著名教育家梅贻琦先生 1931 年在就任清华大学校长的演说中曾经指出，"大学之大，非大楼之大，乃大师之大也"。

经过改革开放 30 多年的不断努力，我国大学建设取得了相当大的成绩，教师队伍和科学研究也得到了极大发展，个别学科还取得了世界领先的成就。但整体师资队伍水平与西方发达国家相比还存在相当大的差距，即使如北京大学、清华大学这样国内顶尖大学，在某些学科取得了突破并达到世界领先水平，但都还不是公认的世界一流大学。究其根本原因是我国没有一支世界一流水平的师资队伍，以及与这世界一流师资队伍相配套的政策体制。要建设世界一流大学，必须首先汇聚一批世界公认的学术大师和学术权威，以及在各学科领域内做出开创性研究和贡献的著名学者。大师级教授是建设世界一流大学的核心，是知识与创意集散地的根基。在大师级人才方面应该注意本土培养和重点引进相结合，特别要引进一批在研究领域领先的世界著名大学的一流教授，让他们在国内一流大学全面发挥人才培养和科学研究的领军作用。

第三部分　研究篇

　　《中国教育网络舆情发展报告 2016》研究篇共收录 8 篇论文,由"应用篇"和"借鉴篇"两部分组成,涉及基础理论、方法策略、技术应用、经验借鉴等多个领域,关注"复杂网络与教育舆情传播""观点发掘与教育舆情分析""大数据与教育政策传播效果""社交媒体运营和监管"等主题,内容丰富多元,研究深入浅出,从多个层面反映了教育网络舆情研究的最新动态及发展趋势。

　　"应用篇"主打"舆情应对",《生态学视域下教育网络舆情危机干预效果影响因素及应对策略》基于对近五年 100 起教育网络舆情危机事件的实证研究,分析影响教育网络舆情危机干预效果的关键因素,为教育管理部门应对舆情危机建言献策;《基于复杂网络中的传染病理论构建高校网络舆情 SIR(I-H)传播模型》一文引入复杂网络传染病理论构建出高校网络舆情 SIR(I-H)传播模型,提出有针对性的舆情引导及应对策略;《国内高校新闻发言人网络舆情应对的问题、成因与对策》总结了目前国内高校新闻发言人权责不明、被动应对等诸多问题,从而提出高校新闻发言人有效应对网络舆情的策略;《2016 年"双一流"政策传播效果——基于微博大数据的实证研究》则从"认知—情感—行为"三个维度来测量"双一流"政策的传播效果,以期为教育政策传播效果的提升提供建议。

　　"借鉴篇"则是"他山之石",《观点发掘与舆情分析技术发展及其对我国教育网络舆情研究的启示》回顾了 15 年来全球面向网络文本舆情分析研究的基本脉络,指出舆情分析粒度、舆情发掘技术、舆情分析算法对教育网络舆情研究的启示;《韩国高校社交媒体平台运营现状、特征与启示》一文通过分析韩国高校社交媒体平台运营在内容安排与形式设计上呈现出的特征,为我国高校社交媒体平台运营带来启示;《美国高校社交媒体指南分析及其启示》则基于对六所美国高校社交媒体指南的研究，分析美国高校社交媒体管理实践及其对我国高校网络舆情监管的启示；此外，《台湾地区校园霸凌事件网络舆情特征、应对及启示》以影响较大的 45 起校园霸凌事件为例，总结了中国台湾地区应对校园霸凌事件网络舆情的相关经验。

论文一：生态学视域下教育网络舆情危机干预效果影响因素及应对策略

李　璐

摘要：生态学视域下，教育网络舆情危机应对处置是一项复杂的系统工程，舆情干预效果受多个因素影响。本文以 2012 年至 2016 年发生的热度较高的 100 起教育网络舆情危机事件为样本，分析影响教育管理部门有效应对舆情危机的重要因素以及不同因素间的作用关系。研究发现，舆情应对处置因素较主体、客体及环境因素更具决定性作用，"干预主体级别""信息公开透明度""问责及惩处情况"及"问题的解决情况"是教育网络舆情危机干预效果最关键的影响因素。基于此，提出建立多方联动的教育网络舆情干预机制、完善教育网络舆情信息公开机制、强化系统全面的教育网络舆情问责机制及构建成熟的教育网络舆情善后处置机制四个应对策略。

关键词：教育网络舆情；舆情危机；干预效果；影响因素

生态学视域下，教育网络舆情是一个复杂多变的社会生态系统，系统内各要素相互影响、相互作用、相互制约，共同维持着整个教育网络舆情生态的信息传递、能量流动、物质循环。虽然舆情生态系统具有自我调节、自我净化的功能，但这种调节作用是有限的，需要人为地干预教育网络舆情，维持好舆情生态平衡，有效减少和化解教育网络舆情危机，保证整个教育系统有序运行。教育网络舆情危机是可能对教育系统产生消极影响并亟须加以引导和应对处置的危机状况。近年来教育相关政策不断出台，教育改革进入"深水区"，容易触动网民的敏感神经，激化公众的"变革式焦虑"，使得教育网络舆情危机事件频发。关乎国计民生，关乎民族未来，校园安全、教育公平等与公众利益密切相关的刺激性事件所触发的舆情危机能在短时间内汇集大量舆情，造成大范围高强度的社会反响与舆论轰动，不断考验着教育管理部门的舆情应对处置和危机干预能力。鉴于此，本文通过对近 5 年发生的热度较高的 100 起教育网络舆情危机事件的实证分析，探究影响教育网络舆情危机干预效果的关键因素，以期为教育网络舆情危机的有效应对提供参考。

一、生态学视域下教育网络舆情危机干预效果影响因素研究设计

(一)研究假设

教育网络舆情生态系统是由舆情主体、舆情客体以及舆情环境构成的复杂生态系统，主体因素、客体因素、环境因素都会影响教育网络舆情危机的干预效果。需要说明的是，干预主体级别、新闻发布情况等与舆情干预主体应对处置行为相关的变量直接牵涉到教育网络舆情危机的干预过程，会影响公众对教育管理部门舆情应对情况的认知评价，因而单列为第四类影响因素，构建了如图 3-1-1 所示的研究框架。

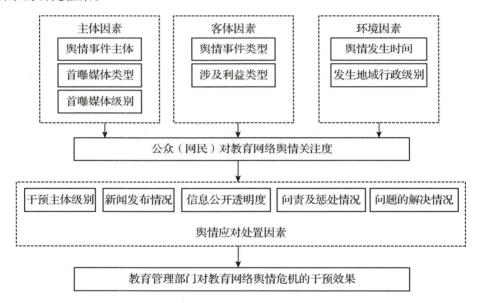

图 3-1-1　教育网络舆情危机干预效果影响因素的研究框架

1. 主体因素

广义上，无论是个人还是媒体、学校等机构组织，只要发起或参与了教育议题讨论，表达了利益诉求、情绪态度，都可以理解为教育网络舆情主体。本文主要探究舆情事件主体、首曝媒体类型、首曝媒体级别这三个主体因素对教育网络舆情危机干预效果的影响。

其一，舆情事件主体。如图 3-1-2 所示，舆情事件主体主要涉及学生、普通教师、学校领导、教育行政人员和学校。广大学生已经成为教育网络舆情的主力军，

占比高达 51％，其次为学校（13％）、其他（涉及多元主体）（12％）、学校领导（11％）及普通教师（8％），教育行政人员所占比重相对较低，仅占 5％。不同舆情主体对事件的关注度、参与度不同，可能影响教育网络舆情危机的干预效果。

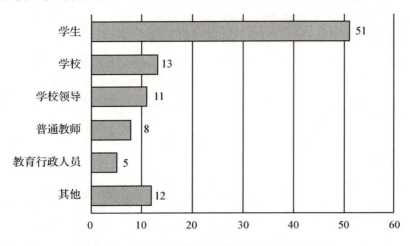

图 3-1-2　教育网络舆情危机事件主体频次分布图

其二，首曝媒体类型。现有研究认为媒体对建构社会大众对于政府或某类社会组织对危机处理能力的认知与态度具有较大作用。[①] 样本案例中 83％的教育网络舆情危机事件由网络新媒体首次曝光。具体而言，占比较高的首爆媒体是微博（49％）和新闻网站（18％），微信、论坛贴吧占比较低，分别为 9％、7％。"广场式"的微博是教育网络舆情信息迅速发酵的公共场域，其"关注转发"路径与"@"功能可形成"强大的弱连接"，增加舆情事件的关注度和影响力。

其三，首曝媒体级别。在选取样本中，由非中央媒体首次曝光的教育网络舆情危机事件占比高达 51％，本地媒体曝光的事件达 30％，但中央媒体（11％）和外地媒体（8％）的比重相对较小。这在一定程度上反映出官方主流媒体在教育网络舆情传播中的缺位。而官方话语权的弱势地位可能会影响教育管理部门应对舆情危机的效果。所以，首曝媒体级别不同，舆情干预效果也可能不同，由此提出：

H1：舆情事件主体将显著影响教育网络舆情危机干预效果。

H2：舆情首曝媒体类型将显著影响教育网络舆情危机干预效果。

H3：舆情首曝媒体级别将显著影响教育网络舆情危机干预效果。

2. 客体因素

教育网络舆情客体是相对于主体而言的，是教育网络舆情主体所关注的对

---

① 于晶. 从媒体到受众：政府危机传播效果的二级评估模式建构[J]. 新闻与传播研究，2012(2)：57.

象。本文主要考虑舆情事件类型和涉及利益类型这两个与教育网络舆情危机事件自身特征相关的客体因素。

其一，舆情事件类型。研究将舆情危机事件类型分为非正常伤亡、校园管理、维权诉求、教育腐败及教育改革五类。如图 3-1-3 所示，直接牵涉教育管理部门的校园管理类事件所占比例最高，达 39%。其次是教育腐败类事件（22%），凸显了公众对教育腐败、教育管理部门失当行为的关注。非正常伤亡类、维权诉求类事件具有一定的刺激性和冲击力，分别占比达 17%、18%。教育改革类事件比重较小，仅为 4%。不同类型事件所获关注度不同，对舆情干预效果的影响也不尽相同。

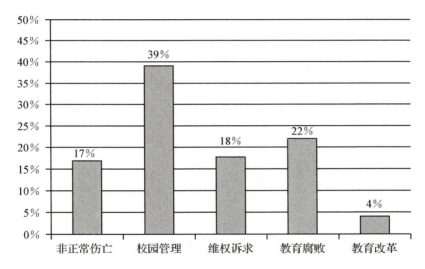

图 3-1-3　教育网络舆情危机事件类型分布图

其二，涉及利益类型。研究将事件涉及利益归类为学生利益、教师利益、师生利益和学校利益。100 个样本中比例最大的是涉及学生利益的舆情事件（58%），涉及师生利益的事件排第二（23%），涉及教师利益的事件（12%）和涉及学校利益的事件（7%）则分别位列第三、第四。"河南高考替考事件""江苏湖北高考'减招'事件"等关乎师生切身利益的教育议题，容易受到网民高度关注。因此，越是反映大多数人利益诉求的议题，就越可能成为广大网民所持续讨论的热点，进而影响舆情危机干预效果，所以假设：

H4：舆情事件类型将显著影响教育网络舆情危机干预效果。

H5：舆情涉及利益类型将显著影响教育网络舆情危机干预效果。

3. 环境因素

教育网络舆情环境会直接或间接地影响和制约舆情主体的思想及行为，进而作用于教育网络舆情危机的干预过程。文章主要从舆情发生时间、发生地域行政级别来探究环境因素对教育网络舆情危机干预效果的影响。

其一，舆情发生时间。根据通用时间划分标准，并结合师生作息规律，将舆情危机发生时间分为凌晨（2 时－6 时）、上午（7 时－11 时）、中午（12 时－14 时）、下午（15 时－18 时）、晚上（19 时－21 时）和深夜（22 时－第二天 1 时）六个时段。如图 3-1-4 所示，上午、下午、晚上三个时段发生的教育网络舆情危机事件较多，所占比重分别为 26%、25%、22%。而中午（13%）、深夜（7%）、凌晨（7%）爆发的舆情危机则相对较少。不同时段的网民关注度存在差异，因此舆情发生时间也可能影响教育网络舆情危机的干预效果。

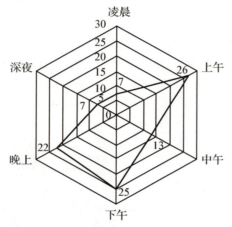

图 3-1-4　教育网络舆情危机事件发生时间分布图

其二，舆情发生地域行政级别。从发生地域行政级别来看，教育网络舆情危机事件占比依次为：二线城市（32%）、一线城市（28%）、四线城市（27%）、三线城市（13%）。经济较发达、教育发展水平较高的一二线城市发生教育网络舆情危机的数量较多，占比六成；同时，经济发展滞后、教育水平较低的四线城市发生教育网络舆情危机的比例也较高，呈现出两极分化的特点。舆情发生地与学生网络素养、教育管理部门危机应对能力等因素相关，因此可能会影响教育网络舆情危机的干预效果，进而提出以下假设：

H6：舆情发生时间将显著影响教育网络舆情危机干预效果。

H7：舆情发生地域行政级别将显著影响教育网络舆情危机干预效果。

4. 舆情应对处置因素

本文中，教育网络舆情危机应对处置因素主要包括干预主体级别、新闻发布情况、信息公开透明度、问责及惩处情况、现实问题的解决情况五个方面。

其一，干预主体级别。干预主体级别主要分为国家部委级（教育部）、省级（教育厅）、地市级及以下（学校或地市教育局）三类。样本中大部分舆情干预主体级别都不高，仅有学校或地市教育局出面干预的事件占比高达64％，其次才是省级和国家部委级，所占比例分别为19％、17％。现有研究表明，干预级别越高，行政资源占有数量及质量越大，信息掌控能力、应急驾驭能力也越强①，故而可以更好地应对教育网络舆情危机。

其二，新闻发布情况。本文将新闻发布情况分为及时、一般、不及时三个维度。在100起教育网络舆情危机事件中，新闻发布较及时的占比最多，近七成（68％）。18％的舆情事件新闻发布时效一般，而新闻发布较不及时的样本达14％。兰月新等通过实证发现政府信息发布及时、准确、全面、权威，是政府事件引导的关键。② 因此，新闻发布及时与否也可能是影响教育网络舆情危机干预效果的重要因素。

其三，信息公开透明度。研究将信息公开透明度分为高、一般、低三个层级。样本案例中，信息公开透明水平整体不高，信息公开透明度高的事件仅占13％。50％的舆情危机事件信息公开透明度一般，信息公开透明度较低的事件占比达37％。教育管理部门信息公开透明度较低可能会引起公众的猜疑、愤怒和对立情绪，加剧舆情的聚集与极化。所以，信息公开透明度也会影响教育网络舆情危机干预效果。

其四，问责及惩处情况。这主要反映教育管理部门在干预舆情危机时是否有依据相关法律法规追究涉事方责任的情况。在统计的100个案例中，有61％的教育网络舆情危机事件的涉事相关人员被问责，而39％的事件未对相关人员问责。问责及惩处情况在一定程度上表明教育管理部门应对处置舆情危机的态度，因此可能会影响教育网络舆情危机干预效果。

其五，问题的解决情况。即教育网络舆情危机事件的善后情况，舆情牵涉的现实问题是否真正得到解决。研究将问题解决情况分为已善后和未善后两个维度。选取事件中，90％的样本所涉及的现实问题并未得到真正解决，仅有十分之一的舆情事件善后情况较好。而通常情况，公众关注的不仅仅是教育网络舆情危机的应对处置过程，还有舆情危机事件的善后结果，由此假设：

H8：干预主体级别越高，教育网络舆情危机干预效果越好。

H9：新闻发布越及时，教育网络舆情危机干预效果越好。

---

① 潘新，邓贵仕，佟斌. 基于社会网络的舆情传播模型构建与分析[J]. 运筹与管理，2011(2)：176-179.

② 兰月新，董希琳，陈成鑫. 地方政府应对网络舆情能力评估和危机预警研究[J]. 现代情报，2012(5)：9-11.

H10：信息公开透明度越高，教育网络舆情危机干预效果越好。

H11：问责及惩处力度越大，教育网络舆情危机干预效果越好。

H12：问题的解决情况越好，教育网络舆情危机干预效果越好。

(二)研究方法及样本选择

研究以湖南大学网络舆情研究所统计的教育领域热点事件舆情热值排行榜为主要依据，参考中国教育在线、人民网、新华网舆情频道等相关舆情报告，从研究所教育网络舆情热点事件案例库中选取了近 5 年(2012 年至 2016 年)发生的舆情热度较高的 100 起教育网络舆情危机事件作为样本，以呈现 2012 年以来重大教育网络舆情危机事件的基本脉络，分析影响教育网络舆情危机干预效果的关键因素及不同因素的相互作用关系。

1. 数理统计法

借助 SPSS23.0 软件对样本数据进行描述性分析、相关分析及回归分析等量化统计，分析教育网络舆情危机干预效果的影响因素。研究从直接影响舆情危机干预效果的舆情应对处置因素出发，选取干预主体级别、新闻发布情况、信息公开透明度、问责及惩处情况、问题的解决情况 5 个自变量进行回归分析，构建了教育网络舆情危机干预效果的二分类逻辑模型(Binary Logistic Regression)，具体变量说明如表 3-1-1 所示。

表 3-1-1　变量定义及说明情况

变量类型	变量定义	变量代码	变量赋值
因变量	舆情干预效果	Y	肯定＝1；质疑＝0
自变量	干预主体级别	X_1	国家部委级(教育部)＝3；省级(教育厅)＝2；地市级及以下(学校或地市教育局)＝1
	新闻发布情况	X_2	及时＝3；一般＝2；不及时＝1
	信息公开透明度	X_3	高＝3；一般＝2；低＝1
	问责及惩处情况	X_4	有问责＝1；无问责＝0
	问题的解决情况	X_5	已善后＝1；未善后＝0

2. 定性比较分析

定性比较分析(Qualitative Comparative Analysis)[1]的研究方法最早是由查尔斯·拉金(Charles Ragin)提出，现今已广泛应用于工业行动和社会运动等研究

---

[1] Chales C. Ragin. The Comparative Method：Moving beyond Qualitative and Quantitative Strategies. Berkeley：University of California Press. 1987；Chales C. Ragin. Fussy-set Social Science. Chicago：University of Chicago Press，2000.

中。基于"或(Logical OR)""与(Logical AND)""非（Negation）"的集合运算逻辑，定性比较分析将变量不同组合看成导致结果发生的原因，为同一结果的多种路径提供了解释性框架。① 教育网络舆情危机干预效果牵涉多重因素，因果关系是多元、复杂、非线性的，符合 QCA(Oualitative Comparative Analysis)方法的分析逻辑。

QCA 方法的基础在于将变量作二分处理，变量赋值为"1"代表条件"是"或"存在"；变量赋值为"0"则表示条件"否"或"不存在"，用小写字母或"～"表示；符号"＊"是"和"运算，表示条件同时存在；符号"＋"表示"或"，即至少存在一个条件；符号"＝""→"都表示"导致"。例如，A＊B→Y 表示因素 A 和因素 B 同时存在将会导致 Y 结果的发生。操作上，要先对选取样本的变量进行编码赋值，汇总所有解释变量和结果变量的数据组合(Configurations)，构建"真值表(Truth Table)"。再根据布尔代数(Boolean Algebra)逻辑，借助 QCA 软件获得导致结果变量发生或者不发生的条件组合。②

为了更有针对性地提出教育网络舆情危机应对策略，本研究选取舆情干预主体级别、新闻发布情况、信息公开透明度、问责及惩处情况及问题的解决情况 5 个可控的舆情应对处置因素进行定性比较分析，进一步探究教育网络舆情危机干预效果影响因素的可能性条件组合，表 3-1-2 为具体变量说明。

表 3-1-2　教育网络舆情危机干预效果的变量选择与说明

变量	变量类型	数据权重	赋值	说明
干预主体级别	国家部委级（教育部）	17％	1	解释变量
	省级（教育厅）	19％	0	
	地市级及以下（学校、教育局）	64％	0	
新闻发布情况	及时	67％	1	解释变量
	一般	19％	0	
	不及时	14％	0	
信息公开透明度	高	13％	1	解释变量
	一般	50％	0	
	低	37％	0	

①　周俊，王敏.网络流行语传播的微观影响机制研究——基于 12 例公共事件的清晰集定性比较分析[J].国际新闻界，2016(4)：29-30.

②　本文所应用的 QCA 软件是国际上通用的 fsQCA(fuzzy set Oualitative Comparative Analysis)(http：//www. u. arizona. edu/～cragin/fsQCA/software. shtml).

续表

变量	变量类型	数据权重	赋值	说明
问责及惩处情况	有问责	61%	1	解释变量
	无问责	39%	0	
问题的解决情况	已善后	10%	1	解释变量
	未善后	90%	0	
舆情干预效果	肯定	35%	1	结果变量
	质疑	65%	0	

二、生态学视域下教育网络舆情危机干预效果影响因素研究发现

总体而言，教育管理部门的舆情危机干预效果不容乐观。在 100 起热度较高的教育网络舆情危机案例中，65% 的舆情事件实际干预效果遭到质疑，校方处理不力的情况时有发生，还会出现各方消息不一致的混乱现象，舆情危机干预能力亟待提高。教育网络舆情危机干预效果是多个因素相互影响的结果，舆情应对处置因素较主体因素、客体因素及环境因素更具决定性作用。如图 3-1-5 所示，"干预主体级别""新闻发布情况""信息公开透明度""问责及惩处情况"及"问题的解决情况"是教育网络舆情危机干预效果最关键的影响因素。

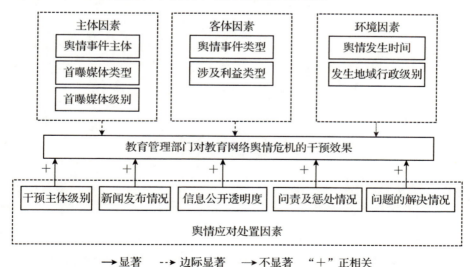

图 3-1-5　教育网络舆情危机干预效果影响因素作用关系图

(一)主体因素对教育网络舆情危机干预效果的影响不显著

研究发现，舆情事件主体、首曝媒体类型、首曝媒体级别三个主体因素对教育网络舆情危机干预效果的影响不显著。现今随着移动互联网的普及，教育网络舆情危机酝酿爆发时间被大大缩短，首曝媒体类型、首曝媒体级别等对舆情干预效果的影响已不存在显著差异。

1. 舆情事件主体与舆情干预效果的相关分析

研究将舆情事件主体与舆情干预效果做交叉分析，卡方检验结果显示：$x^2 = 2.295$，$p = 0.807$，$p > 0.05$，这表明舆情事件主体与教育网络舆情危机干预效果之间不存在显著差异，事件涉及学生、普通教师等不同舆情主体并不会显著影响教育管理部门的舆情危机干预效果，假设1不成立。

2. 舆情首曝媒体类型与舆情干预效果的相关分析

研究结果表明，首曝媒体无论是网络新媒体还是传统媒体，对教育网络舆情危机干预效果的影响都不显著（$x^2 = 1.309$，$p = 0.253$）。从具体类型来看，如表3-1-3所示，首曝媒体为微博、论坛贴吧的舆情危机事件，教育管理部门干预效果为"质疑"的比例较高，占七成左右。但卡方检验结果 $p = 0.735 > 0.05$，所以首曝媒体类型与教育网络舆情危机干预效果仍不存在显著差异，假设2不成立。

表 3-1-3　舆情首曝媒体类型与舆情危机干预效果交叉表

			首曝媒体类型					总计
			传统媒体	论坛贴吧	微博	微信	新闻网站	
舆情干预效果	肯定	计数	8	2	15	4	6	35
		占舆情干预效果的百分比	22.9%	5.7%	42.9%	11.4%	17.1%	100.0%
		占首曝媒体类型的百分比	47.1%	28.6%	30.6%	44.4%	33.3%	35.0%
	质疑	计数	9	5	34	5	12	65
		占舆情干预效果的百分比	13.8%	7.7%	52.3%	7.7%	18.5%	100.0%
		占首曝媒体类型的百分比	52.9%	71.4%	69.4%	55.6%	66.7%	65.0%
总计		计数	17	7	49	9	18	100
		占舆情干预效果的百分比	17.0%	7.0%	49.0%	9.0%	18.0%	100.0%
		占首曝媒体类型的百分比	100.0%	100.0%	100.0%	100.0%	100.0%	100.0%

3. 舆情首曝媒体级别与舆情干预效果的相关分析

将舆情首曝媒体级别与舆情危机干预效果做交叉分析，由非中央全国媒体首次曝光的教育网络舆情危机事件干预效果获质疑的比重最大，外地媒体首曝获质疑的比重则相对较小。首曝媒体级别不同，舆情危机干预效果也不尽相同。但就卡方检验结果来看，$x^2=1.830$，$p=0.608$，首曝媒体级别对教育网络舆情危机干预效果的影响不显著，假设 3 不成立。

（二）客体因素对教育网络舆情危机干预效果的影响不显著

分析结果显示，教育网络舆情危机事件类型不同、涉及利益不同，舆情干预效果存在差异，但这两个因素对教育网络舆情危机干预效果的影响并不显著。

1. 舆情事件类型与舆情干预效果的相关分析

就舆情事件类型与舆情干预效果的交叉分析结果来看，教育管理部门在应对处置非正常伤亡、教育腐败类舆情事件时，干预效果较好，获得肯定的占比较高。而维权诉求类事件干预效果为"质疑"的比重则相对较大。但卡方检验结果显示：$x^2=2.104$，$p=0.717$，渐进显著性不明显，舆情事件类型对舆情危机干预效果的影响不显著，假设 4 不成立。

2. 舆情涉及利益类型与舆情干预效果的相关分析

如舆情涉及利益类型与舆情危机干预效果交叉表 3-1-4 所示，事件牵涉范围广泛的学生利益、师生利益，舆情干预效果较好；而涉及教师利益、学校利益的舆情事件获得"质疑"干预效果的占比则较大。经卡方检验，$x^2=2.453$，$p=0.484$，这表明虽然涉及不同利益类型的舆情事件会对教育网络舆情危机干预效果产生影响，但这种差异并不显著，假设 5 不成立。

表 3-1-4　舆情涉及利益类型与舆情危机干预效果交叉表

			涉及利益类型				总计
			教师利益	师生利益	学生利益	学校利益	
舆情干预效果	肯定	计数	2	8	23	2	35
		占舆情干预效果的百分比	5.7%	22.9%	65.7%	5.7%	100.0%
		占涉及利益类型的百分比	16.7%	34.8%	39.7%	28.6%	35.0%
	质疑	计数	10	15	35	5	65
		占舆情干预效果的百分比	15.4%	23.1%	53.8%	7.7%	100.0%
		占涉及利益类型的百分比	83.3%	65.2%	60.3%	71.4%	65.0%
总计		计数	12	23	58	7	100
		占舆情干预效果的百分比	12.0%	23.0%	58.0%	7.0%	100.0%
		占涉及利益类型的百分比	100.0%	100.0%	100.0%	100.0%	100.0%

(三)环境因素对教育网络舆情危机干预效果的影响边际显著

研究表明，舆情发生时间、发生地域行政级别两个环境因素与教育网络舆情危机干预效果存在弱相关关系，对舆情危机干预效果的影响边际显著。

1. 舆情发生时间与舆情干预效果的相关分析

如图 3-1-6 所示，按早、中、晚的划分标准，将舆情发生时间与教育网络舆情危机干预效果进行交叉分析，发现随着时间的推进，舆情干预效果为"肯定"的比例逐渐上升。继续按凌晨、上午、中午、下午、晚上及深夜的细分标准进行 Pearson 相关分析，发现舆情发生时间与教育网络舆情危机干预效果的相关系数为 0.168，显著性概率值为 0.094（$p<0.05$），这表明二者存在边际显著差异。较上午、中午发生的舆情危机事件，晚上、深夜爆发的教育网络舆情危机干预效果可能更好。

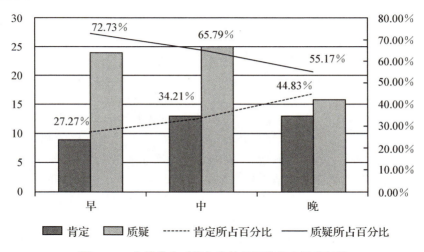

图 3-1-6　舆情发生时间与舆情干预效果交叉分析图

2. 舆情发生地域行政级别与舆情干预效果的相关分析

将舆情发生地域行政级与舆情危机干预效果交叉分析，卡方检验结果显示：$x^2=6.047$，$p=0.109$，表明舆情发生地域行政级别与舆情干预效果边际显著。从图 3-1-7 可以看出，发生地域行政级与舆情干预效果呈 U 形分布，一线城市、四线城市发生的教育网络舆情危机的干预效果较好，获得肯定的占比较高，而二线城市、三线城市爆发的舆情危机干预效果为"质疑"的比重较大。这与教育发展水平不均衡引发较高舆论关注不无关系。

(四)舆情应对处置因素对教育网络舆情危机干预效果的影响显著

经相关性及回归分析，发现干预主体级别、新闻发布情况、信息公开透明度、问责及惩处情况和问题的解决情况对教育网络舆情危机干预效果有显著影

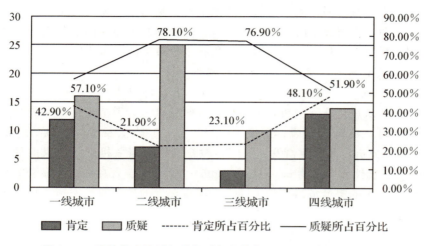

图 3-1-7   舆情发生地域行政级别与舆情危机干预效果交叉分析图

响，假设 8、假设 9、假设 10、假设 11 及假设 12 成立。

1. 舆情应对处置因素与舆情干预效果的相关分析

将干预主体级别、新闻发布情况、信息公开透明度、问责及惩处情况、问题的解决情况五个因素与教育网络舆情危机干预效果进行皮尔逊（Pearson）相关分析，结果如表 3-1-5 所示。干预主体级别与舆情危机干预效果的相关系数 $r=0.258$，显著性概率 $p=0.010$；新闻发布情况与舆情干预效果的 $r=0.378$，$p=0.000$；信息公开透明度与舆情干预效果的 $r=0.643$，$p=0.000$；问责及惩处情况与舆情干预效果的 $r=0.286$，$p=0.004$；问题的解决情况与干预效果的 $r=0.245$，$p=0.014$，这表示干预主体级别、新闻发布情况、信息公开透明度、问责及惩处情况、问题的解决情况与教育网络舆情危机干预效果之间存在显著的正相关关系，即舆情干预主体级别越高，官方新闻发布越及时，信息公开透明度越高，责任追究及惩处落实越到位，对问题的善后情况越好，教育管理部门的危机应对处置效果就越好，越容易获得公众肯定。

表 3-1-5   舆情应对处置因素与舆情危机干预效果的相关系数矩阵及相关性检验结果

		干预主体级别	新闻发布情况	信息公开透明度	问责及惩处情况	问题的解决情况	舆情干预效果
干预主体级别	皮尔逊相关性	1	0.096	0.092	0.071	−0.013	0.258**
	显著性（双尾）		0.340	0.360	0.481	0.898	0.010
	个案数	100	100	100	100	100	100

续表

		干预主体级别	新闻发布情况	信息公开透明度	问责及惩处情况	问题的解决情况	舆情干预效果
新闻发布情况	皮尔逊相关性	0.096	1	0.392**	0.058	0.028	0.378**
	显著性（双尾）	0.340		0.000	0.566	0.786	0.000
	个案数	100	100	100	100	100	100
信息公开透明度	皮尔逊相关性	0.092	0.392**	1	0.143	0.120	0.643**
	显著性（双尾）	0.360	0.000		0.156	0.233	0.000
	个案数	100	100	100	100	100	100
问责及惩处情况	皮尔逊相关性	0.071	0.058	0.143	1	−0.144	0.286**
	显著性（双尾）	0.481	0.566	0.156		0.154	0.004
	个案数	100	100	100	100	100	100
问题的解决情况	皮尔逊相关性	−0.013	0.028	0.120	−0.144	1	0.245*
	显著性（双尾）	0.898	0.786	0.233	0.154		0.014
	个案数	100	100	100	100	100	100
舆情干预效果	皮尔逊相关性	0.258**	0.378**	0.643**	0.286**	0.245*	1
	显著性（双尾）	0.010	0.000	0.000	0.004	0.014	
	个案数	100	100	100	100	100	100

**. 在 0.01 级别（双尾），相关性显著。

*. 在 0.05 级别（双尾），相关性显著。

2. 舆情应对处置因素与舆情干预效果的回归分析

根据构建的教育网络舆情危机干预效果 Logistic 模型，借助 SPSS23.0 软件分析样本数据，得到如表 3-1-6 所示的回归分析结果。其中，回归模型的显著性概率（Sig. ＝0.003）小于 0.01 的置信水平，考克斯·斯奈尔 R 方（Cox & Snell R Square）、内戈尔科 R 方（Nagelkerke R Square）分别为 0.532、0.733，表明 5 个自变量能够在 73.3％的水平上解释舆情干预效果这个因变量，此回归模型较为理想。

表 3-1-6　教育网络舆情危机干预效果 Logistic 模型分析结果

	变量	B	标准误差	瓦尔德	自由度	显著性	Exp(B)
舆情应对处置因素	干预主体级别 X_1	1.311	0.508	6.667	1	0.010	3.709
	新闻发布情况 X_2	1.345	0.864	2.425	1	0.119	3.837
	信息公开透明度 X_3	3.889	1.116	12.134	1	0.000	48.865
	问责及惩处情况 X_4	2.290	0.918	6.217	1	0.013	9.871
	问题的解决情况 X_5	3.390	1.472	5.301	1	0.021	29.667
	常量	−15.804	3.942	16.076	1	0.000	0.000

在显著性方面，回归分析结果显示，舆情干预主体级别、信息公开透明度、问责及惩处情况、问题的解决情况四个变量与教育网络舆情危机干预效果呈显著正相关。但新闻发布情况这一变量在回归模型中影响差异边际显著，相较于其他四个显著影响因素，新闻发布及时与否对舆情危机干预效果的作用被削弱。

从回归系数 B 值来看，按照影响大小将变量依次排序为信息公开透明度（3.889）、问题的解决情况（3.390）、问责及惩处情况（2.290）、干预主体级别（1.311）。信息公开透明度是影响教育网络舆情危机干预效果力度最大的因素，信息公开透明度每提高 1 个单位，教育管理部门的舆情干预效果将相应提高 3.889 个单位，相当于提高 2 个单位干预主体级别所产生的效用。因此，提升教育网络舆情危机干预效果，要着重提高相关部门的信息公开透明度，加大舆情问责及惩处力度，切实关注现实问题的解决情况。

（五）教育网络舆情危机干预效果的 QCA 分析结果

根据 QCA 分析方法对选取的 100 个样本进行编码，汇总为解释变量和结果变量的数据组合，构建了教育网络舆情危机干预效果影响因素的变量组合情况真值表（Truth Table）（如表 3-1-7）。然后根据真值表进行 QCA 数据统计，得出如图 3-1-8 所示的分析结果。

表 3-1-7　舆情干预效果影响因素的变量组合情况真值表

舆情干预主体级别（Body）	新闻发布情况（Press）	信息公开透明度（Openness）	问责及惩处情况（Accountability）	问题的解决情况（Issue）	案例数量（Number）	舆情干预效果（Result）
0	1	0	1	0	17	0
0	1	0	0	0	14	0
0	0	0	1	0	13	0
0	0	0	0	0	11	0
0	1	0	1	0	9	1
0	1	1	1	0	7	1
1	1	0	1	0	5	1
1	0	0	0	0	4	0
0	1	0	0	1	2	1
0	1	1	0	1	2	1
1	1	0	0	0	2	1
1	1	1	1	0	2	1
0	0	0	0	1	1	0

续表

舆情干预主体级别（Body）	新闻发布情况（Press）	信息公开透明度（Openness）	问责及惩处情况（Accountability）	问题的解决情况（Issue）	案例数量（Number）	舆情干预效果（Result）
0	0	0	1	0	1	1
0	0	0	1	1	1	0
0	0	1	1	0	1	1
0	1	0	0	0	1	1
0	1	0	0	1	1	0
0	1	0	1	1	1	1
0	1	1	0	0	1	1
1	0	0	1	0	1	0
1	1	0	0	0	1	0
1	1	0	0	0	1	1
1	1	0	1	0	1	0

```
File:   C:/Users/Administrator/Desktop/舆情干预影响因素 .csv
Model: result = f(body, press, openness, accountability, issue)

Rows:       18
  □ Rows:    10    55.6%
  □ Rows:     8    44.4%
  □ Rows:     0     0.0%

Algorithm: Quine-McCluskey
      True: 1

--- COMPLEX SOLUTION ---
frequency cutoff: 1.000000
consistency cutoff: 0.833333

                                      raw        unique
                                   coverage    coverage    consistency
                                   --------    --------    -----------
~body*press*openness*~accountability  0.085714   0.085714   1.000000
~body*openness*accountability*~issue  0.228571   0.228571   1.000000
body*press*accountability*~issue      0.200000   0.200000   0.875000
press*~openness*accountability*issue  0.085714   0.085714   1.000000
solution coverage: 0.600000
solution consistency: 0.954545
```

图 3-1-8　舆情干预效果影响因素变量组合 QCA 分析结果

Result $=$~body*press*openness*~accountability $+$ ~body*openness*accountability*~issue $+$ body*press*accountability*~issue $+$ press*~openness*accountability*issue

也就是说，肯定的舆情干预效果＝（无教育部干预＊新闻发布及时＊信息公开透明度高＊无问责）＋（无教育部干预＊信息公开透明度高＊有问责＊未善后）＋（教育部干预＊新闻发布及时＊有问责＊未善后）＋（新闻发布及时＊信息公开透明度不高＊有问责＊有善后）。

根据 QCA 分析结果，四个条件组合具有 60％的结果覆盖率（Solution Coverage），能够在 60％的水平上解释教育网络舆情危机干预效果。其中，"无教育部干预＊信息公开透明度高＊有问责＊未善后"（22.9％）和"教育部干预＊新闻发布及时＊有问责＊未善后"（20.0％）这两个组合的结果覆盖率最高，能够较好地解释结果变量。

1. 无教育部干预＋信息公开透明度高＋有问责＋未善后

在这个条件组合中，虽然教育网络舆情危机事件没有教育部的干预介入，也未能很好地解决现实问题，但教育管理部门信息公开透明度高，并能够有效问责，舆情危机干预仍可获得肯定效果。这在一定程度上印证了回归分析结果，即信息公开透明度对教育网络舆情危机干预效果有非常显著的影响作用。上海小学生春游为老师撑伞、庆元县一小学生遭初中生暴打等事件都是符合这一条件组合的典型案例。钟祥高考作弊事件中，面对网上各种针对监考老师的不利传言，钟祥市委宣传部在当晚就做出官方回应，随后又召开新闻发布会及时澄清事实，并公布对涉事人员的惩处情况，避免了事态的进一步恶化。因此，这四个因素组合作用下的教育网络舆情危机事件较容易获得肯定的干预效果。

2. 教育部干预＋新闻发布及时＋有问责＋未善后

该条件组合表明，当教育部直接介入事件、官方新闻发布及时且对涉事人员进行有力问责时，虽然牵涉的现实问题未得到真正解决，但在这种情况下，舆情危机干预也能获得肯定效果。有无国家部委干预对教育网络舆情的应对处置效果具有重要的影响。特别是现今一些关注度较高的教育热点，容易对教育管理部门形成舆论压力，要应对来势汹汹的教育网络舆情危机，还要国家部委的积极介入。以"常州外国语学校毒地事件"为例，事件曝光后常州学校及地方相关部门"否认"的草率回应受到网民质疑，使得舆情愈演愈烈，幸好其后教育部、环保部高度重视并迅速反应，才逐渐平复了公众的过激情绪，有效化解了舆情危机。

三、生态学视域下教育网络舆情危机应对策略

互联网是一种"高维媒介"，激活了以"个人"为基本单位的社会传播力量[①]，

---

① 喻国明，等."个人被激活"的时代：互联网逻辑下传播生态的重构——关于"互联网是一种高维媒介"观点的延伸探讨[J]. 现代传播（中国传媒大学学报），2015（5）：2-4.

传统意义上"管控式"的舆情危机干预模式已不再与现实相适应。虽然很多时候教育管理部门能够主动发声，但舆情干预效果却不尽人意，屡陷"塔西佗陷阱"。面对现存教育网络舆情危机干预的诸多问题，需要转变舆情危机管理的理念和方式，构建学校、教育部门、媒体、企业等多元主体协同参与的网络化舆情治理体系。生态学视域下，教育网络舆情危机应对处置是一项复杂的系统工程，本文基于对教育网络舆情危机干预效果影响因素的分析提出以下四个应对策略。

（一）建立多方联动的教育网络舆情干预机制

教育网络舆情危机的有效应对处置需要线上线下、多方联动，需要教育系统内部和外部的通力合作。教育管理部门要加强与教育系统外各媒体、地方政府、网络管理部门、公检法部门等的沟通协作，建立联动合作机制，全面提高教育网络舆情危机干预水平。上海毒校服事件爆发后，上海市教委通过微博及时做出回应，随后还公开发布了市教委、市质量技监局、市财政局、市物价局、市工商局、市公安局 6 部门联动解决毒校服问题的文件，取得了较好的舆情危机干预效果。

建立多方联动的教育网络舆情干预机制还要加强教育系统内教育行政部门、各司局、学校及相关教育部门之间的纵向合作，要协调好系统内各部门间的关系，增强上下级部门的协同联动。以哈尔滨理工大学 MBA 考试作弊为例，事件曝光当日教育部就积极回应，严肃表态。黑龙江省招生考试委员会在事发中午通过《新闻联播》公布了停止哈尔滨理工大学 MBA 中心招生的决定，哈尔滨理工大学副校长也在当日下午积极回应，勇于道歉，并表态问责涉事负责人。多部门积极发声、联动响应，仅在三天内就消解了该舆情危机，为教育网络舆情的有效引导提供了借鉴经验。

（二）完善教育网络舆情的信息公开机制

教育网络舆情危机爆发后，舆情信息供给平衡被打破，公众对舆情信息的需求迅速上升，教育管理部门如若失语或语焉不详，容易处于被动地位，甚至会激化网民抵触情绪，引发新一轮的舆论风波。统计结果显示，教育管理部门应对舆情危机时，信息公开透明度普遍较低，干预效果并不十分理想。例如，在安徽小学生被逼喝尿事件中，涉事班主任颠倒是非的开脱之辞、地方教育局虚实参半的官方回应引发网民不满及指责，使舆情态势进一步恶化。又如厦门大学博导诱奸女生事件，直至事发三个月后厦门大学才公布该事件的调查进展，其遮遮掩掩的态度使得网上质疑声不断，舆论一片哗然，舆情应对效果大打折扣。因此，保证信息透明公开、客观公正，建立切实有效的信息发布制度是引导教育网络舆情危机的不二法则。

2015 年 8 月，《中共教育部党组关于进一步加强教育新闻发布工作的实施意见》①出台，该意见强调教育管理部门要坚持公开透明，以公开为常态，依法依规开展教育新闻发布。教育管理部门要进一步完善信息公开机制，建立好高效互动的信息发布平台，特别是面对重大舆情事件，要能在第一时间公开发布官方权威信息，牢牢把握话语权和主动权，积极回应公众关切，避免网络谣言滋生蔓延、舆情危机持续升级。要切实遵循既快速又准确，既上网看又上网说，既不失语又不妄语的原则，对于无法即刻做出回应的事件也要诚恳地解释说明而不是草率推诿，要提高信息发布的针对性、精确性及说服力。

(三)强化系统全面的教育网络舆情问责机制

从近 5 年教育管理部门的舆情危机应对表现来看，舆情问责效果明显，是否有问责能够显著影响舆情干预效果。但在具体操作上，仍存在问责标准不一、问责对象模糊等不足，在问责速度、力度、规范性方面均有待加强。这些问题会降低公众对教育网络舆情应对处置的总体满意度，甚至可能因问责不当或不力引发舆情次生灾害。这可以反映在黑龙江教师公开索礼事件中，虽然县教育局即时公布了事件处理结果，但却遭到公众质疑，教育局因问责及惩处力度太轻身陷舆论风波。迫于舆情压力，第二次官方通报对涉事教师及相关责任人"从重处罚"，不仅没能缓解网民的愤怒情绪，反而使舆情再次反弹，激起了公众对教师权益的关注及讨论，触发了舆情次生危机。类似因盲目问责而导致舆情危机恶化的事件应引起教育管理部门的警惕和重视。

强化系统全面的教育网络舆情问责机制是有效应对教育网络舆情危机的关键。一方面，教育管理部门要形成一套科学严密的问责体系，要依据相关法律法规进一步细化问责标准，明确问责主体，规范问责程序，建立系统全面的教育网络舆情问责机制。另一方面，要构建多元主体参与的问责制度体系，在完善教育系统内"同体问责"的基础上，加大"异体问责"，有效推进新闻媒体的监督问责，推进学生、教师、家长等参与主体对教育管理部门行政问责的参与，使教育网络舆情问责机制真正发挥效用。

(四)构建成熟的教育网络舆情善后处置机制

作为教育的"晴雨表"，教育网络舆情本质上是公众对现实教育问题的情绪、态度、意见、观点的汇集和反应，其背后折射出了紧张复杂的师生关系、学生关系以及家庭、学校、社会的多元矛盾冲突，这些潜存的"燃烧物质"充分积累，滋生并强化了"仇师""仇校""仇富"等过激情绪，往往容易一触即发，产生舆情震

---

① 中共教育部党组关于进一步加强教育新闻发布工作的实施意见［EB/OL］. http://www.moe.edu.cn/srcsite/A01/s7048/201508/t20150828 _ 203823. html，2015-08-18.

荡。所以，教育管理部门要密切关注舆情危机的善后处置情况。

善后处理是教育网络舆情应对处置必须面临的重要一环。但现今教育管理部门关注最多的是舆情应对之"术"，舆情事件牵涉的社会深层问题时常被忽略。从选取的 100 个教育网络舆情危机事件来看，牵涉现实问题真正得到解决的事件仅占一成。以西安一幼儿园长期给孩子服"病毒灵"事件为例，经记者调查发现，两年多过去了，对相关单位和个人的究责仍旧无果，对受害儿童的善后补偿也艰难行走在诉讼"途中"，诸多现实问题并未得到妥善解决。需要注意的是，如果仅仅注重舆情的暂时"平复"，而不解决舆情燃烧的根源，治标不治本，恐引发更深的舆论撕裂，引爆社会性危机。因此，教育管理部门要构建成熟的教育网络舆情善后处置机制，既要积极反应、公开透明、权威发布，又要通过系列实际举措回应公众关切，切实关注舆情牵涉现实问题的解决情况，确保教育网络舆情"标本兼治"。

论文二：基于复杂网络中的传染病理论构建高校网络舆情 SIR(I-H)传播模型

王安琪

摘要：借助复杂网络中的传染病理论，结合高校网络舆情特点，从分析高校学生、辅导员、高校领导、教育部门以及社会媒体等群体间的相互关系入手，引入传染病理论中的相关概念，通过数据分析模拟高校网络舆情的传播情况，总结出高校网络舆情 SIR(I-H)传播模型，提出基于这一模型的高校网络舆情引导与应对策略。

关键词：高校网络舆情；复杂网络；传染病理论；舆情传播模型

近年来，高校网络舆情呈现高发态势。高校网络舆情的监测、预判和应对日益成为教育管理部门和各级高校高度重视的工作。构建高校网络舆情传播模型有益于高效开展高校网络舆情管理工作。

一、舆情网络是典型的复杂社会网络

高校舆情网络具有复杂性和关联性的特点，是一种较为典型的复杂社会网络①。

---

① 任立肖，檀柏红，张亮．基于复杂网络的网络舆情传播模型综述[J]．洛阳师范学院学报，2014(8)：46-47．

高校舆情网络中包含教育主管部门、学校、辅导员、学生以及社会媒体等舆情主体，因为舆情信息的传播使得这些主体之间产生多种性质、多种方向的交互，彼此形成了一定关系，且所占权重存在不等的情况，所以关系的总和就是本文所理解的复杂社会网络。

用图论进行描述，一个网络可以模拟成一个由节点集合 A 与边集合 B 组成的图 $C=(A，B)$，节点数量为 $D=|A|$，边数量为 $E=|B|$，B 中的每条边都有 A 中一对点与之相对应。就高校网络舆情来看，节点集就是高校网络中的成员（N_1-N_4）和实际社会中的舆情事件（M_1-M_6），边的集合指的是成员与舆情事件的关系，这些关系可以是有向或无向的，如图 3-2-1 的这些关系就形成了一个舆情的复杂网络。

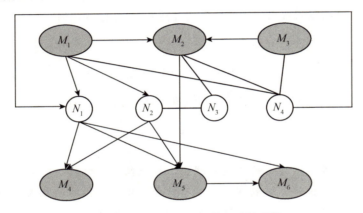

图 3-2-1　运用复杂网络模拟舆情网络

从上图可以看出，无论是节点 N 的舆情主体，还是节点 M 的舆情事件，它们之间都相互连接，描述的内容包括主体成员社会生活中的联系、舆情事件的关联、舆情主体与舆情事件的相互关系，包含有向箭头和无向箭头，本文通过分析这些呈现内容的内在机制和模式，尝试发现新的网络舆情产生和传播规律。

二、基于传染病理论的高校网络舆情传播模型的构建

高校网络舆情传播模型包括舆情主体身份状态和相互关系，以及从主体相互关系和舆情演进过程中形成的传播趋势，所以本文基于复杂网络构建的高校网络舆情传播模型主要用于分析和模拟高校网络舆情的内在联系和演变趋势。

（一）高校网络舆情的复杂网络生态解析

1. 高校网络舆情的主体身份分析

如果在社会网络中把每个"群体"和"群体之间的关系"分别抽象成节点和边，

就可以把这种网络看成一种复杂网络的原型，借此构建复杂网络理论下的高校网络舆情生态系统。通常把学校领导、辅导员、普通教师、学生干部、活跃学生作为分析的主要对象，经研究发现：

（1）高校中的学生是舆情生态中最主要的受众。他们接收来自社会媒体、教育主管部门、高校领导和辅导员的各类信息，在舆情生态中的状态也因他们自身的理解能力和其他舆情主体对他们的影响而发生改变。

（2）高校中的辅导员和普通教师是舆情生态中的治疗者。他们在舆情传播中发挥着舆情降压、舆论引导的作用，他们将学校的消息传递给学生，使学生群体的情绪得以稳定和恢复正常，本文把这类群体看成传染病理论中使染病群体变为免疫群体的中间环节，由于基本功效雷同，通常把辅导员与普通教师归到一类，本文统称为辅导员。

（3）教育主管部门、高校领导在舆情生态中扮演的是协调者的角色。他们与社会媒体沟通协调各类舆情事宜，组织辅导员开展舆论引导和舆情应对工作，同时他们自身也可以成为舆论引导和舆情应对的工作方。

（4）社会媒体在高校网络舆情生态中扮演了引导者的角色。他们身份复杂，主要发挥了生产舆情、传播舆情、引导舆情的作用，既是传染病理论中的病原体，也是治疗者。

从图 3-2-2 分析来看，学生是高校网络舆情生态系统中地位和价值最高的板块，是舆情创造者和舆情处理方抢夺的最核心资源，因此学生成为开展网络舆情

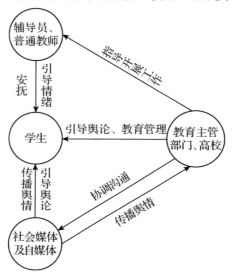

图 3-2-2　高校网络舆情生态

引导工作的最主要对象。

2. 高校网络舆情传播过程分析

通常认为，网络舆情的演变有四个阶段：舆情潜伏阶段、舆情发酵阶段、舆情爆发阶段和舆情衰退阶段，如图 3-2-3。

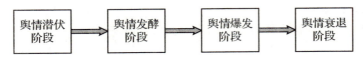

图 3-2-3 常规舆情传播的四阶段

但就高校网络舆情而言，舆情事件热度的变化会根据事件进程而发生相应改变，个别学生、教师等网友在自媒体上发表观点或社会媒体发布高校相关的报道往往成为高校网络舆情的起因，之后网友和媒体的爆料得到支持并逐步形成话题，引发大规模的讨论，学校或教育主管部门未能开展有效的处理和应对工作，从而造成舆情的爆发，随后教育主管部门、高校管理层、学生辅导员开始对舆情进行引导及处置，此时舆情可能出现两种分化状态，一种是相关部门应对得当，舆情开始回落，另一种是处置不当，舆情进一步发酵，在此过程中舆情可能因为事件的变化不停地发生反复，直到经过一定程度地反复后，才会发生衰落。[1] 所以通常高校网络舆情事件的传播过程，如图 3-2-4。

图 3-2-4 高校网络舆情传播的五阶段

(二)基于复杂网络传染病理论的网络舆情透析

复杂网络的疾病传播理论主要是根据 1927 年 Kermack 和 Mckendrick 创立的仓室模型[2]，最原始的仓室模型是指将传染病在一个特定范围内划分为三种人群。

易感人群(Susceptible)：一般指可能获得但暂未获得传染病的人群，即该人群有一定概率成为染病人群，通常标记 S，在传播中通常认为还没有接受消息、在等待接受消息的人群。

染病人群(Infected)：一般指身上患有传染病的人群，是传染病传播的源头，

---

① 陈端兵，黄晟，尚明生. 复杂网络模型及其在疫情传播和控制中的应用研究[J]. 计算机科学，2011(6)，有修改.

② Watts D J, Strogatz S H. Collective dynamics of 'small-world' networks[J]. Nature, 1998, 393 (6684)：440-442.

通常标记 I，在模型中是一个传播节点，可以将消息传播给易感人群。

免疫人群（Recovered）：一般指染病人群中被治愈后获得了免疫状态，通常标记 R，本文认为在传播中这部分人群已经对传播消息不感兴趣，或对这类传播消息持反对意见且不再信任。

对于高校网络舆情而言，最常用的传染病理论是 SIS 与 SIR 模型①②，SI 模型与 SIRS 虽不太常用但对舆情分析也有一定帮助。SIS 模型指易感个体被感染后，可以被治愈，但无免疫力，SIR 模型指易感个体被感染后，可以被治愈且有免疫力。结合舆情传播过程，如表 3-2-1 和表 3-2-2 分析。

表 3-2-1　传染病理论群体对应舆情人群情况

人群类型	标记	舆情中指向人群
易感人群	S	未接受舆情信息的人群
染病人群	I	接受并相信舆情信息的人群
免疫人群	R	受其他消息影响不再相信舆情信息的人群

表 3-2-2　结合传染病理论分析舆情进展情况

模型	感染后状态变化	舆情传播中的理解
SIS	易感个体被感染后，可被治愈，但无免疫力	舆情事件发酵传播后，网民会选择相信舆情，也会因教育部门或学校通过引导而不信任舆情，但两种状态都不会持续不变
SIR	易感个体被感染后，可被治愈，有免疫力	舆情事件发酵传播后，网民会选择相信舆情，也会因教育部门或学校通过引导而不再信任舆情，一旦网民选择不再信任舆情，表明即使有相关的新舆情发生，状态也不会发生变化
SI	易感个体被感染后，不可被治愈	舆情事件发酵传播后，网民会选择相信舆情，不会因教育部门或学校通过引导而选择不信任舆情
SIRS	易感个体被感染后，可被治愈，有免疫力，免疫时间有限，还有一定概率成为易感个体	舆情事件发酵传播后，网民会选择相信舆情，然后会因教育部门或学校通过引导而不信任舆情，但这种不再相信舆情的状态经过一定时间会逐渐消失，网民个人会再次变为待接收舆情信息状态，使舆情进入反复状态

①　Pei W D, Chen Z Q, Yuan Z Z. A dynamice epidemic control model on uncorrelated complex networks[J]. Chinese Physics B, 2008, 17(2): 373-379.

②　Watts D J, Strogatz S H. Collective dynamics of 'small-world' networks[J]. Nature, 1998, 393(6684): 440-442.

(三)运用传染病理论构建高校网络舆情传播模型

1. 高校网络舆情主体变化情况分析

基于 SIR 和 SIS 两大传染病理论,结合高校网络舆情生态的特点和影响因子,本文尝试构建高校网络舆情的传染病理论的舆情传染病模型。从高校网络舆情演化的规律来看,舆情演变中会出现以下三种情况。

情况 1:易感人群在接受舆情消息后变为染病人群,染病人群经过治疗后变为免疫人群,即在高校网络舆情中,普通学生在获取舆情消息后立刻演化成可传播舆情的传染源,使得舆情进一步发酵,然后经过教育主管部门、学校和辅导员地处置和引导,染病群体变为对舆情信息免疫的人群,舆情热度逐渐降低直至衰退消散(如图 3-2-5)。

图 3-2-5　传染病理论中舆情演变情况 1

情况 2:易感人群中较为活跃的一部分群体接受舆情消息后变为染病人群,这部分染病人群成为传染源进而影响未变化的易感人群持续变为染病人群,经过治疗后染病人群变为免疫人群。即在高校舆情中往往有一部分较为活跃的学生群体先接收或认可舆情信息,之后他们便会成为舆情的传播者,并会对剩下未接受和认可舆情信息的学生产生影响,从而不断扩大染病人群的数量,使舆情逐步达到最高峰(如图 3-2-6)。

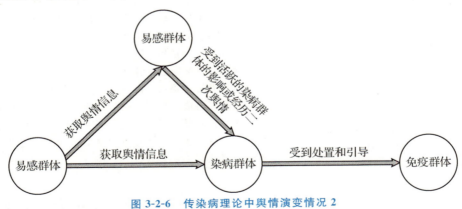

图 3-2-6　传染病理论中舆情演变情况 2

情况 3:这种情况是本文引入暂时免疫效果,即染病人群在经过治疗后会进入暂时免疫状态,但免疫失效后又会受到新舆情影响变为染病状态,最终暂时免疫状态的会经过二次治疗变为完全免疫状态，即在高校舆情中学生群体成了舆情的传播者，经学校辅导员辟谣、引导后，这部分学生进入了对舆情信息的暂时免疫状态，经过一段时间后，其中部分学生会继续对相关舆情的新内容产生关注，从而再次成为传播者。在此期间，染病人群、暂时免疫人群和完全免疫人群会成动态互转模型，且因完全免疫状态是最终状态，所以染病人群和暂时免疫人群总数会不断衰减直至全部变成完全免疫状态（如图 3-2-7）。

图 3-2-7　传染病理论中舆情演变情况 3

综合以上 3 种情况本文尝试构建一套完整的高校网络舆情传染病流程图，上面三种流程图可看作整个学生群体在高校网络舆情传播中的变化，也可以类化成单一学生或小部分学生群体的变化趋势，根据复杂网络理论的小世界特性，在 SIS 和 SIR 模型的基础上，本文引入暂时免疫状态——H，形成 SIR(I-H)传播模型，其中(I-H)指在舆情演变过程中，染病状态和暂时免疫状态会不断进行相互转换，转换的次数与舆情爆发次数有关。本文将 SIR(I-H)进行归一化汇总得出了总流程图 3-2-8。

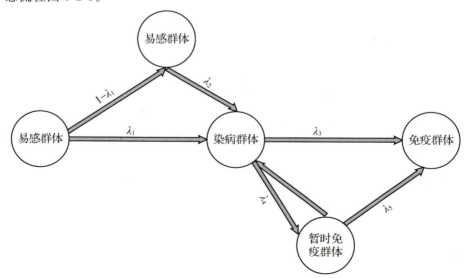

图 3-2-8　SIR(I-H)传播模型中舆情主体变化关系

　　其中，λ_1、λ_2、λ_3、λ_4、λ_5 指流程发生变化的概率，但这五种概率不是常数或单一线性方程，而是受多因素影响的概率模型，本文用 λ 统一表述（如表 3-2-3）。

表 3-2-3　SIR(I-H)传播模型传播概率的影响因素情况

	代表效果	主要影响因素
λ_1	未获知、认同舆情信息的学生变为接受、认同舆情信息的传播者的概率	舆情信息的重要程度 舆情信息可传播价值 与主体的相关程度
$1-\lambda_1$	未获知、认同舆情信息的学生变为不接受、认同舆情信息的概率	
λ_2	经历过初次舆情信息但未认同、接受舆情的易感学生群体在已接受舆情信息的学生群体或二次舆情的影响下变为认同舆情信息的传播者的概率	染病学生群体（舆情传播者）与易感学生群体关系以及相互影响力 二次舆情的重要程度 传播价值与主体的相关度
λ_3	染病学生群体经教育部门、学校、辅导员引导后不再认同、传播舆情信息，变为完全免疫者的概率	时间 媒体报道舆情信息频次 教育部门或学校出台政策处理舆情的有效度 辅导员的引导效果
λ_4	染病学生群体经教育部门、学校、辅导员引导后不再认同、传播舆情信息，变为完全暂时免疫者的概率	
λ_5	暂时免疫学生群体经教育部门、学校、辅导员引导后不再认同、传播舆情信息，变为完全免疫者的概率	

　　结合图 3-2-8 计算不同阶段学生群体人数、易感学生群体人数、染病学生群体人数、暂时免疫学生群体人数、完全免疫学生群体人数及其比例。

　　2. 高校网络舆情传播的演变过程分析

　　结合图 3-2-8 计算不同阶段学生群体人数、易感学生群体人数、染病学生群体人数、暂时免疫学生群体人数、完全学生免疫群体人数及其比例，根据舆情发展趋势得出以下几个阶段。

　　预备阶段：学生群体发现舆情信息全部变为易感学生群体，此时易感学生群体人数达到峰值，总人数为 NS1，比例为 100%。

　　第一阶段：易感学生群体开始接受、认同舆情信息，经 λ_1 的概率开始逐步转变为染病学生群体，人数为 NI＝λ_1 * NS1，剩余易感学生群体人数为 NS2＝$(1-\lambda_1)$ * NS1。

　　第二阶段：剩余易感学生群体在染病学生群体或二次舆情信息的影响下，经

λ_2 概率开始逐渐变为染病学生群体，此时的染病学生人数为 $NI(1) = NI + (1 - \lambda_1) * \lambda_2 * NS1$。

第三阶段：染病学生群体经过被学校、辅导员的引导和"治疗"，这部分人群中的一部分人群经 λ_3 的概率治疗变为完全免疫者，另一部分人群经 λ_4 的概率治疗变为暂时免疫群体，此时染病学生人数为：$NI(2) = NI(1) * (1 - \lambda_3 - \lambda_4)$。

第四阶段：舆情因暂时免疫人群和染病人群在面临更多新的舆情消息或学校引导消息，在染病学生群体、暂时免疫学生群体和完全免疫学生群体中相互转换，但以完全免疫群体为终点，即个体成为完全免疫者后不再发生变化。总的来看，染病人群 $NI(3)$ 总体数量在逐步减少。

第五阶段：由于时间的推移或官方的引导工作，暂时免疫学生群体最后一次大规模的经 λ_5 概率变为完全免疫者，舆情逐渐消退至完结。此时染病学生群体人数 $NI(4)$ 趋于 0。

结合以上分析情况，本文发现学生群体的染病人群数量与网络舆情的热度变化刚好吻合，染病人数相互进行比较，$NI(1) > NI(2) > NI(3) > NI > NI(4)$，刚好符合四个阶段网络舆情热度的高低，本文根据高校舆情主体相互关系图描绘出了舆情演化的进程图，如图 3-2-9 和图 3-2-10（因简化图例，本文将不同主体用英语字母代替）。

A：学生　B：高校、学校管理者　C：教育主管部门　D：辅导员
E：社会媒体、自媒体

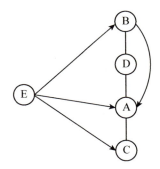

图 3-2-9　SIR(I-H)传播模型中舆情主体的相互关系情况

(四)SIR(I-H)传播模型内容及分析

将前文所形成的高校网络舆情主体变化关系图、趋势演变图及其相关计算公式统一作为高校网络舆情 SIR(I-H)传播模型。

SIR(I-H)传播模型不仅是对不同传染病性质节点的效果转换，也包含了高校网络舆情不同主体的相互关系和高校网络舆情的演化趋势，本文依托此模型模

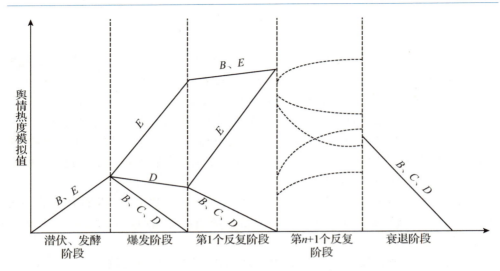

图 3-2-10   SIR(I-H)传播模型中舆情总体演变趋势图

拟现实舆情事件能更有效地开展网络舆情引导和应对工作。

1. 依据 SIR(I-H)传播模型的舆情主体变化关系图

λ_3、λ_4、λ_5 的概率值与学校管理者、辅导员开展网络舆情引导与应对工作实效呈正相关关系,从染病人群的变化速率来看,舆情引导阶段的重要性为 $\lambda_3 > \lambda_5 > \lambda_4$,即在 λ_3 所处的阶段能够做好舆情降压,将决定舆情的总体热度最高峰的程度。

2. 依据 SIR(I-H)传播模型的舆情总体演变趋势图

在发酵期、爆发期和反复期中,发酵期的舆情涉及面小,受影响的学生群体只是较为活跃的一部分,所以开展舆情引导工作更具针对性,实效性更高,因此舆情引导的关键性表现为发酵期>反复期>爆发期。

3. 依据 SIR(I-H)传播模型的舆情主体的相互关系图

教育主管部门和辅导员群体的连线最多,因此教育主管部门能否及时发声、亮明态度,是引导社会媒体和高校如何报道、行动的最主要因素,而社会媒体是舆情应对的 X 因素,即不确定因素,它们可以影响舆情的进程、网民的情绪以及其他舆情主体对舆情事件的态度。X 因素既可以使舆情突然升至最高点,也可以使舆情骤减至使网民不再关注,高校网络舆情的协调者需在日常处理好与媒体的关系。

三、基于传染病理论的高校网络舆情传播模型的应用价值

(一)全面梳理高校网络舆情的传播关系与脉络

1. SIR(I-H)传播模型能够充分辨识高校网络舆情中不同主体的实时状态

通过对高校舆情网络中不同节点的研究和分析,可以实现对网络舆情主体的准确分析。在舆情潜伏期,高校学生、社会媒体处于情绪积蓄状态;在舆情发酵期,高校学生、社会媒体处于情绪爆发和信息传播状态;在舆情爆发期,高校学生、社会媒体达到情绪积累的最大点,教育主管部门、学校处于政策布局、回应解释状态,高校辅导员处于准备行动状态;在舆情反复期,高校学生和社会媒体群体可能处于多种状态,一是情绪再次爆发状态,二是情绪舒缓状态,三是情绪待定状态,四是信息传播状态,教育主管部门、学校处于回应解释或观察状态,高校辅导员处于舆情引导和舆论降压状态;在舆情衰退期,社会媒体、学校和辅导员可能处于舆情引导状态。

2. SIR(I-H)传播模型能够充分辨识高校网络舆情中不同主体的相互关系

在辨识完高校网络舆情中不同主体的实时状态后,结合不同主体在现实社会中存在的相互关系,根据 SIR(I-H)传播模型中不同主体的影响关系,以及网络环境中不同主体公平对等的原则和高校网络舆情的相关特点,从而得出不同主体在网络中的相互关系。

3. SIR(I-H)传播模型能够模拟高校网络舆情生态系统的全景概况

在掌握了不同时期下各高校网络舆情主体的实时状态以及相互之间的关系后,通过借助模型全方位映射高校网络舆情的生态系统全景概况,从而分析高校网络舆情的产生机制、运行机制、传播逻辑和发展规律,对教育主管部门、高校群体在面临危机事件时能够尝试性推演舆情发展趋势、模拟应对措施效果具有较强的指导价值与意义。

(二)依托舆情传播模型构建舆情预测逻辑

1. 基于复杂网络理论的舆情规律是构建高校网络舆情预测逻辑的基础

复杂网络理论下的舆情规律是借助舆情模型对多种舆情事件进行数据模拟,以海量数据为基础提炼出的数据规律、传播规律等,通过类似的规律可以对网络舆情产生和发酵的主要影响因素进行甄别和评定权重,从而总结出舆情由小到大、由弱到强、由小范围扩展到大范围的一些特征,并对特征进行大数据化分析,最终提炼出网络舆情的预测逻辑。

2. SIR(I-H)传播模型为高校网络舆情预测逻辑提供了新思路

SIR(I-H)模型包含了高校网络舆情潜伏期、发酵期、爆发期、反复期和衰退期的全过程,对其中每个阶段内在的发酵机理、传播模式、主体相互关系、演

化进程进行了研究和梳理，借此分析了社会媒体、学生群体、教育部门等舆情主体在各个环节的相互作用关系，以及易感群体、染病群体、暂时免疫群体之间转换的主要影响因素和机理，借助大量网络舆情案例进行模拟和总结，最终形成了基于 SIR(I-H) 传播模型高校网络舆情的预测逻辑。舆情研究者和主管部门可将模型套用到现实舆情案例中，结合相关可视化技术，全息化展示网络舆情实时动态，对正面宣传和负面引导工作起到了较强的指导价值和意义。

(三) 更有针对性地开展网络舆情的引导与应对工作

1. SIR(I-H) 传播模型帮助教育主管部门掌握高校网络舆情主体的思想动态

基于复杂网络中传染病理论的 SIR(I-H) 传播模型，对学生、辅导员、学校、社会媒体等舆情主体进行分层、分阶段、分时间点的分析，在分析不同主体相互作用的基础上，结合舆情发展态势和阶段，计算不同主体在舆情各项环节中的倾向性观点人数、相信舆情人数、回避舆情人数，为主管部门在不同的舆情时期掌握实时的舆情动态、了解相关群体的思想动态、更好地开展高校网络舆情引导工作提供了参考意见。

2. SIR(I-H) 传播模型从节点状态和舆情主体关系入手提高舆情应对实效

高校网络舆情瞬息万变，掌握好每个舆情节点相关群体的思想动态、了解不同舆情主体的相互关系，可以提升舆情团队分析和研判网络舆情态势的工作效率。

通过模型发现，对节点中的单一群体开展有针对性的引导策略往往更有成效。例如，分别对染病群体、暂时免疫群体和易感群体选择情绪稳压、思维引导和热点转移三种相对应的方案相比于同一方案对三种群体更为有效。也可根据不同阶段不同主体相互关系的强弱程度来开展应对工作，在舆情发酵期开展舆情引导工作的效率大于在舆情爆发期和反复期，而在舆情爆发后的第一个热度下降周期开展更为彻底、果断、有效的应对是成效最为显著的。

论文三：国内高校新闻发言人网络舆情 应对的问题、成因与对策

牛　畅

摘要：我国高校新闻发言人内涵较为模糊，权责不够明确，其在网络舆情应对中处于被动地位，岗位职能没有充分发挥出来。现阶段高校亟须在制度、组织机构设置等方面推动新闻发言人工作的完善，新闻发言人要找准自身的科学定

位，提高职业素养，充分利用好微信、微博等新媒体平台，以推动高校网络舆情事件良性处理。

关键词： 高校；新闻发言人；网络舆情

2015 年 8 月 31 日，教育部发布《中共教育部党组关于进一步加强教育新闻发布工作的实施意见》，强调选好用好新闻发言人，各地各高校要设立新闻发言人等。① 近年来，教育网络舆情事件频发，高校更是多发之地，高校新闻发言人应该在网络舆情应对上发挥积极作用。

一、国内高校新闻发言人网络舆情应对中存在的问题

新闻发言人是指代表其他自然人或法人（如公司、政府或其他机构）的身份发言，并向记者介绍情况，回答提问的公共关系人员。其职责是在一定时间内就某一重大事件或时局的问题，举行新闻发布会，或约见个别记者，发布有关新闻或阐述本部门的观点立场，并代表有关部门回答媒体的提问和质询。② 那么高校新闻发言人就是岗位限定在高校的新闻发言人。在新媒体出现以后，新闻发言人不仅要回答媒体的提问，更要关注网民的声音，应对网络舆情是其在新媒体时代的新任务。然而在现阶段国内高校网络舆情的应对中，不论是从新闻发言人个体角度，还是从制度来看，仍存在一些问题。

（一）制度不规范导致发言人有名无实

新闻发言人是高校新闻发言人制度系统构成中的核心要素，正是新闻发言人的特质规定及其一系列活动才构成了这一制度③，所以应该将新闻发言人放在制度的背景下分析。高校新闻发言人制度是规范化、规程化、准则化、体系化地经由大众媒介解释高校行为的一种制度。④ 选拔机制、培训机制、考核机制、问责机制应是制度的四个重要组成部分。

从实际情况来看，高校新闻发言人制度并未完整地建立起来。首先，人员选拔的范围在高校内部，这就阻隔了校外的优秀人才。此外，高校没有重视人员上岗之后的培训，新闻发言人多靠本职工作的经验以及上级指示完成新闻发言人工作，岗位赋予新闻发言人的积极性并未得到充分发挥。再者，高校新闻发言人制

---

① 中共教育部党组. 中共教育部党组关于进一步加强教育新闻发布工作的实施意见[EB/OL]. http://www.moe.edu.cn/srcsite/A01/s7048/201508/t20150828_203823.html，2015-08-18.

② 郭建琳. 完善高校新闻发言人制度 营造良好舆论环境[J]. 中国高等教育，2014(Z2)：76.

③ 蔡永宁. 我国政府新闻发言人制度的问题与对策研究[D]. 武汉：华中师范大学，2007：5.

④ 李玉莲. 从新闻发言人的多重角色定位看我国新闻发言人制度存在的问题[D]. 武汉：华中师范大学，2008：15.

度中的考核机制空缺，问责机制不够科学。近年来出现的高校网络舆情事件中，以"高校新闻发言人"身份进行回应的寥寥无几，发言人多固守本职岗位，以"宣传部"的名义出现，校方缺乏对发言人岗位的绩效评估与监督。若新闻发言人在事件处理中失职，很可能会牵涉其本职工作的安稳，校方危机事件的责任很可能转化为个人责任，这样的内部问责机制让新闻发言人不敢轻易发言。总体来看，在这样存在漏洞的制度中，高校新闻发言人其实有名无实。

（二）岗位兼职导致职能发挥不充分

目前大多数高校组织结构属于职能科层制结构，它强调组织的效率与标准化。其主要特征是依法行事、按职能实行专业化分工、下级向上级负责、组织内信息以纵向传递为主。这种结构促进组织内知识的纵深发展，形成了从上至下、层级严明的金字塔式组织结构。[1] 高校新闻发言人在网络舆情事件发生之后对谁负责，为谁发声，怎样发声，取决于权限的大小、授权的程度以及其在组织结构中所处的地位，但又因其工作的特殊性，其日常工作与宣传部相差无几，而网络舆情事件的应对具有突发性，所以该岗位是否有必要专职有待考量，但是现阶段其在组织中的定位仍存在问题。

据教育部公布的教育部直属高校的新闻发言人名单，75 所高校中，新闻发言人均为兼职。[2] 其中，发言人本职职务担任宣传部部长的高校有 61 所，剩下的少数发言人由党委副书记、宣传部副部长、新闻中心主任等兼任。[3] 新闻发言人身兼两个职务，由于其精力有限，再加上组织对两个职务的重视程度以及岗位工作量有明显差别，其自身将发言人的工作看得次要。从目前新闻媒体报道来看，新闻发言人本人没能将两个职务等量齐观，对新闻发言人岗位职责投入精力过少。另外，从社会上出现的舆情监测管理服务公司就可以看出，网络舆情事件应对虽然不是日常化工作，但是一旦需要处理则对人员专业性要求很高，安排非专业人员兼职发言人并缺少培训，使得该岗位的功能难以充分发挥。

（三）危机应对未规范化操作

高校应对网络舆情事件，属于危机传播管理的范畴，即要围绕具体的危机事件，实现高校组织内部以及组织和周围环境之间的有效沟通，减少危机可能引起的关联性损害，改善周围环境对组织的认知，获得社会公众对危机组织的理解和

---

① 吴宏元，郑晓齐．组织学习理论视角下的大学组织结构[J]．辽宁教育研究，2005(8)：5.

② 武汉理工大学在名单上所写的新闻发言人职务为"新闻发言人"，名称与其他高校略有不同，但通过对该校学生的网上访谈以及在该校网站上了解到，该校新闻发言人也是由宣传部副部长兼任，不是一个专门设有编制的岗位，实际与其他学校没有本质区别。

③ 教育部公布 2016 年省级教育部门、直属高校新闻发言人名单和新闻发布工作机构电话[EB/OL]．http：//www. moe. gov. cn/jyb _ xwfb _ gzdt _ gzdt/s5987/201601/t20160104 _ 226763. html，2016-01-04.

支持，最终实现组织的顺利发展。① 危机事件具有突发性，新闻发言人应当有应对的专业素养，学校层面也应该将危机传播管理纳入制度中，使其实现规范化操作。此外，高校网络舆情事件是公共事件，涉及多方，危机的应对不单单只是新闻发言人个人的工作事务，而应在制度设计上构建"一方牵头、多方联动"的工作机制。

目前高校网络舆情事件一旦突发，校方多会陷入被动。首先，高校缺乏对危机网络舆情事件的应急预案。其次，第一时间调动哪些人员进行应对没有明确规定，新闻发言人等待上级指示暂不发言，上层领导还需进行决策商议，这样会延缓应对，使得网络舆情蔓延。最后，新闻发言人制度中没有注重与媒体的日常交流与沟通，校方对于媒体的"伙伴"意识不强，也没有制定出一套在危机事件来临之时与媒体的一般性工作模式，以至于每当网络舆情事件爆发，既是对校方声誉的考验，更是对新闻发言人乃至整个制度关于危机处理能力的考验。

二、国内高校新闻发言人网络舆情应对中存在问题的成因

国内高校新闻发言人网络舆情应对存在问题的根本原因是组织和制度上对新闻发言人的重视不够，认识不清，在不同方面又有着不同的具体表现。

(一)制度上缺乏法律法规的保障

近年来，教育部的各类文件陆陆续续提到各地高校要健全新闻发言人制度，设立新闻发言人，但是落实的状况并不如意，归根结底还是缺少一套适用于新闻发言人的法律法规来规范制度的有效制定与实施。新闻发言人的权利从根本上说应是法律法规赋予的，而并不是制度赋予的，制度应是遵照法律法规将新闻发言人的工作具体化的规定。

关于信息公开，有《中华人民共和国政府信息公开条例》这一行政法规规范政府新闻发言人的行为，但是对高校并不适用。另外，我国一直没有出台新闻法，新闻法涵盖的问题也是与高校新闻发言人信息发布的合法性、规范性以及权限息息相关。② 高校新闻发言人任用选拔应该怎样实施，其在应对网络舆情事件时到底应该怎么发布校内信息，公开多少，目前都是受制于学校上层，并没有明确的法律法规规定。至于发言失职与否的衡量标准，发言失职是否应承担责任以及责任大小都没有对应的法律条文给出解释。没有法律法规保障，新闻发言人制度的规范性与权威性存疑，新闻发言人的合法权益就可能遭受侵害。

① 来向武，王朋进．缘起、概念、对象：危机传播几个基本问题的辨析[J]．国际新闻界，2013(3)：71.
② 蔡永宁．我国政府新闻发言人制度的问题与对策研究[D]．武汉：华中师范大学，2007：22.

(二)校方未发掘新闻发言人信息中枢的作用

科学的高校新闻发言人制度引领的应该是一个新闻发言人团队，发言人只是其中一员，其他成员组成背后的智囊团。整个团队在与校方精神保持一致的基础上，要协同做出应对网络舆情的决策，最后由发言人呈现给公众。在组织中，高校新闻发言人团队应该是专门的信息中枢，处于中层，但是在整个信息系统管理中却要发挥主导作用。由于网络舆情应对工作与一般高校行政工作相比存在特殊性，关系到整个学校对外的形象与公信力，所以需要在这一特殊职能的履行上打破科层制，建立应对网络舆情事件的"绿色通道"，充分调动其在信息系统中的能动性。

目前情况是，高校新闻发言人制度以及信息系统不健全，新闻发言人团队未建成，学校没有重视起这个岗位应该发挥的信息中枢的关键作用，只是让新闻发言人抽出本职工作以外的部分精力兼职，职能的发挥还是受制于科层制，而且没有保障新闻发言人对外的公信力，没有使其成为信息系统中最活跃的协调者以及整个组织中最积极、最专业的舆情应对者。

(三)意识上未重视危机公关管理

从某种意义上说，新闻发言人团队相当于校方的公关部门。在平日中，新闻发言人可以为学校做基本的形象维护工作，进行日常公关管理；在突发网络舆情事件中，新闻发言人要力求让公众理解高校的行为，平息舆情，进行危机公关管理。这两方面都属于高校公关工作的重要组成部分，除了新闻发言人自身要有公关的工作思维，学校更应该在制度中重视起来，特别是把危机公关作为现代社会必须面对的重要工作之一，但是实际情况并不尽然。

在危机公关管理过程中，公关思维是主动应对，而不是被动应付。目前高校缺乏现代化的危机公关思维，对网络舆情事件这种全媒体时代常见的事件缺乏良好的心态，一旦偶遇网络舆情事件基本会当作学校的"灾难性事件"，所以在制度中才会有空缺，没有为新闻发言人的公关工作提前做好准备和指导。很多高校也没有意识到危机中存在转机，可以在处理过程中，发现事件暴露出的学校工作的漏洞，加以改正和提升，没有将可以变被动为主动的危机公关程序化。

三、提高高校新闻发言人网络舆情应对有效性的对策

提高高校新闻发言人网络舆情应对的有效性，单靠新闻发言人自身的力量仍显不够。在新闻发言人履行职能之前，法律法规要为新闻发言人制度以及发言人的行为提供规范，学校要提供制度上的支持与保障，此外还可以借助舆情机构等第三方的辅助力量共同应对网络舆情。

(一)完善相关法律法规为新闻发言人制度提供依据

从顶层设计来看，国家首先应该完善相关的法律法规，让高校新闻发言人制度的建立有法可依。制度的混乱以及新闻发言人进退维谷的问题都可以通过法律来解决。法律法规及制度的确立，可以让高校新闻发言人逐渐摆脱"人治"的束缚，得到法治的保护。新闻发言人的权利和义务应该在法律上有明确规定，制度条例应依照法律来制定。网络舆情应对不当的责任认定需要合法依据，而不是由高校或教育管理部门随意处理。总之，新闻发言人的合理发言应当具有法律法规的保障，发言人也要按照法律规定对自己的言行负责。

(二)学校应建立科学的新闻发言人制度

1. 对新闻发言人实施科学选拔与考核

高校新闻发言人岗位涉及学校整体的形象与影响力，不是仅熟悉高校环境、具有高校从业经验的人员就可以胜任，所以学校要明确新闻发言人的准入门槛，人才招聘不应仅限于校内。俄罗斯新闻发言人的主要来源是资深记者或者其他具有丰富经验的媒体从业人员，因为他们不但懂得本领域的专业知识，而且同媒体有较好的联系，知道如何同媒体打交道。[①] 这是一种较为理想化的状态，有时候难以实现，但是学校在选拔新闻发言人时一定要把媒介素养以及媒介伦理法规的考察放在重要位置。从事新闻传播实务研究的老师或者拥有高校情怀且具备媒体从业经历的人员都是良好的人选。在人员选拔出来之后，应该请专家具体指导或者送去专业的培训机构进行相应的培训。

此外，新闻发言人考核机制不可或缺。学校可以咨询媒体人士或者新闻传播学专家，设计出评判新闻发言人业绩以及舆情应对效果的评价指标，对新闻发言人进行季度或者年度综合考核，评估该岗位是否有效地发挥好网络舆情管理方面的职能。

2. 推行部门合并与灵活赋权

既然宣传部与新闻发言人团队的日常工作重合，只是在网络舆情事件爆发之时更突显新闻发言人的作用，不如将宣传部与新闻发言人团队合并为一个部门。对于高校形象的日常维护与宣传，该部门按照常规管理正常工作；当遇到突发网络舆情事件时，该部门要能够快速灵活调整为"网络舆情突发事件指挥中心"。[②]《国务院办公厅关于在政务公开工作中进一步做好政务舆情回应的通知》在"提高政务舆情回应实效"部分明确说明，对涉及特别重大、重大突发事件的政务舆情，要快速反应、及时发声，最迟应在 24 小时内举行新闻发布会，对其他政务舆情

① 臧文茜.俄罗斯新闻发言人制度及启示[J].青年记者，2016(6)：98.
② 范薇，马春生.浅议地方政府应对网络舆情的机制构建[J].经营管理者，2011(12)：71.

应在 48 小时内予以回应，并根据工作进展情况，持续发布权威信息。[1]同理，在高校网络舆情应对中想要把握最佳时机，新闻发言人时不我待。在突发状况下，学校要赋予新闻发言人特权，按照法律及制度的规定让新闻发言人在职权范围内第一时间自主应对舆情。这样可以将突发事件的处理从一种非流程化的决策过程，转变为一种程序化的决策过程，缩短有关部门的响应时间，采取有计划的步骤，沉稳而高效地应对舆情事件。[2]

还需注意的是，一方面，高校新闻发言人由于担任着学校其他行政职务，他们确实在掌握宏观政策、通晓学校事务等方面有着天然的优势；但另一方面，他们又受高校行政化的束缚与局限，其新闻发言人的工作很难完全排除行政干扰。[3] 学校要从制度上调节好新闻发言人行政化和去行政化的矛盾。

3. 为新闻发言人开展工作提供公关支持

新闻发言人制度中一定要增加公关思路，做到未雨绸缪，以常规的思维应对突发状况。

学校应该尽可能组织该部门的工作人员参照一些舆情专家建立的网络舆情的一种分类标准体系[4]，对已经发生的全国高校网络舆情事件进行分析，建立起舆情智库，储备一些紧急预案。当网络舆情事件爆发时进行对照，此举有利于新闻发言人第一时间找到最准确的应对方向。

新闻发言人的整个工作需要校方提供物质资源特别是公关资源的支持。在重大网络舆情事件应对过程中，如果牵涉其他组织，新闻发言人在给公众一个回应之前，必须与该组织进行良好的沟通，以核实信息、解决疑问或是协同商量决策。突发舆情应对过程中所需要的公关资源一方面依靠新闻发言人自身的人脉积累，另一方面更需要校方的大力支持。

此外，新闻发言人与媒体的关系至关重要。在网络舆情事件爆发之后，能够得到媒体的支持，学校便可以减少谣言的负面影响，新闻发言人也可以获得客观公正的发言机会。这需要学校以良好的姿态与媒体多交流沟通，建立起公关合作的信任与默契。平时，学校可以积极推动新闻发言人与媒体进行一些正面的公关活动，一方面为学校树立良好的形象；另一方面可以增强新闻发言人与媒体间的互动，以便其在网络舆情事件处理过程中掌握主动权。

① 国务院办公厅关于在政务公开工作中进一步做好政务舆情回应的通知［EB/OL］. http://www. gov. cn/zhengce/content/2016－08/12/content＿5099138. htm, 2016-08-12.

② 范薇，马春生. 浅议地方政府应对网络舆情的机制构建［J］. 经营管理者，2011(12)：71.

③ 胡雪飞. 对高校新闻发言人制度建设的若干思考［J］. 经济师，2016(10)：215-216.

④ 王国华，冯伟，王雅蕾. 基于网络舆情分类的舆情应对研究［J］. 情报杂志，2013，32(5)：2.

（三）新闻发言人应着力提高个人业务能力

1. 重视提升职业素养和话语权威性

很多新闻发言人都不是专业出身，这需要其在工作中要坚持自主学习，随时关注传媒动态，加强专业知识。关注全国高校各类网络舆情事件的应对是高校新闻发言人的"必修课"，同时其还应该多学习政府部门优秀新闻发言人在重大事件中展现出的职业风范，吸取一些失败案例的教训。

新闻发言人话语的权威性一方面是由学校赋予的，另一方面也在于新闻发言人言行作风的积累。线下的话语权威性主要在于其人际交往中给大家留下的印象，包括私人印象与职业印象；线上的话语权威性主要在于其网上的影响力，网民对其诚实性承诺的信任。话语权威性不完全是由说话人的社会地位决定，更重要的是由说话人在交往语境中所处的位置赋予的权威决定。① 所以新闻发言人除了充分运用私媒体和官方媒体，还可以尝试创造一些传播语境增强自身权威性。例如，担任本校 BBS 站长，既可以从小事着手锻炼其应对舆情的能力，也能创造一种网络语境，推动新闻发言人成为意见领袖，能够在网络舆情难以控制之时起到一定的引导作用。

2. 科学设计危机应对方案

危机传播管理的过程，就是要弥补校内外的信息鸿沟，实现信息的有效沟通，解除网络舆情危机。新闻发言人必须设计出科学的应对方案，有条不紊地开展工作。

一方面，新闻发言人要抓准时机对外传播准确的信息，必须赶在谣言泛滥之前敢于先"亮剑"，在初始阶段，以合理的方式适量发布确凿的信息，先入为主。此时新闻发言人无法掌握事实的全貌，但是部分事实的及时公布就是主动设置议程，表明校方积极应对的态度，有助于稳定公众情绪，吸引注意力，让公众期待发言人后续的发言，一定程度上能平息谣言。

另一方面，新闻发言人要稳定校内情绪。在学校出现危机之时，校内师生若听不到官方解释也会众声喧哗，甚至学校管理会出现暂时性的混乱。新闻发言人要快速将搜集到的信息与学校管理者进行充分沟通，让管理者及时调整管理策略。新闻发言人还可以利用自身信息中枢的优点，发布校内消息，在内部系统如校内局域网向师生说明情况，让师生对于外界的声音有心理预警。更重要的是，新闻发言人要在与管理者、师生互动的过程中把事情了解透彻，纠正信息偏差，与团队商讨下一步应该怎样发言。

---

① 宋春艳. 网络意见领袖公信力的批判与重建[J]. 湖南师范大学社会科学学报，2016，45(4)：6.

3. 充分利用好"两微"平台

从微观的层面来看,新闻发言人要把应对网络舆情的工作落实到在新媒体平台上具体应该怎么做。目前,新媒体舆情爆发的平台主要是"两微",即微博、微信,高校新闻发言人应该充分利用好"两微"平台。

新闻发言人要对这两个平台的特征有基本的认知,并根据其特点进行舆情应对。微博具有网络社区的性质,一旦爆发网络舆情事件,匿名性会促使网民的声音井喷,理性和非理性的观点相互交织,意见不同的群体会在网上"对战",从而进入微博热门话题榜。此时,高校官方微博的动态会受到极大的关注,这既是挑战,又是机遇。新闻发言人一定要第一时间在官方微博上表明校方重视此事的态度,希望大家耐心等待校方的正式回应。对于在调查阶段出现的失实信息,一定要及时在官方微博上给予动态更正,不能放任自流。新闻发言人要及时公布事态的最新进展,这样才能使学校占领舆论制高点。

在微信上,高校的信息传播主要依靠公众号,公众号特性与微博不同,它可以在后台接收所有的读者留言,并且可以筛选部分留言及公众号的回复,显示在文章最后。新闻发言人要充分利用好这一功能。首先,大量的读者留言能够一定程度上反映舆情状况,可以让发言人听到公众的声音,做到心中有数;其次,新闻发言人对于留言的选择要有技巧性,要选择能够代表大多数读者疑问的留言,使之显示出来,并公开回复,提高舆情应对的针对性与有效性。

(四)借助第三方力量协同处理网络舆情

目前,市场上已经出现了一些提供专业舆情监测和危机公关服务的公司或机构,这为加强新闻发言人的工作提供了外部支持。很多学校可能没有专业的舆情监测软硬件配备,可以购买舆情公司的监测系统,以实现对各新媒体平台的舆情走势进行实时监测、分析与研判,有助于新闻发言人精准把握舆情。如果对舆情应对缺乏经验,学校可以让新闻发言人与第三方联合,协力应对网络舆情。校方还可以请第三方对新闻发言人网络舆情应对效果进行评估,以促进新闻发言人不断改进应对策略,提高舆情应对技能。

日常工作中,新闻发言人可以多与第三方舆情管理机构的工作人员交流,借鉴其成功应对舆情的经验。若校方能够创造条件,新闻发言人可以去该机构实习、挂职锻炼,学习专业处理高校网络舆情的方式、方法,提高自身职业技能。

总之,网络舆情的应对是一项复杂的工作,对高校新闻发言人有着极高的要求。随着新媒体技术的飞速发展,高校新闻发言人制度的完善、岗位职能的调整以及专业技能的加强是必然趋势。在高校网络舆情高发的现实状况下,高校新闻发言人必须肩负起时代赋予的职责,以期维护好教育管理部门和高校的良好形象,亦为建设高校师生安心教学的良好环境贡献力量。

论文四：2016 年"双一流"政策传播效果
——基于微博大数据的实证研究

孙玉玲　　刘晓雨

摘要： 通过研究 2016 年一整年新浪微博上有关"双一流"政策的大数据，从"认知—情感—行为"三维测量"双一流"政策的传播效果，发现总体上社会公众对"双一流"政策的颁布和实施持"观望"态度。加强重视程度、提高公众的认知水平和持续监测关于"双一流"政策网络舆情均有利于提升"双一流"政策的传播效果。

关键词： "双一流"政策；传播效果；大数据；实证研究

2015 年 10 月 24 日，国务院印发《统筹推进世界一流大学和一流学科建设总体方案》。"双一流"政策刚一面世，便引起了社会各界的高度关注。"双一流"政策颁布已一年有余，其传播效果到底如何呢？通过研究 2016 年一整年新浪微博上有关"双一流"政策的大数据，发现总体而言社会公众对"双一流"政策的颁布和实施持"观望"态度。

一、研究设计

一直以来，传播效果的测量都是传播学研究的主要内容之一。基于大数据评价"双一流"政策的传播效果必须进行科学而严谨的研究设计。

（一）研究方法

根据经典传播学理论，从"认知—情感—行为"三维来测量"双一流"政策的传播效果。评估公众对"双一流"政策的认知状况意在了解公众对"双一流"政策的关注程度和关注焦点；评估公众对"双一流"政策的情感倾向能发现公众对该政策的支持程度；从行为层面上分析传播效果主要是为了判断公众(尤其是组织机构)对"双一流"政策的行为响应的程度和具体方式。通过大数据技术在新浪微博平台上抓取有关"双一流"政策的信息，综合机器和人力对数据量、讨论话题、表情符号的情感倾向和文本内容进行全面分析，从而得出了对"双一流"政策传播效果立体多维的基本判断。

（二）指标选择

由于"一流大学"作为关键词抓取的文本误差较大，所以研究中选择"双一流"和"一流学科"作为监测关键词。数据抓取时，设置时间段为 2016 年 1 月 1 日 0

时 0 分 0 秒至 2016 年 12 月 31 日 23 时 59 分 59 秒。综合考虑数据的代表性和可获得性，新浪微博上有关"双一流"政策博文的原创量和转发量成为考察公众对"双一流"政策认知程度的重要指标。由于"双一流"政策的相关文本表述多采用官方语言风格，通过分析文本内容的方法来判断公众对"双一流"政策的情感倾向可行性较小，因此表情符号的情感倾向分析则成为此次研究的重点。此外，目前对"双一流"政策的行为响应集中在高校和政府等组织机构范围内（在新浪微博中体现为"蓝 V"）。所以，本次研究对新浪微博上"蓝 V"博主发布的与"双一流"政策有关的文本进行内容分析，从而探究行为层面上的"双一流"政策传播效果。

(三)数据来源

作为当今中国最大的开放性互动平台，新浪微博的"公共舆论场"功能不容小觑。考虑到数据获取的全面性和准确性，新浪微博旗下的互联网大数据平台——"新浪微舆情"为认知层面和情感层面的传播效果分析提供了数据来源。鉴于分析行为层面上的传播效果对文本内容的精确性要求更高，国家超级计算长沙中心的大数据技术团队为本次研究提供了定制化的数据抓取服务。

(四)数据处理

认知层面上对"双一流"政策传播效果进行分析所需的数据直接来源于"新浪微舆情"，而对表情符号的情感倾向和抓取的相关信息进行内容分析时则必须对原始数据进行人工处理。

根据新浪微博用户的使用习惯，本次研究对网民在转发"双一流"政策相关内容时使用频率前十的表情符号的含义、情感类型和情感倾向进行了具体的归类（如表 3-4-1）。

表 3-4-1   2016 年关于"双一流"政策微博使用频率前十的表情符号情感分析

排序	表情	含义	出现次数	情感分类①	情绪倾向②
1		[话筒]	1653	非情感	中立与其他

---

① 研究中把表情符号的含义分为 10 种情感类型：以[爱你]和[太开心]为代表的"爱与喜"、以[鼓掌]和[赞]为代表的"肯定与夸赞"、以[馋嘴]和[色]为代表的"欲"、以[吃惊]和[疑问]为代表的"惊与惧"、以[鄙视]和[吐]为代表的"恶与怒"、以[悲伤]和[蜡烛]为代表的"哀"、以[汗]和[黑线]为代表的"无语"、以[阴险]和[坏笑]为代表的"调侃"、以[礼物]和[太阳]为代表的"非感情"、以[微笑]和[doge]为代表的"复合"（表达的情感较为复杂或不好定义）。

② 表情符号按情感倾向分为 5 个等级：[悲伤]和[怒骂]等标注为"负二级"，代表较强负面情绪；[黑线]和[失望]等标注为"负一级"，代表一般负面情绪；[哈欠]和[话筒]等代表"中立与其他"；[害羞]和[可爱]等标注为"正一级"，代表一般正面情绪；[爱你]和[哈哈]等标注为"正二级"，代表较强正面情绪。

续表

排序	表情	含义	出现次数	情感分类	情绪倾向
2		［围观］	1230	非情感	中立与其他
3		［doge］	1211	复合	中立与其他
4		［微笑］	1134	复合	中立与其他
5		［拜拜］	1058	复合	中立与其他
6		［吃惊］	1025	惊与惧	中立与其他
7		［心］	891	爱与喜	正二级
8		［笑 cry］	676	复合	中立与其他
9		［赞］	562	肯定与夸赞	正二级
10		［good］	44	肯定与夸赞	正二级

行为层面上分析"双一流"政策传播效果对文本精确性要求非常高，通过多次人工筛选，剔除掉无效和重复信息，获取了关于组织机构（新浪微博上的"蓝 V"）在响应"双一流"政策（具体体现为动员、研讨、颁布方案、实施配套改革、政府拨款支持等方式）方面的 158 条微博信息。

二、研究发现

通过详细分析新浪微博上有关"双一流"政策的大数据，发现公众对"双一流"政策关注程度不够高，情感上持中性略偏正面的态度，大部分高校和政府机构对政策的响应仍停留在较浅层面。简言之，社会公众对"双一流"政策持"观望"态度，乐见"双一流"政策的进一步发展，但行动上表现谨慎。

（一）公众对"双一流"政策关注程度不够高

公众对"双一流"政策关注程度不高，这体现在新浪微博上有关"双一流"政策博文的原创量和转发量都较少，相关舆情的峰值不高，探讨的话题数量少。2016

年全年，新浪微博上有关"双一流"政策的原创博文为 15599 条，转发博文为 43792 条。为了更直观地了解公众对"双一流"政策的关注程度，选取了供给侧改革和"一带一路"战略 2016 年全年在新浪微博上的相关数据进行对比（如图 3-4-1）。其中，供给侧改革的提出时间与"双一流"政策的提出时间相近，参考意义更大。

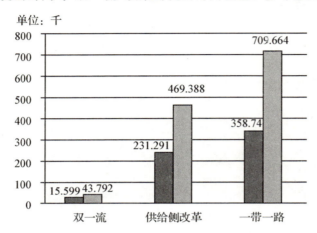

图 3-4-1　2016 年"双一流"政策、供给侧改革、
"一带一路"战略微博原创量和转发量示意图

从图 3-4-1 可以看出，即便考虑到"双一流"政策主要涉及教育领域，不及其他两项政策涉及的领域广泛，其在新浪微博上被关注的程度依然不够高。

从转发量变动趋势来分析，2016 年新浪微博上关于"双一流"政策的关注热度高峰仅出现在 3 个时间段（如图 3-4-2），即 6 月 28 日至 6 月 30 日、7 月 29 日至 7 月 31 日和 12 月 15 日至 12 月 16 日。其余时间段，新浪微博上关于"双一流"政策的转发量较少且数值比较平稳。

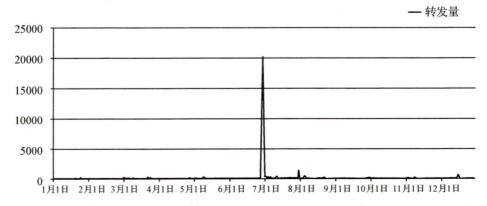

图 3-4-2　2016 年"双一流"政策全年转发热度趋势示意图

与转发热度峰值时间段少相对应，"双一流"政策在新浪微博上的话题性也不够，且均由媒体的官微引发。全年最高讨论峰值出现在 6 月 28 日到 6 月 30 日时间段。新华社 6 月 28 日 21 点 15 分在其官网上以《教育部：正在研究制定"双一流"建设实施办法 拟于年内启动》为题发文，《人民日报》、Vista 看天下、新浪新闻、央视新闻等媒体官微在随后的一天之内纷纷以《985、211 将成历史？ 教育部：年内启动"双一流"建设》等类似题目发文，从而引发各大官微广泛转载和公众讨论热潮。其他两个转发热度高峰时间段亦出现了类似的情况。[①] 以博文的转发数和评论数为依据，公众对"双一流"政策的讨论聚焦在"985、211 政策的废除""双一流建设名单"和"高校挖人"这三大内容。除此之外，话题寥寥。

(二)公众对"双一流"政策持中立略偏肯定的态度

如表 3-4-1 所示，公众对"双一流"政策主要持中立略偏肯定态度这一结论十分明显。首先，用户使用次数排名前五位的表情符号在含义上都难以言说(情感类型均为非情感和复合)，态度倾向中立。也就是说，静观其变、不加评判成为大多数新浪微博用户内心对"双一流"政策态度的主要反应。其次，少数用户对"双一流"政策的颁布和实施给予了较明显的肯定，他们用[心][赞]和[good]三种表情符号表达了乐见其成的心态。最后，监测到有关"双一流"政策博文中使用次数排名前十位的表情符号中没有出现代表负面情绪的。有关"双一流"政策博文中常用表情符号的分布状况隐约显示出，公众内心的真实想法——高等教育需要改革，"双一流"政策的颁布或许是个契机，就看如何实施。

(三)高校和各地政府对"双一流"政策的响应力度有待加强

"双一流"政策主要影响我国高等教育事业的未来发展，因此高校和政府是这一政策主要的行为响应主体。通过对新浪微博上"蓝 V"用户发布的与"双一流"政策行为响应相关的 158 篇博文[②]进行内容分析，高校和各地政府对"双一流"政策的响应力度还有待加强。其一，区区 158 条博文在浩如烟海的新浪微博博文中所占比重极小，除了说明各地政府和高校在落实"双一流"政策上可能采取行动不多，更重要的是各地政府和高校对"双一流"政策落实情况的宣传力度不够。其二，无论是高校，还是各地政府，对"双一流"政策的落实主要停留在较浅层面。

---

① 2016 年 7 月 28 日 15 时 12 分，北京青年报的官方微博针对中国教育和科研计算机网以及多个微信公众号传出的"双一流建设拟定大学名单"，以《教育部否认发布"双一流"大学名单，勿轻信网传》为题进行辟谣，引发广泛讨论。时近 2016 年末的 12 月 15 日 11 时 39 分，澎湃新闻的官方微博援引中国青年报的《争创"双一流"高校不惜血本挖人，兰大等名校被挖得伤筋动骨》一文发出同名微博，也引发了一定数据的转载与讨论。

② 前期通过爬虫技术在新浪微博"蓝 V"用户范围内抓取相关数据，后期通过人工反复筛选得到符合条件的 158 条博文，其中包括一定数据的多条博文阐述同一事实的情况。

在 158 条博文中,绝大多数内容为高校和各地政府针对"双一流"政策实施动员和开展研讨。其三,只有少数高校和地方政府对落实"双一流"政策表现积极,采取了更为实质性的举措(如表 3-4-2)。

表 3-4-2　2016 年新浪微博博文显示"双一流"政策高校和地方政府行为响应情况表

	高校	地方政府
动员	25	2
研讨	37	9
颁布建设方案	7	22
人才招聘	8	/
实行配套改革	5	2
拨款支持建设	/	14
硬件设备更新	5	/
校际合作	2	/
校企合作	2	/
与政府签订框架协议	10	

三、提升微博平台"双一流"政策传播效果的对策建议

思想上加强重视、努力提高公众的认知水平和持续监测相关网络舆情是一个合乎逻辑的提升"双一流"政策传播效果的思路。

(一)各级政府和高校要加强对"双一流"政策的重视程度

思想上的高度重视是宣传和落实"双一流"政策的前提。教育部和各地政府应把"双一流"政策的贯彻落实当成一项重要工作,通过发布相关的政策文件和实施方案来主动进行议程设置,吸引社会各界的关注,提供讨论话题。各级高校不能止步于对"双一流"政策进行动员和研讨,应该依托优势学科积极进行内部改革和吸纳外部资源,提高教育资源配置效率,在新一轮高等教育发展中把握机遇,大胆变革。在此基础上,高校要勇于向社会展示"双一流"建设的成果,扩大高校和优势学科的影响力,吸引优质生源,提高毕业生就业质量,从而形成良性循环。各级政府和高校加强对"双一流"政策的重视程度将从根本上增强"双一流"政策的影响力。

(二)努力提高公众对"双一流"政策的认知水平

传播效果研究中的"认知—情感—行为"三维分析框架内含着递进的逻辑,即

公众对某一事物的认知是对其产生情感和采取行动的前提，也可以说广泛的认知是达到理想传播效果的基础。因此，努力提高公众对"双一流"政策的认知水平对提升传播效果至关重要。

1. 发挥微博舆论领袖的传播作用，有意识增强"学者类"账号的影响力

微博平台舆论领袖对网民信息接收和观点态度的影响很大，微博舆论领袖在"双一流"政策传播中的作用要得到高度重视。目前，"双一流"政策传播过程中，媒体官博、高校官博和政务微博都发挥了较大作用，而理应关注高等教育的学者却在微博平台上集体"失声"。无论背后原因如何，鉴于学者在微博上的发言在高等教育领域存在巨大影响力，在"双一流"政策的宣传和推广过程中，需要"学者类"微博发挥更为积极的作用，与媒体官微、高校官微和政务微博一道引领公众对"双一流"政策的认知，从而在微博平台上形成有利于"双一流"政策传播的多层次传播网络。

2. 重视相关内容建设，提升博文的信息含量与话题性

研究中发现，"双一流"政策的相关博文内容存在无效信息过多和话题性欠缺的问题。博文信息量少，便不能对网民产生足够的吸引力；话题性欠缺则导致网民参与讨论的热情缺失。这两个问题从根本上影响了网民对"双一流"政策的认知。因此，"双一流"政策传播者们在内容建设上应着力发布有深度、有观点和有态度的博文，减少无效信息干扰，适时发掘"双一流"政策中能引发广泛讨论的话题，引导广大网友对"双一流"政策产生积极思考。例如，各地高校官微可以发起话题，引导网友们思考学校为创建"双一流"所采取的一系列措施的得与失，鼓励网友为"双一流"建设建言献策。

(三) 基于大数据持续监测关于"双一流"政策的网络舆情

随着"双一流"政策的进一步推行，其在新浪微博上的传播效果也将不断变化。基于大数据持续监测关于"双一流"政策的网络舆情有利于及时把握公众对"双一流"政策的关注热度和情感倾向，也有利于了解"双一流"政策的落实情况。大数据技术可实时提供博文原创量、转发量、评论量等数据，易于发现舆情峰值和讨论热点，为"双一流"政策传播效果的测量提供最直接的数据支持。网民对"双一流"政策情感倾向的变化亦可利用大数据来判断。一旦网民中出现对"双一流"政策比较明显的负面情绪，相关大数据将提前预警从而防止负面情绪的蔓延。各级政府和高校如何进行"双一流"建设及其成效评价更是可由大数据提供决策支持。因此，基于大数据持续监测关于"双一流"政策的网络舆情从"认知—情感—行为"三个维度均有益于该政策传播效果的提升。

2017 年 1 月 25 日晚，教育部、财政部和国家发改委三部委联合印发《统筹推进世界一流大学和一流学科建设实施办法（暂行）》，在微博平台上引发了一个传

播小高潮。但是，从原创量和转发量来看，热度仅持续了一天，到达的峰值也不是很高，这充分说明"双一流"政策传播效果的提升是一个伴随"双一流"政策稳步推进而逐步完善的过程。

参考文献

[1]田舒. 基于大数据技术的公共政策微博传播机制研究——以新浪微博"高考改革"相关政策的传播为例[D]. 上海：上海交通大学，2014.

[2]肖显. 微博对公共政策的影响研究[D]. 兰州：兰州大学，2014.

[3]魏帅. 政务微博的传播效果研究[D]. 长春：东北师范大学，2012.

[4]黄膺旭，曾润喜. 官员政务微博传播效果影响因素研究——基于意见领袖的个案分析[J]. 情报杂志，2014(9).

[5]张珊，于留宝，胡长军. 基于表情图片与情感词的中文微博情感分析[J]. 计算机科学，2012，39(S3).

论文五：观点发掘与舆情分析技术发展及其对我国教育网络舆情研究的启示

胡　凌

摘要： 本文从四个方面，即舆情分析粒度、舆情发掘技术、舆情分析算法以及全球研究总览，回顾了 15 年来全球面向网络文本的舆情分析研究的发展历程，梳理了基本脉络，得出研究的重要发展趋势，指出其对教育网络舆情技术发展的启示。

关键词： 观点发掘与舆情分析；机器学习；教育网络舆情

基于大数据理论与方法的数据挖掘、数据监管、舆情监测等使舆情研究的热点和重点发生了重大变化[①]。过去 15 年间，观点发掘和舆情分析两个关联研究区域逐渐融合，形成了新兴的观点发掘与舆情分析研究领域（OMSA）[②]。所谓观点发掘与舆情分析是一门旨在分析与研究人们对某一实体所持态度的学科，其中的实体包含个人、组织或政府，产品、服务、事件、主题或以上这些实体的具体

---

① 曾建勋，魏来. 大数据时代的情报学变革[J]. 情报学报，2015(1)：37-44.

② Bing Liu. Sentiment Analysis and Opinion Mining. Synthesis Lectures on Human Language Technologies[J]，2012，5(1)：167.

组成成分；态度则包含对某一观点与评价的反应、情感状态或情感倾向。OMSA 所涉的范畴较广，涵括不同类型的任务，如主观性分析、舆情攫取与分析、观点发掘等。OMSA 的研究受到计算机技术、自然语言处理技术、社会学、管理学、政治学、经济学、教育学等不同领域研究任务的关注①②。在我国，学生是网民构成的主体，教育网络舆情因此在我国占有较为重要的地位，也逐渐呈现出自成体系的态势③。教育网络舆情研究某种意义上属于 OMSA 的一个子领域，了解 OMSA 研究状况有助于提升教育网络舆情研究的高度和深度。基于此，本文从 OMSA 目前的关注热点——舆情分析粒度、舆情发掘技术、舆情分析算法进行归纳和总结，希望以此启发我国教育网络舆情的研究。

一、舆情分析粒度

尽管舆情分析已开始呈现多模态化的态势，但文本仍是最重要的数据来源。根据舆情分析技术中对于语言测量最小单位的划定，舆情分析粒度可以分为四个层面，文档级分析、语句级分析、切面级分析及词汇级分析，不同的分析粒度有利于从不同的侧面把握舆情观点。

文档级（Document level）：文档级文本处理以文章、段落为单位，将观点挖掘看作文本分类问题（Sentiment Classification），将评价文本划分为几大类别，如积极（Positive）文档、中性（Neutral）文档和消极（Negative）文档。文档级粒度的舆情分析目前是全球 OMSA 研究的主流，截至 2016 年④，约有 8 成文献以文档为分析单位。例如，Pang⑤ 以机器学习方法对电影评论文本进行分类，徐军⑥等人用朴素贝叶斯和最大熵对新闻评论语料进行了情感分类研究。他们发现在特征选择上对分类效果起决定性作用的往往是具有语义倾向的词汇，特别是形容词

---

① Tumasjan A，Sprenger T O，Sandner P G，et al. Predicting elections with twitter：What 140 characters reveal about political sentiment[J]. International Conference on Weblogs and Social Media，2010，10(1)：178-185.

② Johan Bollen，Huina Mao，Xiao Jun Zeng. Twitter mood predicts the stock market[J]. Journal of Computational Science，2011，2(1)：1-8.

③ 唐亚阳，杨果. 中国教育网络舆情研究学术影响力探析[J]. 求索，2014(8)：19-22.

④ Piryani R，Madhavi D，Singh V K. Analytical mapping of opinion mining and sentiment analysis research during 2000-2015[J]. Information Processing & Management，2017，53(1)：122-150.

⑤ Pang B，Lee L. A sentimental education：Sentiment analysis using subjectivity summarization based on minimum cuts[C]//Proceedings of the 42nd Annual Meeting on Association for Computational Linguistics. Association for Computational Linguistics，2004：271.

⑥ Xu J，Cao Y B，Li H，et al. Searching Documents Based on Relevance and Type[C]. European Conference on Information Retrieval，2007：629-636.

和名词。Sista 等①利用 WordNet 对 General Inquirer 中的褒贬义词汇进行扩展，并将扩展后的词语作为分类特征，利用基于机器学习的方法对文档进行褒贬义分类。文档级分析占据当前研究重点的原因在于目前研究语料中社交媒体语料占有重要地位，而社交媒体大部分的语料简短，如 Twitter 限制每一个帖子不能超过 140 字。基于文档级舆情分析的优点是简单易行，可操作性强，但其主要的分析文本长度受到限制，对于较长的新闻稿件、长篇的文章，由于其上下文背景及所处的具体语境多变，无法对具体细节进行较好地把握。

语句级（Sentence Level）：语句级的观点挖掘以句子为分析单位，识别句子的倾向性，这是因为在实际应用中舆情信息的表达通常以句子为完整的表达单位，分析中需要考虑上下文情境。例如，"我并不觉得这部电影出色"中的情感词"出色"是褒义的，但是句子本身想表达的是贬义情感，句中的"不"字逆转了"出色"的情感倾向。语句级分析通常将句子看作一个正负二级的分类问题。早期的研究将句子看作词袋模型，只是简单地将句子中的情感词语数值的统计作为句子倾向性分析的判断依据。在识别出情感词语的基础上，对句子中的褒义词和同义词加权求和，来计算句子的倾向性得分②③④⑤。Yu 等⑥将句子中所有情感词语的情感平均值作为句子倾向性识别依据。接下来的研究认为除了情感词语之外否定词、副词等与句子的倾向性也是存在关系的，对句子倾向性识别同样具有重要的作用。Kim 和 Holy⑦ 就考虑了否定词与双重否定对句子倾向性分析的影响，采用乘积的方法来判断句子的极性。后来研究者将评价关系也考虑进来以更加精

---

①　Sista S P，Srinivasan S H. Polarized Lexicon for Review Classification[C]//International Conference on Aitifical Intelligenle，IC-AI，2004：867-872.

②　Pang B，Lee L，Vaithyanathan S，Thumbs up?：sentiment classification using machine learning techniques[C]. Empirical Methods in Natural Language Processing，2002：79-86.

③　Gidofalvi G. Using News Articles to Predict Stock Price Movements[D]. Department of Computer Science and Engineering. San Diego：University of California，2001.

④　Lavrenko V，Schmill M，Lawrie D，et al. Language models for financial news recommendation[C]//ninth international conference on Information and knowledge management. ACM，2000：389-396.

⑤　Davidov D，Tsur O，Rappoport A. Semi-supervised recognition of sarcastic sentences in Twitter and Amazon[C]. Fourteenth Conference on Computational Natural Language Learning（CoNLL'10），2010：107-116.

⑥　Yu H，Hatzivassiloglou. Towards answering opinion questions：separating facts from opinions and identifying the polarity of opinion sentences[C]. Empirical Methods in Natural Language Processing，2003：129-136.

⑦　Kim S M，Hovy E. Determining the sentiment of opinions[C]. Proceedings of 20th International Conference on Computational Linguistics. Association for Computational Linguistics，2004：1367.

确地识别句子的倾向性。Liu 等①②使用词性标注、实体识别等文本分析工具并综合考虑词语共现性和统计方法判断特征词语与情感词语之间的对应关系，以此作为句子倾向性识别的依据。

切面级分析（Aspect Level）：以语句为分析对象，通过对事物特征的细化，分析作者对每一个特征的具体观点，挖掘句子中涉及的具体切面（Aspect），以及对每一切面（如教育舆情特定维度中的特殊功能）表现出来的情感，从而判断作者的观点倾向，这种方法的优点是可以发现文本的具体细节，可信度高，但操作较为烦琐。切面级的舆情研究目前主要关注两个重点，即切面提取或分类③与切面情感识别④。切面级的舆情分析需要考虑切面与舆情信息之间的交互。2007 年首次出现了两篇以切面为标题的会议论文⑤⑥，但 Hu 和 Liu 于 2004⑦ 合作的文章可视为切面级研究的开山之作，该文并未使用"切面"一词，而是使用了"特征"提取的概念，但是这篇文章首次将切面和情感判断问题进行了交互，开切面级研究之先河。其后，还有一些研究者⑧⑨进行了类似的研究，但也是使用"特征"提取的概念。因切面概念形成较晚，到 2016 年，全球本领域文献中切面级研究总体比例不高，是一个方兴未艾的新领域。

词汇级（Word Level，又称实体级）：此类研究以词语为分析对象，其任务通常是对某一特定实体相关的舆情词汇进行提取，但提取过程中并不可以关注其上下文语境，此类研究从文本语料中挖掘该实体的相关信息。词语级研究通常处于

① Bing Liu D，Hu M Q，Cheng J S. Opinion Observer：Analyzing and Comparing Opinions on the Web[C]. International World Wide Web conference，2005：342-351.

② Hu M，Liu B. Mining（a）Opinion Features in Customer Reviews[C]. National Conference on Artificial Intelligence，California：AAAI Press，2004：755-760.

③ Yin Y C，Wei F R，Dong L，et al. Unsupervised word and dependency path embeddings for aspect term extraction[J]. Twenty-Fifth International Joint Conference on Artificial Intelligence（IJCAI-16），2016：2979-2985.

④ Wang W，Pan S J，Dahlmeier D，et al. Recursive Neural Conditional Random Fields for Aspect-based Sentiment Analysis[J]. Empirical Methods in Natural Language，2016：616-626.

⑤ Kobayashi N，Inui K，Matsumoto Y. Extracting Aspect-Evaluation and Aspect-Of Relations in Opinion Mining[C]//EMNLP-CoNLL，2007.

⑥ Snyder B，Barzilay R. Multiple Aspect Ranking Using the Good Grief Algorithm[C]//North American Chapter of the Association for Computational Iinguistics，2007：300-307.

⑦ Hu M，Liu B. Mining opinion features in customer reviews[C]//National Conference on Artificial Intelligence，2004，4(4)：755-760.

⑧ Wilson T，Wiebe J，Hoffmann P. Recognizing contextual polarity：an exploration of features for phrase-level sentiment analysis[J]. Computational Linguistics，2009，35(3)：399-433.

⑨ Wiebe J，Wilson T，Cardie C. Annotating expressions of opinions and emotions in language[J]. Lang Resources & Evaluaiton，2005，39(2)：165-210.

较为基础的阶段，其研究成果可以作为舆情词汇库的源词库，有利于对表达特定实体的相关词汇进行完整收集，并建立舆情倾向判断的基调①②③④。

从全球的研究形式看⑤，采用机器学习方式进行舆情发掘的研究中，超过90％的文献聚焦文档级舆情观点发掘，而切面级研究的起始相对较晚，第一篇以切面级（Aspect Based）为题的文章发表于 2010 年，到 2016 年，占比约为 8％。在基于词汇的舆情发掘研究中，约三分之二为文档级分析，仅有三分之一是切面级分析。由此可见，不管使用哪种分析技术，文档级分析仍是主流，但发展趋势显示，切面级分析逐渐获得更多关注，不过将文档级分析与切面级分析进行有效结合的研究文献仍不多见。

目前舆情分析的主要技术途径分为两类：基于机器学习的分析技术和基于字典的分析技术。大多数研究者只使用其中一种技术途径但也有一些研究者将两种技术结合起来。过去 15 年文献的分析显示，基于机器学习的舆情分析文献超过 7 成，是主流的技术模式，基于字典分析的文献约占 27％，两者结合的研究偶有所见，但仍属小众。从文献分析的角度看，这一趋势仍将在可见的未来保持稳定。

二、基于字典的舆情分析及其算法

字典分析法，顾名思义，就是通过建立字典的方法将常见词语的极性进行一一列举，使用时通过匹配的方法将舆情信息中的观点词与字典中的标注词表进行对比判断其极性，字典库中的词汇主要考虑包含情感特征意义的词汇，以及在特定领域中具有情感意义的实体名称词等。早期的字典分析法通过人工建构专门词典⑥⑦。

(一)基于词典的分析法

目前，国外的情感词典资源相对丰富，英文情感词典的研究与构建早在 20

①　Hatzivassiloglou V，McKeown K R. Predicting the semantic orientation of adjectives[C]. Conference of the European Chapter of the Association for Computational Linguistics，1998：174-181.

②　Esuli A，Sebastiani F. Determining Term Subjectivity and Term Orientation for Opinion Mining[C]//Conference of the European Chapter of the，2006：193-200.

③　Pérez-Rosas V，Banea C，Mihalcea R. Learning sentiment lexicons in Spanish[C]. 8th International Conference on Language Resources and Evaluation，2012：3077-3081.

④　Cruz F L，Troyano J A，Pontes B，Ortega F J. Building layered，multilingual sentiment lexicons at synset and lemma levels[J]. Expert System with Applications，2014，41(13)：5984-5994.

⑤　Piryani R，Madhavi D，Singh V K，et al. Analytical mapping of opinion mining and sentiment analysis research during 2000-2015[J]. Information Processing and Management，2016，53(1)：122-150.

⑥　Hu M，Liu B. Mining and summarizing customer reviews[C]//Knowledge Discovery and Data Mining，2004：168-177.

⑦　Kim S M，Hovy E. Determining the sentiment of opinions[C]//International Conference on Computational Linguistics，2004：1367.

世纪 60 年代就已经开始①。1966 年，Stone 等人整理完成了 General Inquirer (GI)词典②。1990 年，Princeton 大学认知科学实验室 Miller 等人开发 WordNet (英语词汇知识库)，激发了观点发掘与分析领域为数众多的研究者，从许多文献可以看到其影响。1997 年，Hatzivas-siloglou 和 McKeown③ 从大语料库《华尔街日报》中发掘出大量形容词性的评价词语。2001 年，Pennebaker 等人整理完成了 Linguistic Inquiry and Word Count (LIWC)词典④，截至目前已有超过 200 相关文献以此为研究基础⑤。2005 年，MPQA (Multi-Perspective Question Answering) 主题线索字典建成⑥；2006⑦ 到 2010⑧ 年，一批学者整理 WordNet 后形成了新的 SentiWordNet 字典，获得较多的关注。而在中文情感分析领域，目前主要有董振东等人整理完成的"知网"(HowNet)常识知识库。哈尔滨工业大学在《同义词词林》的基础上修正整理了《同义词词林(扩展版)》。台湾大学情感词典的中文情感词典，包括简体中文和繁体中文两个版本。

(二)基于语料库的分析法

随着计算机技术的发展，基于语料库⑨⑩⑪的字典分析法也在最近 15 年取得

① Stone P J. The general inquirer: a computer approach to content analysis[M]. Cambridge, MA: M. I. T. Press, 1966.

② Stone P J, Hunt E B. A computer approach to content analysis: studies using the general inquirer system[C]. Spring Joint Computer Conference. ACM, 1963: 241-256.

③ Hatzivassiloglou V, Mckeown K R. Predicting the semantic orientation of adjectives[C]// Eighth Conference on European Chapter of the Association for Computational Linguistics. Association for Computational Linguistics, 1997: 174-181.

④ Pennebaker J W, Francis M E, Booth R J. Linguistic inquiry and word count: LIWC 2001[CP]. New Jersey: Lawrence Erlbaum Associates, 2001.

⑤ Tausczik Y R, Pennebaker J W. The psychological meaning of words: LIWC and computerized text analysis methods[J]. Journal of Language and Social Psychology, 2010, 29(1): 24-54.

⑥ Wilson T, Wiebe J, Hoffmann P. Recognizing contextual polarity in phrase-level sentiment analysis [C]. Proceedings of Human Language Technology Conference and Empirical Methods in Natural Language Processing. Association for Computational Linguistics, 2005: 347-354.

⑦ Esuli A, Sebastiani F. SentiwordNet: A high-coverage lexical resource for opinion mining[J]. Evaluation, 2007: 1-26.

⑧ Baccianella S, Esuli A, Sebastiani F. SentiWordNet 3.0: An Enhanced Lexical Resource for Sentiment Analysis and Opinion Mining[C]. International Conference on Language Resources and Evaluation, 2010: 2200-2204.

⑨ Maks Isa, Vossen Piek. A lexicon model for deep sentiment analysis and opinion mining applications [J]. Decision Support Systems, 2012, 53(4): 680-688.

⑩ Pai M Y, Chu H C, Wang S C, Chen Y M. Electronic word of mouth analysis for service experience [J]. Expert System with Application, 2013, 40(6): 1993-2006.

⑪ Zhang W H, Xu H, Wan W. Weakness finder: find product weakness from Chinese reviews by using aspects based sentiment analysis[J]. Expert System with Application, 2012, 39(11): 10283-10291.

了长足进步。有研究者以形容词为种子，通过语料库寻找其他的观点形容词并发掘其分布特点[①]。目前全球 OMSA 研究者比较常用的语料库超过 20 个，使用频率最高的语料库有 4 个，分别是 ISEAR、Emotinet、IMDB、Amazon.com。近年来，Twitter 也被研究者直接视为语料库进行研究。值得注意的是，很多资源库都是研究者为各自的起始研究设计和构建或是借用语言学、社会学的现有语料库进行研究，数目多，但是使用者较为分散[②]。

(三)基于词典的舆情发掘算法

通常语料库舆情发掘较多结合使用数理统计的方法或语义分析方法以达到理想结果。Fahrni 和 Klenner[③] 两位研究者应用统计方法寻找语料库中成对出现的形容词模式，也有研究者通过统计在线文本中的特定词汇自动生成褒义词贬义词词表[④]，计算大型标注语料库中特定极性词汇的出现频率[⑤]、通过统计未标注词汇与其他词汇成对呈现的规律判断其极性[⑥]或是通过统计顾客评论的文体特点过滤虚假评价[⑦]。全局序列模型（Global Sequence Model）条件随机场（Conditional Random Fields）等技术在舆情发掘技术中得到重视。研究者利用这一技术进行中文在线评价观点发掘[⑧]或产品与顾客评价关联的可视化呈现[⑨]。

也有研究者运用潜在语义分析[⑩]方法计算文本语义特点对不同切面特点的影

① Hatzivassiloglou V，McKeown K R. Predicting the semantic orientation of adjectives[C]//Eighth Conference on European Chapter of the Association for Computational Linguistics. Association for Computational Linguistics，1997：174-181.

② Medhat W，Hassan A，Korashy H. Sentiment analysis algorithms and applications：A survey[J]. Ain Shams Engineering Journal，2014，5(4)：1093-1113.

③ Fahrni A，Klenner M. Old wine or warm beer：target-specific sentiment analysis of adjectives[C]. Affective Language in Human and Machine，AISB，2008：60-63.

④ 如 BLEL(Bing Liu's English Lexicon).

⑤ Read J，Carroll J. Weakly supervised techniques for domain independent sentiment classification [C]. In：the 1st international CIKM workshop on topic-sentiment analysis for mass opinion，2009：45-52.

⑥ Turney P D. Thumbs up or thumbs down?：semantic orientation applied to unsupervised classification of reviews[C]//Proceedings of the 40th annual meeting on association for computational linguistics. Association for Computational Linguistics，2002：417-424.

⑦ Hu Nan，Bose Indranil，Koh Noi Sian，Liu Ling. Manipulation of online reviews：an analysis of ratings，readability，and sentiments [J]. Decision Support System，2012，52(3)：674-684.

⑧ Jiao J，Zhou Y. Sentiment polarity analysis based multi-dictionary[J]. Physics Procedia，2011，22：590-596.

⑨ Xu K，Liao S S，Li J，et al. Mining comparative opinions from customer reviews for Competitive Intelligence[J]. Decision support systems，2011，50(4)：743-754.

⑩ Cao Q，Duan W J，Gan Q W. Exploring determinants of voting for the "helpfulness" of online user reviews：a text mining approach[J]. Decision Support System，2011，50(2)：511-521.

响，他们的研究发现语义特征对顾客获得有用评价的影响最大。Lund 和 Burgess[1]，Xu 和 Peng[2] 也通过计算词汇的语义空间值进行舆情发掘。在中文处理方面，刘群等[3]利用 HowNet 中义原树中的距离，计算义原之间的相似程度。江敏等[4]提出的义原相似度算法，考虑了义原之间以及义原路径之间存在的对义或反义现象，对倾向性的判断有很大的帮助。

2010 年以来，自然语言处理技术也可以与舆情发掘技术有机结合，Moreo 和 Romero[5] 结合自然语言处理技术和分类字典进行处理口语语料，效果良好。Caro 和 Grella[6] 则以自然语言处理技术进行语句级的文本处理并最终实现舆情观点的可视化呈现。Min 和 Park[7] 使用自然语言处理技术标记事态和时间表述词语，结合运用观点发掘和序列算法，他们的研究发现这样的技术集合可以产生较为满意的结果，尤其是可以去除不必要的偏见。

基于字典的舆情分析效度良好，比如有研究者通过基于字典的研究分析 Twitter 中的舆情词汇并预测美国橄榄球竞赛结果[8]、奥巴马总统与经济发展趋势[9]以及德国竞选结果[10]，其结果远超过预期。

三、基于机器学习的舆情分析及其主要算法

用于观点发掘和舆情分析的情感词典准确率高，但存在召回率比较低的情况。且

① Lund K, Burgess C. Producing high-dimensional semantic spaces from lexical co-occurrence[J]. Behavior Research Methods, Instruments & Computers, 1996, 28(2): 203-208.

② Xu T, Peng Q, Cheng Y. Identifying the semantic orientation of terms using S-HAL for sentiment analysis[J]. Knowledge-Based Systems, 2012, 35: 279-289.

③ 刘群, 李素建. 基于《知网》的词汇语义相似度计算[J]. 中文计算语言学, 2002, 7(2): 59-76.

④ 江敏, 肖诗斌, 王弘蔚, 施水才. 一种改进的基于《知网》的词语语义相似度计算[J]. 中文信息学报, 2008(5): 84-89.

⑤ Moreo A, Romero M, Castro J L, et al. Lexicon-based comments-oriented news sentiment analyzer system[J]. Expert Systems with Applications, 2012, 39(10): 9166-9180.

⑥ Di Caro L, Grella M. Sentiment analysis via dependency parsing[J]. Computer Standards & Interfaces, 2013, 35(5): 442-453.

⑦ Min H J, Park J C. Identifying helpful reviews based on customer's mentions about experiences[J]. Expert Systems with Applications, 2012, 39(15): 11830-11838.

⑧ Hong Y, Skiena S. The Wisdom of Bookies? Sentiment Analysis Versus. the NFL Point Spread [C]//International Conference on Weblogs & Social Media, 2010: 251-254.

⑨ O'Connor B, Balasubramanyan R, Routledge B R, et al. From tweets to polls: Linking text sentiment to public opinion time series[J]. International Conference on Weblogs & Social Media, 2010, 11(122-129): 1-2.

⑩ Tumasjan A, Sprenger T O, Sandner P G, et al. Predicting elections with twitter: What 140 characters reveal about political sentiment[J]. International Conference on Weblogs & Social Media, 2010, 10(1): 178-185.

对于不同的领域构建情感词典的难度是不一样的,甚至还需要特定领域内的专家参与,精准构建成本较高。因此,有学者提出了另外一种解决观点发掘与舆情分析的思路:机器学习。机器学习分析方法的形式可以分为监督学习(Supervised learning)、半监督学习(Semi-supervised Learning)和无监督学习(Unsupervised Learning)。

(一)监督学习及其算法

监督学习从给定的训练数据集中得出一个函数,当新的数据到来时,可以根据这个函数预测结果,其主要应用于分类和预测(Regression & Classify)。Pang 等人[①]将电影评论转换成一个对应的特征向量并区分出正、负面两类文章,是最早利用监督学习实现舆情分析的研究者之一。在此基础上,更多研究者[②③④]通过结合不同特征的发掘逐步提高了归类的准确度。也有研究者在监督学习时,通过结合语境情感值转换器[⑤]、多维语言知识应用[⑥]或多重粒度互补[⑦⑧]的方式获得较为理想的效果。在最近的研究中,有一些研究者开始关注隐性变量[⑨]、特征提取[⑩]、认知科学[⑪]的应用。

---

①　Pang B, Lee L, Vaithyanathan S. Thumbs up? Sentiment Classification using Machine Learning Techniques[C]. Proceedings of EMNLP, 2002: 79-86.

②　Chaovalit P, Zhou L. Movie Review Mining: A Comparison between Supervised and Unsupervised Classification Approaches[C]. Proceedings of the 38th Hawaii International Conference on System Sciences, 2005: 1-9.

③　Mullen T, Collier N. Sentiment Analysis using Support Vector Machines with Diverse Information Sources[C]. In: Proceedings of the 2004 Conference on Empincal Methods in Natural Language Processing, 2004: 412-418.

④　Whitelaw C, Garg N, Argamon S. Using Appraisal Groups for Sentiment Analysis[C]. Proceedings of the 14th ACM international conferenle on Information and know ledge management, 2005: 625-631.

⑤　Kennedy A, Inkpen D. Sentiment Classification Of Movie Reviews Using Contextual Valence Shifters[J]. Computational Intelligence, 2006, 22(2): 110-125.

⑥　Lu W, Ng H T, Lee W S, et al. A generative model for parsing natural language to meaning representations[C]//Proceedings of the Conference on Empirical Methods in Natural Language Processing. Association for Computational Linguistics, 2008: 783-792.

⑦　Nivre J, Mcdonald R. Integrating Graph-Based and Transition-Based Dependency Parsers[C]. Meeting of the Association for Computational Linguistics, 2008: 950-958.

⑧　dos Santos J J, Bastos F H, de Oliveira Souza T, et al. Contextual interference effect depends on the amount of time separating acquisition and testing[J]. Advances in Physical Education, 2014, 4(4): 102-109.

⑨　Nakagawa T, Inui K, Kurohashi S. Dependency tree-based sentiment classification using CRFs with hidden variables[C]//Human Language Technologies: The 2010 Annual Conference of the North American Chapter of the Association for Computational Linguistics. Association for Computational Linguistics, 2010: 786-794.

⑩　Y Mejova, P Srinivasan. Crossing media streams with sentiment: Domain adaptation in blogs, reviews and twitter[C]. Proceedings of the 6th International AAAI Conference on Weblogs and Social Media (ICWSM), 2012: 234-241.

⑪　Rentoumi V, Vouros G A, Karkaletsis V, et al. Investigating Metaphorical Language in Sentiment Analysis: A Sense-to-Sentiment Perspective[J]. ACM Transactions on Speech & Language Processing, 2012, 9(3): 6.

从 15 年的文献集中反馈来看，监督学习的算法主要有基于统计学概念的贝叶斯分类和最大熵模型、基于聚类的支持向量机等算法和神经网络模型以及决策树、基于规则的匹配算法。

贝叶斯分类是在文本归属类别未知的情况下计算文本在不同类别出现的概率，并以此分类的方法，朴素贝叶斯分类法则是其中最常用且已得到验证的较好的分类方法。李健行①等人通过时间的变化利用动态贝叶斯构建网络舆情预测模型，预测结果较为有效。一些学者②③研究了这一算法的中文应用。Hong Yu 和 Vasileios Hatzivassiloglou④ 提出了通过朴素贝叶斯模型来预测句子情感极性。但贝叶斯网络本身存在无法确保收敛及先验知识获取具有较大主观性的缺点。因此，最近几年有学者开始尝试使用贝叶斯网络（Bayes Network）算法⑤，但该算法成本高，目前不能普及⑥。Pang⑦ 将一元文法、二元文法以及词性等作为分类特征，利用朴素贝叶斯，支持向量机和最大熵三种机器学习方法对电影评论进行分类，实验结果显示支持向量机的分类效果最好。

最大熵法通过迭代算法对一个随机事件的概率分布进行预测，预测时要求满足全部已知的条件，而对未知情况不做假设，在此情况下，信息熵将达到最大值，Pang⑧ 尝试过使用最大熵法，但效果不理想，Kaufmann⑨ 在小样本训练库情形下使用最大熵法获得了预期效果，因此该算法目前仍处于研究状态，在应用

① 李健行，余忠亚．突发事件网络舆情预测模型研究[J]．中国公共安全（学术版），2014(2)：104-107．

② Chen J，Huang H，Tian S，et al．Feature selection for text classification with Naïve Bayes[J]．Expert Systems with Applications，2009，36(3)：5432-5435．

③ Shing-Hwa Lu，Ding-An Chiang，Huan-Chao Keh，Hui-Hua Huang．Chinese text classification by the Naive Bayes Classifier and the associative classifier with multiple confidence threshold values [J]．Knowledge-Based Systems，2010，23(6)：598-604．

④ Yu H，Hatzivassiloglou V．Towards answering opinion questions：Separating facts from opinions and identifying the polarity of opinion sentences[C]//Proceedings of the 2003 conference on Empirical methods in natural language processing．Association for Computational Linguistics，2003：129-136．

⑤ Ortigosa-Hernández J，Rodríguez J D，Alzate L，et al．Approaching Sentiment Analysis by using semi-supervised learning of multi-dimensional classifiers[J]．Neurocomputing，2012，92：98-115．

⑥ Aggarwal Charu C，Zhai Cheng Xiang．Mining Text Data[M]．New York：Springer，2012．

⑦ Pang B，Lee L．A sentimental education：Sentiment analysis using subjectivity summarization based on minimum cuts[C]//Proceedings of the 42nd Annual Meeting on Association for Computational Linguistics．Association for Computational Linguistics，2004：271．

⑧ Pang B，Lee L．A sentimental education：Sentiment analysis using subjectivity summarization based on minimum cuts[C]//Proceedings of the 42nd Annual Meeting on Association for Computational Linguistics．Association for Computational Linguistics，2004：271．

⑨ Kaufmann JM．JMaxAlign：A Maximum Entropy Parallel Sentence Alignment Tool[C]//Proceedings of COLING 2012：Demonstration Papers，2012：277-288．

中较为少见。徐军等人①的研究发现最大熵比朴素贝叶斯的分类效果要好。

支持向量机和神经网络的支撑是聚类。支持向量机方法主要应用于模式识别领域，是目前舆情研究领域使用较为普遍的算法。它把对文本内容的处理简化为向量空间中的向量运算，并以空间相似度表达语义的相似度，通过计算向量之间的相似性来度量文档间的相似性。黄敏等人②根据网络舆情变化的混沌和时变特性，将混沌理论与支持向量机理论结合，采用迭代法的多步预测方法，预测性能较优。曾振东③将灰色理论和支持向量机模型组合成网络舆情预测模型，克服了单一模型在预测上的局限性，在预测精度上得到较大的提高，较为全面准确地描述了网络舆情的时变和非线性变化规律。

最近兴起的神经网络(Neural Network，NN)是一种仿拟神经网络运算模型，由大量节点(或称"神经元"，或"单元")和节点之间的相互连接构成。每个节点的输入通常是文档内特定词汇的频率。每一个节点在与其他节点的结合中被分配不同的权重，实现不同的功能，因此其输出依网络连接的方式、权重值和激励函数的不同而不同。Moraes and Valiati④ 对比了支持向量机和神经网络两种算法在文档级分析中的效应，发现神经网络在分析非均衡信息时效果更佳。van de Camp和 van den Bosch⑤ 用类似的方法分析个人关系，发现支持向量机和单层神经网络得分最高。其他研究者⑥⑦的发现与此类似，但神经网络，特别是多层神经网络算法的监督学习过程更为复杂，因为在学习过程中发现的所有错误都需要回转到每一层次，使得学习过程再重新开始。2011 年，Socher⑧ 等人提出了回溯神经网络(Recurrent Neural Networks RNN)用于预测语句级情绪分布的深度学习算法，该算法不需要词典和极性转换，而使用情绪分布来代替传统的一维情绪评价

① Xu J，Cao Y B，Li H，et al. Searching documents based on relevance and type[C]. European conference on information retrieval，2007：629-636.

② 黄敏，胡学钢. 基于支持向量机的网络舆情混沌预测[J]. 计算机工程与应用，2013(24)：130-134.

③ 曾振东. 基于灰色支持向量机的网络舆情预测模型[J]. 计算机应用与软件，2014(2)：300-302.

④ Moraes R，Valiati J O F，Neto W P G O. Document-level sentiment classification：An empirical comparison between SVM and ANN[J]. Expert Systems with Applications，2013，40(2)：621-633.

⑤ Van de Camp M，Van den Bosch A. The socialist network[J]. Decision Support Systems，2012，53(4)：761-769.

⑥ Ruiz M E，Srinivasan P. Hierarchical neural networks for text categorization（poster abstract）[C]//Proceedings of the 22nd annual international ACM SIGIR conference on Research and development in information retrieval. ACM，1999：281-282.

⑦ Ng H T，Goh W B，Low K L. Feature selection，perceptron learning，and a usability case study for text categorization[C]//ACM SIGIR Forum，1997，31(SI)：67-73.

⑧ Socher R，Pennington J，Huang E H，et al. Semi-supervised recursive autoencoders for predicting sentiment distributions[C]//Proceedings of the conference on empirical methods in natural language processing. Association for Computational Linguistics，2011，8(16)：151-161.

方式。

决策树分类是一种与流程图类似的树状结构，它采用递归的方法逐级分类找出属性和类别间的关系①。决策树模型目前基本通过不同类型，如单一属性分裂②，基于求同的多重属性分裂以及基于求异的多重属性分裂的属性分裂③来完成分类。Li and Jain④运用C4.5算法的升级版C5.0算法进行分裂，Hu 和 Li⑤以最大生成决策树模型（Maximum Spanning Tree，MST）为基础建立了主题术语描述模型（Topical Term Description Model）发掘特定舆情主题与此主题下情境文字的关联，其分析粒度为语句级别。Zhao⑥等人提出了一个基于图形的决策树模型，综合提取舆情信息句内、句外特性表征文本内部与文本之间特性，其结果表明这一算法下，即使不考虑句外特征，仍较朴素贝叶斯法和支持向量机法精确度高。

基于规则的分类器通过一系列规则将数据空间进行分割，通过挖掘算法，挖掘关联规则，从而作为关联文本分类的前提和基础，在一个事务中由某些项的状态，导出另一些项的状态⑦。在生成规则前，通常设置一定的判断标准，其中最常见的是规则支持度和规则置信度，Medhat⑧等人对此做了较为详细的描述。Udochukwu⑨等人应用此算法分析文本中的隐性情感倾向，结果显示精确度达到82.7%，效果较好。Farid⑩等人改良了基于规则的分类器，通过结合随机子属空间与内嵌决策树的方法发掘大型生物数据库，较为成功地解决了过度过滤、

① 唐华松，姚辉文. 数据挖掘中决策树算法的探讨[J]. 计算机应用研究，2001，18(8)：18-19.

② Lewis David D, Ringuette Marc. A comparison of two learning algorithms for text categorization [M]. Third Annunl Symposinm on Document Analysis & Information Retrierd，1994.

③ Chakrabarti S, Roy S, Soundalgekar M V. Fast and accurate text classification via multiple linear discriminant projections[J]. The VLDB Journal-The International Journal on Very Large Data Bases，2003，12(2)：170-185.

④ Li Y H, Jain A K. Classification of text documents[J]. The Computer Journal，1998，41(8)：537-546.

⑤ Hu Y, Li W. Document sentiment classification by exploring description model of topical terms[J]. Computer Speech & Language，2011，25(2)：386-403.

⑥ Zhao Y, Qin B, Liu T. Integrating intra-and inter-document evidences for improving sentence sentiment classification[J]. Acta Automatica Sinica，2010，36(10)：1417-1425.

⑦ Bull L. Learning Classifier Systems：A Brief Introduction[M]// Applications of Learning Classifier Systems. Heidelberg：Springer Berlin，2004：1-12.

⑧ Medhat W, Yousef A H, Mohamed H K. Combined algorithm for data mining using association rules[J]. Ain Shams Journal of Electrical Engineering，2014，1(1)：1-12.

⑨ Udochukwu O, He Y. A Rule-Based Approach to Implicit Emotion Detection in Text[C]. Natune Language Processing and Information Systems，2015：197-203.

⑩ Farid D M, Almamun M A, Manderick B, et al. An adaptive rule-based classifier for mining big biological data[J]. Expert Systems With Applications，2016：305-316.

噪音消除与分类不均衡的问题，提高文本分类精确度，提高预测的精度。目前基于规则的分类器已开始与模糊理论①②③、遗传算法结合④⑤，相关的研究成果也陆续面世。

（二）无监督、半监督学习及其算法

无监督学习中，网络仅依据输入的范例自动找出其潜在的类别规则，在学习时并不知道其分类结果是否正确，但其学习结果可以应用到新的案例上。无监督学习可以应用于大部分基于话题识别模型的舆情分析研究，因大部分待处理的文本中有单词共现现象，这种现象非常有利于舆情研判⑥⑦⑧。常用的无监督学习方法有聚类包括 K-means 和回归分析等方法，或利用点互信息（Pairwise Mutual Information，PMI）、潜在语义分析（Latent Semantic Analysis，LSA）加以辅助实现⑨。

有研究者认为无监督学习就是聚类，K-means 算法是典型基于距离的聚类算法，采用距离作为相似性的评价指标，通过迭代运算将样本聚类成 K 个簇（cluster），聚类算法具有良好的可伸缩性和很高的效率，适合处理大量文本集⑩。Jain 等研究者⑪使用改良的 K-means 算法，对其迭代次数进行限制，并应用于大数据

①　Pach F P, Gyenesei A, Abonyi J, et al. Compact fuzzy association rule-based classifier[J]. Expert Systems With Applications，2008，34(4)：2406-2416.

②　Guzaitis J, Verikas A, Gelzinis A, et al. A Framework for Designing a Fuzzy Rule-Based Classifier [J]. Annales Des Télécommunications，2009：434-445.

③　Zhao S, Tsang E C, Chen D, et al. Building a Rule-Based Classifier-A Fuzzy-Rough Set Approach [J]. IEEE Transactions on Knowledge and Data Engineering，2010，22(5)：624-638.

④　Pratama M, Anavatti S G, Lughofer E, et al. Evolving fuzzy rule-based classifier based on GENE-FIS[C]. IEEE international conference on fuzzy systems，2013：1-8.

⑤　Hu D, Jiang R, Luo Y, et al. An adaptive classifier system tree for extending genetics-based machine learning in a dynamic environment[J]. Artificial Life and Robotics，2000，4(1)：7-11.

⑥　Jo Y, Oh A. Aspect and sentiment unification model for online review analysis[C]. Web Search and Data Mining，2011，81(6)：815-824.

⑦　Lin C, He Y. Joint sentiment/topic model for sentiment analysis[C]. Conference on Information and Knowledge Management，2009：375-384.

⑧　Kim S B, Rattakorn P. Unsupervised feature selection using weighted principal components[J]. Expert Systems with Applications，2011，38(5)：5704-5710.

⑨　Ning Yu. Semi-supervised learning for identifying opinions in Web content[D]. Indiana University (School of Library and Information Science)，2011：57-72.

⑩　Fahim A M, Salem A M, Torkey F A, et al. An Efficient Enhanced K-means Clustering Algorithm [J]. Journal of Zhejiang University Scienle A(Scienle in Engineering)，2006，7 (10)：1626-1633.

⑪　Jain M, Verma C. Adapting k-means for Clustering in Big Data[J]. International Journal of Computer Applications，2014，101(1)：19-24.

的聚类，其结果显示该算法高速、可信、精确度高。徐嘉成①提出了基于惩罚值修正的 K-means 聚类方式，提高了对相异句子的区分能力，结果较好。一些研究者②③④等利用 K-means 聚类算法能够快速为文本进行分类，发现事件的热点，对网络突发事件进行监控，及时有效地实现舆情监控，或用于国防安全信息识别⑤。

回归分析模型是研究一个变量（被解释变量）关于另一个（些）变量（解释变量）的具体依赖关系的计算方法和理论，内容丰富、应用广泛，但在舆情研究中还不多见。目前可以看到的文献中，有研究者使用自动回归模型进行舆情热点的主题发掘⑥，有研究者使用逻辑回归模型进行数据筛查⑦，或者与其他舆情分析方法进行对比，形成混合运用的舆情系统⑧。

互信息本来是信息论中的一个概念，用于表示信息之间的关系。点互信息（PMI）主要用于计算词语间的语义相似度，基本思想是统计两个词语在文本中同时出现的概率，如果概率越大，其相关性就越紧密，关联度就越高。Hatzivas-siloglou 和 McKeown⑨通过聚类将《华尔街日报》语料库中发掘的大量形容词性评价词语划分为褒义和贬义两类，通过计算某一特定词汇与种子词汇共同出现的频率来确定其极性，进行情感判断。Turney⑩提出了一种简单的无监督学习算法，

① 徐嘉成. 基于 k-means 聚类和 TF-IDF 的新浪微博舆情分析[D]. 鞍山：辽宁科技大学，2016.

② Steinbach M，Karypis G，Kumar V A. A Comparison of Document clustering Techniques. Proceeding of the 6th ACM-SIGKDD International Conference on Text Mining [M]. USA：ACM Press，2000：103-122.

③ 张玉珠. 基于 K-means 聚类的网络舆情监控系统[J]. 通信技术，2013(1)：57-59.

④ Li W，Feng Y，Li D，et al. Micro-blog topic detection method based on BTM topic model and K-means clustering algorithm[J]. Automatic Control and Computer Sciences，2016，50(4)：271-277.

⑤ Pravinthraja S，Umamaheswari K，Soumiya B，et al. Iris Recognition Modality with Fuzzy k-Means Clustering Algorithm for Improving Security[M]//Emerging Research in Computing，Information，Communication and Applications. Singapore：Springer，2016：397-410.

⑥ Zhang H，Wang B，Chen G. Prediction Model for Trend of Web Sentiment Using Extension Neural Network and Nonparametric Auto-regression Method[M]//Computer Engineering and Networking. Springer International Publishing，2014：219-225.

⑦ Herndon N，Caragea D. Domain adaptation with logistic regression for the task of splice site prediction[C]//International Symposium on Bioinformatics Research and Applications. Springer International Publishing，2015：125-137.

⑧ Onal I，Ertugrul A M. Effect of using regression in sentiment analysis[J]. Signal Processing & Communication Applications Conference，2014：1822-1825.

⑨ Hatzivassiloglou V，Mckeown K R. Predicting the semantic orientation of adjectives[C]// Eighth Conference on European Chapter of the Association for Computational Linguistics. Association for Computational Linguistics，1997：174-181.

⑩ Turney P D. Thumbs up or Thumbs down? Sentiment Orientation Applied to Unsupervised Classification of Reviews[C]. Proceedings of the 40th Annual Meeting of the Association of Computational Linguistics-ACL，2002：417-424.

计算评论文章中所有情感词的情感倾向值的平均值，若平均值为正，则文章为正向，反之为负向。类似地，王伟[①]等人以此发掘网络舆情热点，Dave 等人[②]则研究一篇评论文章中所有情感词的情感倾向值总和。Hu 和 Liu[③] 则将无监督学习方式运用到基于字典的舆情分析。这一流派的研究者还有一些[④][⑤]。

潜在语义分析（Latent Semantic Analysis，LSA）是自然语言处理中用到的方法，通过"矢量语义空间"来提取文档与词中的"概念"，进而分析文档与词之间的关系。数据处理过程中，使用奇异值分解（SVD）在保留列信息的情况下减少矩阵行数，每两个词语的相似性则可以通过其行向量的 cos 值或归一化之后使用向量点乘来进行标识。潜在语义分析在舆情发掘中属于较晚的算法[⑥]，国内外都有学者应用，马雯雯[⑦]等人以此发掘微博热点话题，王少鹏[⑧]在高校网络舆情分析中，结合 LDA 主题模型和空间向量模型来计算文本的相似度，解决了传统的文本聚类的深层语义信息丢失的问题。Bader[⑨] 等人以此在多语言并行语料库中发掘舆情信息，Ortega[⑩] 等人则运用此算法实现了基于维度的舆情库的自动生成，服务后续的舆情监测。

半监督学习是利用少量标注样本和大量未标注样本进行机器学习，利用训练样本的输入边缘概率和条件输出概率的联系设计具有良好性能的分类器，以达到

① 王伟，许鑫. 基于聚类的网络舆情热点发现及分析[J]. 现代图书情报技术，2009，3(3)：74-79.

② Dave K，Lawrence S，Pennock D M. Mining the Peanut Gallery：Opinion Extraction and Semantic Classification of Product Reviews[C]. International Conference on World Wide Web，2003，289(51)：519-528.

③ Hu M，Liu B. Mining (a) Opinion Features in Customer Reviews [C]. Proceedings of the 19th National Conference on Artificial Intelligence (AA. AI)，Menlo Park，California，USA：AAAI Press，2004：75S-760.

④ Kim S，Hovy E. Automatic identification of pro and con reasons in online reviews[C]. Meeting of the Association for Computational Linguistics，2006：483-490.

⑤ Zhang W，Ding G，Chen L，et al. Generating virtual ratings from Chinese reviews to augment online recommendations[J]. ACM Transactions on Intelligent Systems and Technology，2013，4(1)：9.

⑥ Landauer T K，Foltz P W，Laham D，et al. An introduction to latent semantic analysis[J]. Discourse Processes，2009：259-284.

⑦ 马雯雯，魏文晗，邓一贵. 基于隐含语义分析的微博话题发现方法[J]. 计算机工程与应用，2014，50(1)：96-100.

⑧ 王少鹏. 基于 LDA 的文本聚类在高校网络舆情分析中的应用研究[D]. 北京：首都师范大学，2014.

⑨ Bader B W，Kegelmeyer W P，Chew P A，et al. Multilingual Sentiment Analysis Using Latent Semantic Indexing and Machine Learning[C]. IEEE International Conference on Data Mining Workshops，2011：45-52.

⑩ Ortega R，Fonseca A，Gutiérrez Y，et al. UO UA：Using Latent Semantic Analysis to Build a Domain-Dependent Sentiment Resource[J]. International Workshop on Semantic Evaluation，2014：773-778.

分类目的。半监督学习在舆情分析研究中也得到一定应用，Gamon① 等人提出的框架可以同时完成话题识别和舆情研判任务；Socher② 等人混合使用无监督和半监督学习方式分析句子中的舆情信息分布；Glorot 等人③ 则使用半监督学习方式对数据集进行降噪。

　　数据分析是观点发掘与舆情分析的核心部分，准确的数据分析可以精确跟踪特定时期内的网络舆情信息，掌握舆情产生、变化和衰落的趋势或规律，深度分析网络舆情随时间的发展趋势情况，进而实现对舆情环境的监测与预警。因此不管是基于字典的舆情分析还是基于机器学习的舆情分析都需要研究者设计或运用适当的算法，获取满意的分析结果。但让计算机去理解人类表达的观点是一个巨大的挑战。

四、全球研究总览及其对教育网络舆情研究的启示

（一）研究总览

　　OMSA 研究自生成之日开始，发展速度日新月异，信息分析的细粒度，舆情分析算法的更迭速度都极快，许多研究者对 OMSA 研究从不同侧面进行过梳理④⑤⑥⑦。Piryani 等人⑧ 对 2000—2015 年可以在科学网（WoS）上检索的 OMSA 文章进行梳理并进行了较为详细的分析，这些文章的形式包括研究论文、会议论文、编者按、书评，并跨多语种。研究结果显示，16 年间共有 697 篇文章发表。通过对其中 488 篇直接与 OMSA 相关文章的分析，研究者发现，中国和美国是

　　① Gamon M，Aue A，Corston-Oliver S，et al. Pulse：mining customer opinions from free text［C］// International Symposium on Intelligent Data Analysis. Springer-Verlag，2005：121-132.

　　② Socher R，Pennington J，Huang E H，et al. Semi-supervised recursive autoencoders for predicting sentiment distributions［C］//Proceedings of the conference on empirical methods in natural language processing. Association for Computational Linguistics，2011：151-161.

　　③ Glorot X，Bordes A，Bengio Y. Domain adaptation for large-scale sentiment classification：A deep learning approach［C］//Proceedings of the 28th international conference on machine learning （ICML-11），2011：513-520.

　　④ Jebaseeli A N，Kirubakaran E. A Survey on Sentiment Analysis of （Product） Reviews［J］. International Journal of Computer Applications，2012，47(11)：36-39.

　　⑤ Liu B. Sentiment analysis and opinion mining［J］. Synthesis lectures on human language technologies，2012，5(1)：1-167.

　　⑥ Routray P，Swain C K，Mishra S，et al. A Survey on Sentiment Analysis［J］. International Journal of Computer Applications，2013，76(10)：1-8.

　　⑦ Kharde V A，Sonawane S. Sentiment Analysis of Twitter Data：A Survey of Techniques［J］. International Journal of Computer Applications，2016，139(11)：5-15.

　　⑧ Piryani R，Madhavi D，Singh V K. Analytical mapping of opinion mining and sentiment analysis research during 2000-2015［J］. Information Processing ＆ Management，2017，53(1)：122-150.

全球发表论文最多的两个国家，中国以 149 篇论文数名列第一，美国论文发表数为 109 篇，第三名的英国仅有 45 篇，说明中国和美国对于网络舆情的关注度最高；值得关注的是美国论文发表的首创性仍居第一，说明舆情研究的技术策源地仍在美国，其他国家的研究者仍需要向美国同行学习并保持与美国同行较好的联系。OMSA 研究者中跨国合作是较为普遍的现象，中国、美国和英国研究者之间构成了较为稳定的研究核心，中国学者与美国学者之间联系紧密、合作诸多，中国科学院、清华大学、麻省理工学院、哈尔滨工业大学以及英国沃尔夫汉普顿大学位列本领域发表论文数最多的五大机构。麻省理工学院是全球 OMSA 研究中文章被引均数最多的学院，显示了该院较强的原创性特点。学者①也对国内的研究进行了梳理，通过检索中国知网，得到网络舆情中文学术文献样本 1505 篇。采用统计归纳法分析，发现中国网络舆情问题提出于 2002 年，学术研究开始于 2005 年，在国家科学研究能力体系资助下，形成了 6 个研究方向和 16 个研究专题。

虽然 OMSA 研究方兴未艾，教育网络舆情研究却略显滞后，根据唐亚阳等人②的梳理，最早研究高校网络舆论的论文出现在 2005 年，2009 年实现核心论文发表零的突破。整体呈递增趋势，研究成果也为教育部门提供了较好的决策支撑作用，但存在研究水平不高、认可程度低等问题，整体学术影响力小。研究议题较为集中，论文单一；研究的切入点以教育学、传播学为主，从情报学、计算技术和算法等切入的研究少见。近几年出现了网络舆情热点识别和舆情发掘指标体系相关的研究，但大部分指标体系需要人工操作，无法进行准确预测。此外，教育网络舆情研究的切入点的特殊性使得相关数据库或者词典的建设几乎空白，这些问题成为教育网络舆情研究面临的重大挑战。

（二）对教育网络舆情研究的启示

我国教育网络舆情研究重点一直关注个案，这也使得这一领域的研究一直不能进入 OMSA 领域的主流，且其发展也因此受限，OMSA 研究的日新月异为教育网络舆情研究带来启示。

1. 细化研究粒度，加强情感分析研究

情感分析一直被视为舆情分析的重要领域，国内舆情研究和应用机构对此的关注度一直较高③，随着文本情感倾向性分析研究的深入，情感研究将受到更多

① 王汉熙，万成娜，刘凯．网络舆情研究现状与发展方向[J]．哈尔滨工业大学学报（社会科学版），2015(1)：94-100.
② 唐亚阳，李亚斌．高校网络舆情研究的回顾与展望[J]．湖南师范大学社会科学学报，2013，42(2)：98-104.
③ 施寒潇．细粒度情感分析研究[D]．苏州：苏州大学，2013.

关注，研究粒度也进一步精细，出现了从篇章到切面级分析粒度转移的趋势。教育网络舆情研究的主要资源为非结构化的网络文本如微博、BBS评论、学校论坛等，加强细粒度研究和情感分析可以更精确提取舆情特征，为预测和引导做好铺垫。

2. 开展资源库建设

过去20年中，OMSA领域已经形成了大大小小20个资源库，虽然这些资源库还存在一些问题，如都或多或少存在分词模糊、语种单一、粒度不均、术语不统一的问题，但相对于教育网络舆情研究已经是大大超前。因此，教育网络舆情研究当下的一个重要任务就是建设资源库，为计算技术在教育网络舆情的研究提供合格的训练集。

3. 舆情分析算法应该随机器学习算法不断更新

2016年人工智能AlphaGo的压倒性胜利使得机器学习逐渐进入转移学习和多任务学习时代。新算法的最大亮点在于它们可以使机器像人类那样，通过有限的数据学习累积知识，不断成长。AlphaGo，作为强化学习系统的代表，通过转移学习(Transfer Learning)技术，将习得的知识内化，获得如同人类的学习能力。类似地，多任务学习(Multitask Learning)系统用同样的神经网络架构解决多种问题[1]，消化一系列表述并推断其逻辑联系[2]，实现跨领域和跨语言的舆情分析[3]。OMSA研究领域的这些研究成果可以帮助教育网络舆情研究者在文本分类器、舆情分析、实体识别、词性标注等方面实现新的突破[4][5][6]，为我国的教育网络舆情研究提供新动力、新议题和新的研究领域。

[1] Huang S，Peng W，Li J，et al. Sentiment and topic analysis on social media：a multi-task multi-label classification approach[C]//ACM Web Science Conference. ACM，2013：172-181.

[2] Clematide S，Gindl S，Klenner M，et al. MLSA-A Multi-layered Reference Corpus for German Sentiment Analysis[C]//International Conference on Language Resources and Evaluation，2013：3551-3556.

[3] Wan X. Co-training for cross-lingual sentiment classification. in：Proceedings of the joint conference of the 47th annual meeting of the Association for Computational Linguistics and the 4th International Joint Conference on Natural Language Processing，2009：235-243.

[4] Yoshida S，Kitazono J，Ozawa S，et al. Improving the Accuracy of Sentiment Analysis of SNS Comments Using Transfer Learning and Its Application to Flaming Detection[J]. IEEJ Transactions on Electronics Information & Systems，2016，136(3)：340-347.

[5] Tan S，Wang Y. Weighted SCL model for adaptation of sentiment classification[J]. Expert Systems with Applications，2011，38(8)：10524-10531.

[6] Wu Q，Tan S. A two-stage framework for cross-domain sentiment classification[J]. Expert Systems with Applications，2011，38(11)：14269-14275.

论文六：韩国高校社交媒体平台运营现状、特征与启示

欧阳慧琳

摘要：选取世界排名前十五位的韩国高校，分析其在社交媒体平台上的运营现状，通过总结发现韩国高校社交媒体平台运营在内容安排与形式设计上呈现出的特征，为我国高校社交媒体平台运营者带来启示。这些启示包括：提升图片制作水平，美化高校形象；关注校友及在校生动态，及时把握校园舆情；贴近受众话语体系，塑造亲民的社交媒体形象；重视视频内容服务，紧跟相关流行趋势；推选校园宣传大使，培养学生意见领袖。

关键词：韩国高校；社交媒体平台；运营

韩国网络安全局（Korea Internet & Security Agency，KISA）发布的《2015 韩国互联网白皮书》显示韩国互联网使用率已达 83.6％，40％的青年通过社交媒体浏览新闻。① 韩国前总统朴槿惠亲信干政丑闻的曝光与强大的社交媒体网的关系亦密不可分。在社交媒体的重要性日渐凸显之时，高校如何运营好社交媒体是值得研究者深入思考的问题。

一、韩国高校社交媒体平台运营现状

文章选取了 QS 世界大学排名（QS World University Rankins）中韩国大学排名前 15 的大学（见附录），从运营机构、社交平台的选择、运营效果等方面分析社交媒体运营的基本现状。

（一）韩国高校社交媒体平台运营机构情况

通过查询研究高校官网发现，韩国高校负责社交媒体运营的行政机构主要为宣传室，其机构英文名大多翻译为与"Public Relations"相关的名称。宣传室的日常工作除了运营社交媒体平台之外，还包括营销、危机应对、媒体资源维系、报道分析等工作，韩国高校不只是把宣传工作当成信息对外传播，而是追求一种更专业化的公共关系，在高校与媒体之间、高校与社会公众之间建立相互了解和依赖的关系，树立起良好的形象和声誉。宣传室的组织隶属关系主要分为三类：一是由校长直接管辖；二是下属于负责涉外的副校长所管辖的对外协力处；三是由

---

① Korea Internet & Security Agency. 2015 Korea Internet White Paper. http：//www.kisa.or.kr/eng/usefulreport/whitePaper_List.jsp.

大学本部行政机关企划处管辖。大部分高校都是与学校高层领导直接对接宣传工作以及制定学校宣传战略(如图 3-6-1)。

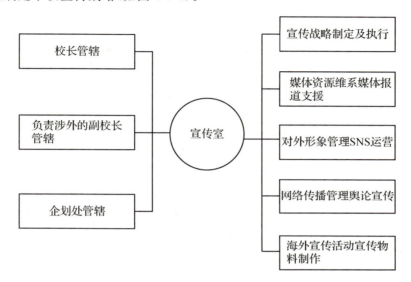

图 3-6-1　韩国高校宣传室组织隶属关系及工作内容示意图(自制)

(二)韩国高校社交媒体使用平台情况

依次进入研究高校的官方网站统计发现,韩国高校官方社交媒体平台主要集中在 Facebook、YouTube、Twitter、Instagram 和博客。韩国高校在选择社交媒体时,会充分考虑该社交媒体平台的主要人群和学生当前对该社交媒体平台的使用程度和喜爱程度,由此来判断是否选择该社交媒体平台作为高校的宣传窗口。大部分高校都会选择 3 个以上的社交媒体平台进行对外宣传,充分利用社交媒体平台的差异性,协同合作展现高校的风采。

1. Facebook

根据 APP APE ANALYTICS[①] 的统计数据,韩国月活跃量最高的社交媒体为 Kakao Story,其次为 Facebook、Band 及 Instagram。年龄段为 10～20 岁的年轻人使用最多的社交媒体为 Facebook 与 Instagram。Facebook 较其他社交媒体平台更强调社交性,社交手段更加多样化,如图片、视频和直播,因而受到年轻人的喜爱。因此,Facebook 成为韩国高校最受青睐的社交媒体平台和首选运营平台。在 15 所高校中,有高达 86％的高校开通了 Facebook,平均粉丝量为 27714 人,评分均在 4.0 以上。在 Facebook 上,粉丝数量最多的为汉阳大学

---

① APP APE ANALYTICS:APP 数据统计平台.

（55368 人），比实际在校人数多了将近 2 万人。

2. Instagram

除了 Facebook 深受年轻人喜爱之外，主打图片类社交的 Instagram 也备受欢迎，尤其是图片滤镜功能。韩国高校中，有接近一半的高校开通了 Instagram，平均粉丝量为 3827 人，运营效果最好的也是汉阳大学，其次为梨花女子大学。Instagram 已经代替 Facebook 成为梨花女子大学的首选社交媒体宣传平台，并且梨花女子大学在 2016 年 7 月份已经停止更新 Facebook。随着年轻人对 Instagram 的喜爱程度上升，Instagram 社交平台会逐渐成为韩国高校宣传工作的新阵地。

3. YouTube

2016 年是短视频爆发的时代，大众已不再满足于文字和图片的传播，更倾向于内容更为丰富的视频传播。因此，传播视频的 YouTube 平台开始受到青睐。YouTube 教育频道让可汗学院与 TED 成为家喻户晓的品牌，其总观看量接近 10 亿次，微博的热门榜单中有 50％的内容形式都为视频。韩国高校中，有 73％的高校开通了 YouTube 专属频道，在排名前 10 的高校中，有 8 所高校都开通了官方 YouTube。YouTube 订阅量及点击量最多的为梨花女子大学（约 150 万次），其次为韩国科学技术研究院（约 137 万次）和汉阳大学（约 115 万次）。韩国高校在 YouTube 频道的视频内容主要涉及学校宣传片、名师精品课程、校内新闻、校内活动等方面。未来，视频会像图片一样流行，特别是短视频，韩国高校也注意到了这一流行趋势，开始慢慢侧重于视频的宣传。

4. Twitter 和博客

如今，Twitter 活跃用户的严重下滑，让多数韩国高校社交媒体运营者也无心打理 Twitter。在 20 所研究高校中，有 53％的高校开通了 Twitter，但大多数官方账户更新停滞，内容单一无趣，有的高校 Twitter 用户数量仅为几百人；仅有 6 所高校在运营博客，博客的时代一去不复返，但有的运营博客的高校将其当作学校新闻网运营，所有和学校相关的新闻信息都能在博客中查看。由此可见，Twitter 和博客正在慢慢退出韩国高校社交媒体宣传的舞台。

二、韩国高校社交媒体平台运营特征

韩国高校社交媒体平台主要集中在 Facebook 与 YouTube。近年来，由于图片滤镜应用深受年轻人喜爱，图片类社交媒体应用逐渐成为韩国高校社交媒体的新阵地。因此，下文将从内容与形式两个方面对韩国高校在 Facebook、Instagram 及 YouTube 社交媒体平台上的官方账号运营特征进行分析。

(一)韩国高校社交媒体平台运营在内容安排上呈现出的特征

1. 福利互动活动带动粉丝增长

在社交媒体运营中，快速吸引粉丝的方式是互动，而发布活动信息则是互动最好的体现方式。各式各样丰富的活动不仅能增加原关注者的新鲜感，而且能吸引新的粉丝参与其中。汉阳大学、西江大学每个月都会为粉丝准备福利活动，如评论抽奖送学校周边产品（笔记本、日历等）。音乐会、演唱会、话剧等艺术类活动也深受学生的喜爱，几乎所有大学官方运营账号都发布过艺术类活动信息，还有些学校为吸引粉丝策划了赠送人气明星演出门票的活动。高校在 Instagram 上则发布与活动相关的图片和视频，如活动宣传海报、活动现场、活动后台花絮等。

2. 高颜值议题拉动点赞需求

研究发现，获点赞数较多的议题主要为高颜值校园风景类，主要通过图片的形式来呈现。校园风景类议题主要包括校园环境、校园建筑、校园一角等。其次，韩国高校社交媒体运营者会有意识地设置明星类议题，高颜值明星及其话题度吸引了众多人气。例如，梨花女子大学在 130 周年校庆活动中，邀请韩国演员赵寅成等人气明星手写祝福，庆祝梨花女子大学成立 130 周年，发布在 Instagram 上，赢得了众多人气。韩国中央大学在举办大学校园文化节期间，邀请当红明星来校演出，并将其演出视频放入大学 YouTube 专区首页，吸引了众多粉丝点击观看。

3. 榜样事迹传递正能量

在传统观点下，高校中榜样力量一般是指校友及优秀师生的优秀事迹，但在新媒体环境下，榜样力量更可以是学校自身所流淌的历史和所凝聚的特色文化。榜样力量不但可以使学生规范自己的行为、接收正能量，而且可以让学生产生对学校的荣誉感和自豪感，如学校排名情况、知名校友新闻、优秀学生榜样等。

4. 传播服务坚持"以人为本"

韩国高校不仅仅把社交媒体作为一个宣传工具，而且更注重"以人为本"的服务意识，这体现在对学生和社会的服务意识上。在涉及对学生有重大影响的议程时，通过学生常用的社交媒体平台发布与学生最关心的话题的相关信息，如发布转专业、奖学金、成绩查询等通知，做好服务学生工作。在 YouTube 官方频道上，韩国高校结合当下在线学习流行趋势，定期上传名师课程教学及特色公开课，向社会提供知识服务，这都体现了韩国高校在传播上"以人为本"的服务理念。

（二）韩国高校社交媒体平台运营在形式设计上呈现出的特征

　　1. 校徽标识成为头像标配

　　头像在社交媒体中占重要地位，它不仅决定了社交媒体使用者的第一印象，更影响受众想要继续了解的欲望及好奇心。校徽是一个学校的重要象征与标志，不仅体现了学校的办学理念和文化内涵，更代表了学校的精神底蕴和价值取向。大部分高校都使用校徽来作为官方社交媒体的头像，少部分学校为了配合校庆制作校庆版校徽头像。

　　2. 账号名称彰显国际化

　　韩国高校官方社交媒体账号名称分为四类：一类是学校英文名，使用英文名的高校有首尔大学、KAIST（韩国科学技术研究院）、浦项工科大学，这三所大学是韩国顶尖大学，在 QS 全球大学排行榜排名前 100，国际知名度较高；一类为学校的韩语与英语名组合，大多数高校均使用此名称；一类为学校公关办公室的英文名，更真实；还有一类为自取名，如汉阳大学 Twitter 官方账号取名为"汉阳故事"，让人感觉更亲切更文艺，容易赢得好感。

　　3. 特色化简介易获好感

　　即围绕自身相关情况的简要说明，一般根据社交媒体使用定位设置简介内容，不仅可以是自我身份介绍，也可以是有特色、有风格、有特别含义的内容。韩国高校社交媒体平台上官方账号的简介大多数为某学校官方 Facebook、某学校官方 Twitter 或某学校公关办公室。成均馆大学与中央大学在学校官方 Facebook 或 Twitter 前加上了有人情味的定语，或者风靡全球的 Emoji 表情（在移动设备中所使用的视觉情感符号），增添了温暖明朗之感。例如，"这是和成均馆人共同创造的官方 Facebook""中央大学宣传大使中央爱是运营中央大学官方 Instagram 账户"。东国大学与汉阳大学则选择介绍学校由来、学校特色学科、学校位置等。由于 Facebook 简介功能较多，大部分学校都添加了学校使命、学校历史、学校获奖情况及联系方式等信息。

　　4. 语言风格趋向人性化

　　从文字技巧方面来看，高校社交媒体运营者使用的语言更偏向于拟人化和个性化。将粉丝数量和平均点赞数最多及最少的官方账号（分别为汉阳大学与科学技术研究院光州）所使用的语言风格及表情数量对比发现，人性化的语言风格比中规中矩的语言风格更受人欢迎。汉阳大学的语言风格给人感觉亲切、活泼，常采用设问的方式引导话题，引起粉丝思考。GIST（科学技术研究院光州）的语言风格较为呆板、普通，传播效果不尽如人意。

　　5. 具体形式设计影响点赞

　　帖子的具体形式设计与点赞数有一定关系。首先，研究发现，发布帖子中含图片数量影响点赞数量。图片数量越多，点赞数量也越多；发布帖子中含视频与否也与点赞数量有正向关联。与前两者不同的是，含链接与否与点赞数量基本无关联。链接的功能是为提供更详细信息与实用功能服务。一般浏览帖子时，了解主要内容即可，除非遇到自己想要了解的话题或功能性服务链接时，才会点入链接详细浏览。其次，帖子中含表情数影响点赞数。表情数量对点赞数虽有影响，但影响程度较小。成均馆大学官方 Facebook 使用表情数量最多，其次是庆熙大学。相比较 GIST（科学技术研究院光州）虽也使用了较多表情数量，但传播效果欠佳。汉阳大学使用表情数量最少，但粉丝数量及平均点赞数仍是最多。

　　6. 巧妙利用平台差异性

　　韩国高校会根据不同社交媒体平台的特点、自身高校定位及宣传策略方针选择社交媒体平台以及在社交媒体平台上使用的语种。大多数高校若重视社交性和互动性会把宣传重心放在 Facebook 上，若重视图片美观性和视频则会放在 Instagram 和 YouTube 上，也有高校会把 Twitter 作为学术窗口的宣传。研究发现，若想达到一个较好的运营效果，需要根据平台差异性协同联动运营。同时，各高校在社交媒体平台使用的语种也有差异，比如有些高校在 Facebook 及 Instagram 平台上均使用韩语，有些高校在 Twitter 及 YouTube 平台上使用英语。QS 世界大学排名第 35 名、韩国排名第一的首尔大学在 Facebook 平台上使用英语，研究认为这是在韩流文化兴起的大背景下，首尔大学更注重全球化宣传的考量，目的是让全世界的学生都能通过社交媒体了解首尔大学。

三、韩国高校社交媒体平台运营带来的启示

　　通过对韩国高校社交媒体平台的运营情况进行总结分析，发现其内容安排与形式设计上所具有的特征，有助于为我国高校社交媒体运营者提供借鉴与参考。

（一）提升图片制作水平，美化高校形象

　　既然发布校园风景类、活动海报类信息是提高浏览量的关键手段，并且图片数量对传播效果有积极影响，那么我国高校社交媒体平台运营者就应该高度重视提高图片制作水平。在我国高校社交媒体平台运营中，自制图片及视觉传达美观的图片占少数。摄影制作水平高的图片不仅呈现出优质内容，更展现了良好的高校形象。美观的视觉设计在新媒体环境下显得尤为重要。随着时代的发展，大众的品位在不断提高，新媒体强调影音和文字的结合，视觉设计的信息传播方式较文字更注重互动性，在这种方式下，受众会更加乐于接受，主动接受。

(二)关注校友及在校师生动态，及时把握校园舆情

校友不仅能成为在校生的榜样力量，而且能体现学校教育的成功性。在校生目前正在学校学习，不管是学习还是生活，都与学校环境息息相关，在校生在社交媒体发布的内容大部分与学校相关，内容可能涉及对学校的热爱或吐槽、个人的学习生活方面等。通过关注校友及在校生动态，不仅可以表达对校友及在校生们的关心，更可以了解他们真正的所想所感，此举有利于及时把握舆情动态。

(三)贴近受众话语体系，塑造亲民的社交媒体形象

高校运营者应该运用社交媒体塑造特色鲜明的高校形象与风格。在韩国高校社交媒体中，高校运营发布者不仅使用贴近学生的表情，文字表达语气更是不乏亲切，有时也会可爱卖萌自黑，更趋向于采用拟人化而非机械式的语言风格。而对比我国高校，大部分高校既没有塑造社交媒体形象的意识，也没有认识到其重要性。特色鲜明的高校官方社交媒体形象不仅能让受众印象深刻，更能获得好感，拉近与受众之间的距离。

(四)重视视频内容服务，紧跟相关流行趋势

在韩国排名前十位的高校中，已有八所高校开通了 YouTube 视频专区，视频点击突破百万。在我国，今年更是掀起一股短视频潮流，papi 酱走红，其广告更是拍出 2200 万元天价。新榜十月份公布的头条号自媒体榜单 TOP20，有 13 家已涉足短视频。由此可见，视频内容已日渐受到用户的青睐。因此，高校需重视视频内容服务，让高校形象更生动更立体。从视频内容上看，高校具有庞大的知识资源，可先从科普类、知识传播等方面开始入手，更可以结合直播的流行趋势，推出一系列特色直播活动，如专家讲座直播、校园探访直播等。从发布平台上看，高校可以在视频网站上开通官方视频专区，也可以通过微信、微博等新媒体平台直接发布视频，与粉丝直接进行互动，如利用微博直播等。

(五)推选校园宣传大使，培养学生意见领袖

釜山国立大学通过推选校园宣传大使，给学生提供了一个展现自我的平台，同时也汇集了一波从学生中来的宣传运营队伍，使运营工作更贴近学生，也更好地服务学生。借鉴釜山国立大学的经验，我国高校也可以定期举办校园宣传大使活动，间接培养学生意见领袖。校园宣传大使可参与高校社交媒体运营工作，甚至可以直接运营其高校社交媒体。同时，校园宣传大使可设置多个，展现不同宣传风格。在发布时可署名留言，建立学生意见领袖的气质与威信，利用官方社交网络平台，培养出学生中真正有信服力的"大V"。

参考文献

[1]付慧芬，赖元薇．消费电子品品牌社交媒体内容营销策略研究——基于联想、华为、HTC和三星微信公众号的内容分析[J]．管理评论，2016(10)．

[2]黄锋，辛亮，黄雅意．高校学报微信公众平台的发展现状和运营策略研究[J]．中国科技期刊研究，2016(1)．

[3]이윤희．국내 SNS의 이용 현황과 주요 이슈 분석[J]．한국정보보호진흥원，2014(8)．

[4]Kim，Tae-June，Park，Yun-Ju，Lee Seul-Ki，et al. The Correlation between Social Network Service Strength and Social Participation of University students [J]．The Journal of Korean Society of Community Based Occupational Therapy，2016(6)．

附录

QS 世界大学排名韩国排名前 15 位的大学名单及网站

序号	大学名称	官网网址
1	首尔大学	http：//www. snu. ac. kr/index. html
2	韩国科学技术院（KAIST）	http：//www. kaist. edu/html/en/index. html
3	浦项工科大学	http：//www. postech. ac. kr/eng/
4	高丽大学	http：//www. korea. ac. kr/mbshome/mbs/university/index. do
5	成均馆大学	http：//www. skku. edu/index _ pc. jsp
6	延世大学	http：//www. yonsei. ac. kr/sc/index. jsp
7	汉阳大学	http：//www. hanyang. ac. kr
8	庆熙大学	http：//www. khu. ac. kr/index. do
9	梨花女子大学	http：//www. ewha. ac. kr/mbs/ewhakr/index. jsp
10	光州科学技术院	http：//www. gist. ac. kr
11	中央大学	http：//www. cau. ac. kr
12	韩国外国语大学	http：//www. hufs. ac. kr
13	东国大学	http：//www. dongguk. edu/mbs/kr/index. jsp
14	釜山国立大学	http：//www. pusan. ac. kr/uPNU _ homepage/kr/default. asp
15	韩国加图立大学	http：//www. catholic. ac. kr/main/main _ 2015. html

论文七：美国高校社交媒体指南分析及其启示

刘凌云

摘要： 美国高校社交媒体发展迅速，对社交媒体进行管理是美国高校舆情管理工作的重要组成部分。制定社交媒体指南是美国高校规范和引导教职员工和学生的网络行为，加强高校网络舆情管理的重要途径。通过选取六所美国高校社交媒体指南进行案例研究，分析美国高校社交媒体管理的实践及其启示，为我国高校舆情管理工作提供借鉴。

关键词： 美国高校；社交媒体指南；网络舆情监管；借鉴与启示

社交媒体（Social Media）是网络舆情监管的重要对象。高校教职员工和学生是使用社交媒体的重要群体，其网络行为必须遵守国家法律法规、政策和学校规章制度。规范和引导高校教职员工和学生使用社交媒体是高校网络舆情管理的重要任务。本文对哈佛大学（Harvard University）、康奈尔大学（Cornell University）、休斯敦大学（University of Houston）、维拉诺瓦大学（Villanova University）、维克森林大学（Wake Forest University）和布朗大学（Brown University）六所美国高校制定的社交媒体指南或准则（Social Media Guidelines or Policy）（为了表述方便，本文统称指南）进行案例研究，分析美国高校制定社交媒体指南的目的和基本内容，探讨美国高校制定社交媒体指南对我国高校加强网络舆情管理的启示。

一、美国高校制定社交媒体指南的主要目的

美国高校社交媒体发展迅速，对社交媒体的管理是美国高校管理的重要组成部分。制定社交媒体指南是美国高校规范和引导教职员工和学生的网络行为，加强高校网络舆情管理的重要途径。总体来看，美国高校制定社交媒体指南的目的主要包括以下几个方面。

（一）规范和引导使用社交媒体

美国高校制定社交媒体指南的重要目的是帮助教职员工和学生全面认识社交媒体，了解社交媒体特性，保护自身权益，避免利益冲突，使对社交媒体的利用做到有章可循、有据可依，加强高校网络舆情管理。哈佛大学社交媒体指南规定，通过社交媒体指南向哈佛全体成员提供关于使用社交媒体进行交流的指导，

并使他们了解有关政策规定。①康奈尔大学社交媒体指南规定了哪些是社交媒体用户"能做的"和"不能做的"，如何处理突发新闻和相关事件等。②

(二)加强信息交流与沟通

一方面，通过社交媒体加强校内的信息交流与沟通。学校通过社交媒体向学校师生发布有关信息。哈佛大学社交媒体指南指出，认识到通过社交媒体进行交流的重要性和益处，社交媒体是哈佛可以通过其向哈佛群体传播信息、倾听关于哈佛的声音和观念以及与受众进行网上连接的重要媒介。所以，哈佛大学通过社交媒体向授权代表学校使用社交媒体发言的哈佛成员提供信息。另一方面，通过社交媒体加强学校师生与外界的信息交流与沟通。哈佛支持学校师生使用社交媒体分享信息并参加与全球范围内各种受众的会话，同时也鼓励学院、部门、项目组、办公室以及单位去评估哪个社交媒体平台(如果有的话)最适于支撑他们的总体交流目标，指导学校师生怎样应对新媒体带来的独特挑战。休斯敦大学社交媒体准则规定，鼓励学生和教职员工将社交媒体作为一个参与方便和有影响力的沟通工具，加强与外界的信息交流与沟通。③

(三)提高工作和学习效率

通过制定社交媒体指南，让高校教职员工和学生方便和规范使用社交媒体，提高教职员工的工作效率和学生的学习效率，以促进高校教育和研究工作。哈佛大学社交媒体指南规定，鼓励师生使用社交媒体，通过沟通与合作，提高效率，促进学校教育和研究工作，实现学校和师生目标。哈佛大学社交媒体指南还明确规定，本指南旨在向个人提供工具，以使其在代表大学、学院及单位通过社交媒体发言时更有效率。

(四)为学校师生提供利益诉求通道

通过社交媒体指南，规定学校师生的权利和义务，界定学校师生的利益范围，当发生利益冲突时，师生可以通过社交媒体指南规定的渠道，表达权利和利益诉求，以便维护和保障学校师生的权利和利益。哈佛大学社交媒体指南规定，哈佛鼓励员工通过规定的程序直接向监管人、当地或学校管理人员及人力资源办公室或工会代表提出关于工作或工作环境的投诉或关注等。

(五)使用免责条款以避免冲突

对于为何要制定社交媒体指南，美国高校社交媒体指南指出，使用社交媒

① Harvard University，Guidelines For Using Social Media[EB/OL]. http：//www. harvard. edu/media-relations.

② Cornell University，Social Media Primer[EB/OL]. http：//www. cornell. edu/.

③ University of Houston，Social Media Policy[EB/OL]. http：//www. uh. edu/af/universityservices/policies/.

体进行沟通与交流是一个现实问题，也是未来的发展趋势，制定社交媒体指南有鼓励并指导使用社交媒体和避免利益冲突的目的。为此，美国高校社交媒体指南规定，师生利用社交媒体，应维护学校和他人利益，避免利益冲突，预防负面影响。所以，高校社交媒体指南一般包括使用免责声明，即公开发表的评论并不代表学校的观点。同时，指出保留社交媒体管理员删除违反政策或任何现行法律的内容的权力。休斯顿大学社交媒体指南中要求用户在个人网页上标注"发表此言论仅属个人行为，与学校无关"以此维护学校利益和声誉，并促使社交媒体网络用户发布、传播的内容与信息符合政府法律法规、政策和学校规章制度的要求。

二、美国高校社交媒体指南的基本内容

美国高校社交媒体指南内容丰富，从多方面规定和规范社交媒体的使用和管理。通过分析六所美国高校社交媒体指南的具体内容，美国高校社交媒体指南的基本内容涵盖如下几个方面。

(一)规范和加强社交媒体账号注册管理

美国高校加强对学校社交媒体监管的首要措施就是规定所有社交媒体账号必须实行实名注册，并设立专门管理机构和管理人员对账号注册进行管理。哈佛大学社交媒体指南规定，使用社交媒体必须实名建立社交账号，而建立社交账号需要得到学校有关部门的审批；学校必须设立专门社交账号管理机构和管理人员；用户必须签订账号协议，接受服务条款或其他合同条款和条件，账号协议是有法律约束力的合同。

(二)要求遵守国家法律法规、政策和学校规章制度

美国高校社交媒体指南的重要内容就是严格规定所有加入社交媒体的成员，包括教职员工和学生，都必须遵守国家、州的法律法规、政策和学校规章制度。休斯敦大学社交媒体准则规定，社交媒体用户必须遵守所有适用的联邦、州、大学的法律法规、政策和学校规章制度，如《家庭教育隐私权法》《健康保险流通与责任法案》等。维克森林大学社交媒体指南规定，用户任何网上行为应符合联邦、州的法律法规、政策、学校规章制度和道德要求，遵守版权、商标权和知识产权等法律。[1]

(三)规定社交媒体传播的内容必须真实

美国高校社交媒体指南要求社交媒体用户传播的内容与信息必须保持准

---

① 　Wake Forest University，Guidelines for the Use of Social Media［EB/OL］. http：//hr. wfu. edu/files/2014/03/SocialMediaGuidelines. pdf.

确，忠于事实，承担责任。布朗大学社交媒体指南规定，在社交媒体网站上发布信息、传播内容之前，需直接了解事实；如有可能，请链接回原始来源，查看内容是否准确；如果发生错误，要快速明确地纠正错误。布朗大学社交媒体指南强调，社交媒体用户对在自己的网站和其他网站上发布的内容要承担法律责任。①维克森林大学社交媒体指南规定，要适当行事，严格保密，用户传播的内容与信息要准确和诚实，不得发布或传播任何虚假信息，不得发布含贬义、歧视或偏见的信息和内容，以及有威胁、恐吓、骚扰、侮辱、诽谤、色情的信息和内容。

(四)保障社交媒体网络安全

网络安全是国家安全的重要组成部分，社交媒体网络安全又是构建网络安全的重要组成部分。保障社交媒体网络安全是美国高校社交媒体指南的基本规定。布朗大学社交媒体指南提醒用户，谨防"钓鱼者"，并指出网络钓鱼是指试图通过欺骗用户透露账户的用户名和密码来获取对个人或机构社交媒体网站的控制权。布朗大学社交媒体指南要求用户仔细监控本人的社交媒体网站，以确保在未经授权情况下的访问权限。为了保障社交媒体网络安全，美国高校严格加强社交媒体管理。维拉诺瓦大学社交媒体指南规定，加强对社交媒体的管理和评价，学校通信管理部门对社交媒体进行管理和账户年度审查，以确保用户遵守本手册并方便社交媒体活动的顺利进行。②

(五)强调保护隐私和避免侵权

网络是泄露个人信息和隐私的主要来源。对此，为了维护和保障个人权益，尊重个人人格，美国高校社交媒体指南规定，要严守秘密，保护隐私，严禁伤害。哈佛大学和布朗大学的社交媒体指南都规定，用户不得发布关于学校、部门、教师、员工、学生、校友等的秘密或专有信息。哈佛大学社交媒体指南规定，社交媒体用户不得以任何方式伤害学校、部门、教师、员工、学生、校友等，如果出现可能造成伤害的情形，必须及时采取补救措施；用户必须避免侵权；用户写作的传播内容和信息，不能侵犯第三方的版权。

三、美国高校制定社交媒体指南对我国高校网络舆情监管的启示

高校是意识形态、思想文化传播与交流的重要阵地，包括社交媒体在内的网

① Brown University, Social Media Guidelines for Brown University [EB/OL]. https://www.brown.edu/about/administration/communications/guidelines-best-practices.

② Villanova University, Social Media Handbook [EB/OL]. https://www1.villanova.edu/content/dam/villanova/ucomm/social_media_handbook.pdf.

络舆情也存在众多的网络失范行为，需要加强管理。美国高校通过制定社交媒体指南来加强网络舆情管理，这为我国高校加强网络舆情管理提供了重要启示，值得我国高校学习和借鉴。

（一）高度重视舆情管理工作中的事前规范

2016 年 4 月，习近平同志在网络安全和信息化工作座谈会上的讲话中提出，要营造"风清气正的网络空间"，强调"建设网络良好生态，发挥网络引导舆论、反映民意的作用"。[①]我国高校管理者对于网络舆情管理工作的关注点应向事前规范与预防转移和聚焦，如何将可能造成校园网络舆情突发事件的传播主体在事前通过相关指南和准则进行约束、规范及引导，做到防患于未然，这比事后再进行干预更加重要。美国在这方面已经走在世界前列，美国是世界上最早制定高校社交媒体指南的国家，并随着社交媒体的发展不断对其进行修订和完善，使社交媒体指南成为除法律和技术因素外，高校网络舆情管理工作中最重要的内容之一。我国高校要借鉴美国高校经验，高度重视制定社交媒体指南，规范和引导高校社交媒体网络舆情。高校教职员工和学生作为使用社交媒体的主体，其网络行为应做到有章可循。目前现实表明，我国高校基本上没有制定社交媒体指南，相关制度的制定也是"慢半拍"，相关制度建设已滞后于社交媒体及网络技术的发展。为了在舆情事件发生之前规范高校用户的网络行为，我国高校制定具有系统性、规范性和实用性的社交媒体指南或者制度准则的工作很有必要。

（二）高校各部门在舆情管理中要协同运作

社交媒体舆情复杂，管理难度大，单独依靠某一机构或部门难以达到对社交媒体舆情进行管理的目的。所以，美国高校社交媒体指南明确规定，学校、职能机构、学院都要参与社交媒体管理，并要求各类管理主体加强协同，相互合作。根据美国高校社交媒体指南管理的经验，我国高校对舆情管理工作应统筹安排、合理分工，加强协同与合作，合力共管。一是建立高校舆情管理组织保障机制，实现舆情管理体系化。网络舆情管理是高校管理工作的重要内容，高校要建立专门组织机构、制定规章制度和加强管理人力队伍建设"三位一体"保障体系，为加强高校网络舆情管理工作提供切实保障。二是建立应对舆情管理处理机制，突出舆情管理程序规范化。高校舆情管理要实现全流程管理。按照事前监控、研判；事中监管、处置；事后跟踪、总结的程序加强高校网络舆情应对处理，突出规范化管理，切实提升高校网络舆情危机应对能力及水平。三是建立高校网络舆情综合管理机制，力求高校网络舆情管理成效最优化。我国高校网络舆情管理工作应

---

①　习近平．在网络安全和信息化工作座谈会上的讲话[N]．人民日报，2016-04-26.

坚持堵疏结合的原则，通过建立和完善联动管理、坚持信息公开、加强宣传引导、畅通意见反馈渠道等，形成高校网络舆情综合管理合力，力求取得高校网络舆情管理的最大成效。

(三)注重提高高校学生的新媒体素养

高校网络用户的主体是学生，学生网络普及率高，对网络依赖性强。调查显示，当前高校学生社交媒体的平均使用率高达 97.49%，高校学生对社交媒体有很强的依赖性。社交媒体已经占领了校园传播的主要舆论场，学生每天基本通过社交媒体沟通交流、获得信息，社交媒体成了校园文化传播的主要阵地。[①]然而，高校学生媒介素养相对较低；社会经验不足，对复杂的人际关系、社会关系难以形成正确的分析和判断；媒体辨别能力相对薄弱，对浩如烟海的网络信息、内容和复杂的网络舆情难以辨别是非。对此，高校要加强学校网络用户媒介素养教育，将网络媒介素养教育列入学校教育范畴，提高高校网络用户对社交媒体、网络舆情的理解能力、辨别能力，自觉抵制不良网络信息，以理性的态度表达利益诉求，从而促进高校网络舆情朝着正确的方向发展，形成良好的网络生态，构建风清气正的网络空间。美国高校制订社交媒体指南正是注重提高高校学生新媒体素养的一种体现。

(四)创新和完善网络舆情监管法律法规

六所美国高校社交媒体指南内容都明确规定，用户利用社交媒体必须遵守美国联邦、州制定的法律法规，这表明，美国存在一系列监管和治理包括社交媒体在内的网络舆情的法律法规。美国为了维护网络秩序，保障网络安全，一方面加强网络立法，通过网络法律法规涵盖网络管理的各个方面；另一方面，积极探索对新兴社交媒体进行法律法规监管的手段，加强对个人隐私信息外泄的防范，为公众提供放心、安全的网络环境。例如，美国颁布《互联网用户隐私权利法案》，提出网络空间可信身份标识国家战略，探索创建大数据时代身份标志系统，力图规避网络空间虚拟社会颠覆、入侵、侵权、欺诈等不法行为。可以说，互联网在美国每向前发展一步，法律法规都会同步跟进。这就启示我们，我国网络监管的法律法规也必须与时俱进，不断创新和完善，网络监管立法必须紧跟网络技术的发展，甚至要超越网络技术的发展。这样，网络监管立法才会具有前瞻性，从而发挥引导作用，更好地营造风清气正的网络空间。

---

① 陈维俊. 高校社交媒体传播内涵与类型探析[J]. 新闻研究导刊，2016(10)：30-31.

论文八：台湾地区校园霸凌事件网络舆情特征、应对及启示

史浩然

　　摘要：近年来，随着校园霸凌事件媒体曝光度不断增加，社会对于校园霸凌现象也越来越重视。通过分析近五年来我国台湾地区有较大影响的 45 起校园霸凌事件的网络舆情特征，发现网络舆情应对中存在的问题，归纳出台湾校园霸凌事件网络舆情应对带来的启示。

　　关键词：台湾地区；校园霸凌；网络舆情应对

　　2016 年，校园霸凌事件日渐成为政府和社会关注的话题。近年来，我国台湾地区校园霸凌事件也时有发生。在这样的背景下，研究校园霸凌事件的网络舆情特征，分析事件舆情应对及启示具有重要意义。通过分析近五年来台湾地区 45 起有影响力的校园霸凌事件网络舆情特征及其应对存在的问题，以期为我国教育管理部门应对相关事件网络舆情提供借鉴。

一、台湾地区校园霸凌事件网络舆情特征

　　台湾校园霸凌事件网络舆情特征涵盖事件本身特征和网络舆情传播特征两个方面的内容。

（一）台湾校园霸凌事件本身特征

　　1. 地域上多集中在新竹、台北、桃园三市

　　台湾地区校园霸凌事件多集中在新竹、台北、桃园三市。在选取出的 45 起有较大影响的台湾校园霸凌事件中，有 42.5% 的事件发生在新竹、台北和桃园三市，其中新竹占 18%，台北占 13%，桃园占 11.5%。作为台湾地区人口最多的行政区，新竹拥有 396 万常住人口，庞大的人口基数增加了事件的媒体曝光率；桃园校园霸凌事件多发的原因可能与该市外来活动人口较多（近 45 万）、人口密度大（约 11444 人/平方千米）、人口鱼龙混杂、不易管理等因素有关。

　　2. 涉事主体多为初中、小学生群体

　　台湾地区的霸凌事件主体多为初中、小学在校学生群体。校园霸凌事件涉事主体多数家庭背景复杂，如长期在家中处于"小霸王"地位，长期处于家庭暴力成长环境下，长期单亲家庭或者畸形家庭等。还有部分校园霸凌事件施暴者依靠自己身体优势，如身材高大、强壮、肥胖等，拉帮结派，恃强凌弱，欺凌低年级或

者同级同学。

3. 时间分布上多集中在开学后和放假前一个月

从时间上看，台湾地区的校园霸凌事件多发生在春季学期开学后的 3 月份（45 起事件中所占比例为 11％），春季放暑假前的 6 月份（45 起霸凌事件中为 17.8％），秋季学期开学后的 10 月份和 11 月份（45 起校园霸凌事件中所占比例 10 月份为 15.5％、11 月份为 13％）。原因可能如下：首先，开学后或放假前一个月，同学间小群体"朋友圈"基本熟悉，出现亲密关系，也出现冲突和矛盾。其次，初中或小学学生心智尚不成熟，其霸凌行为是为了彰显个人在同级群体中的"权势"和"地位"，为繁重的课业压力"找乐趣"。

4. 类型分布以肢体霸凌和言语霸凌为主

霸凌事件仍普遍存在于台湾校园中，其中比例最高的霸凌类型为言语霸凌，其次为肢体霸凌。经统计，在选择的 45 起重大校园霸凌事件中，有接近 80％的案例均属于肢体霸凌和言语霸凌。其中较为典型的肢体霸凌事件有发生在 2014 年的"嘉义市某小学男童被班上女生猛打致左眼和头部受伤"事件等，典型的言语霸凌案例有发生在 2015 年的"某女生因身体肥胖被列入班上'十大妖怪''十大丑女''十大肥猪'名单"事件等。

台湾"儿童福利联盟"在 2014 年发布的校园霸凌状况调查报告也显示逾四分之一（26.4％）的儿童有被欺负的经历，以言语嘲笑（73.1％）比例最高，男生曾被肢体欺凌的比例为 25％，是女生（10％）的 2.5 倍。[①]

(二)台湾校园霸凌事件网络舆情传播特征

1. 新媒体首曝并与传统媒体联动传播

在台湾地区校园霸凌舆情事件的新闻报道中，新媒体利用自身优势，并且与传统媒体形成优势互补的联动传播模式。新媒体传播的低门槛，加快了信息传播速度，拓宽了信息传播的广度；传统媒体作为事件的深入挖掘和整合者，在校园霸凌事件发生之后能够准确发布信息，追踪热点话题，长期跟进报道。纵观 45 起台湾地区有影响力的校园霸凌事件，多数事件都是由新媒体率先曝光，接着以网络视频的形式"病毒式"转发与扩散，进一步推动该事件的曝光。随后传统媒体跟进报道，最后新媒体与传统媒体共同配合实现联动传播，从而深度挖掘事件背后的真相。

在台湾新竹校园霸凌事件中，网民手机拍摄上传的校园霸凌视频短片起到了重要的催化作用，正是因该霸凌视频短片被传到 YouTube 上才引起网民关注。

---

① 中国新闻网 . 调查指台湾校园霸凌仍普遍 "言语嘲笑"比例最高 . http：// www.chinanews.com/ 2014/03-23/5982926.shtml，2014-03-23.

台湾时任领导人马英九通过自媒体 Facebook 关注该事件，高度重视并要求事件透明化。另一起发生在台中的校园霸凌事件，某高一女生疑因拒绝帮忙篡改成绩，遭班上 11 名男女同学言语羞辱，也是由该校学生在社交媒体 Facebook 上首先曝光，后来才引起台湾各类新闻媒体的跟进报道与深入挖掘，从而实现传统媒体和新媒体的联动传播。

2. 网民成为推动网络舆情发展的主导者

研究多起校园霸凌事件的舆情传播规律发现，网民俨然成为推动校园霸凌事件网络舆情发展的主导者。台湾地区网民的媒介素养较高，在解读媒体报道和发表个人观点时更具理性，强有力地推动着网络舆情的发展，发挥着"意见领袖"的作用。与其他议题不同的是，校园霸凌事件多是由网民在 Facebook 等个人社交媒体率先曝光，在互联网上获得一定的关注度之后，再由网民不断评论与转发推动舆情的进展，继而引起媒体与官方重视。以 2015 年 11 月发生在台湾地区的一起言语霸凌事件为例，两名高中生遭疑似学长的男生的辱骂，其他人却熟视无睹。网民通过热门社群网站将相关视频上传到网络，短短一天就有超过 1 万人点赞，近 2 千人分享，近 3 千人留言，该事件迅速得到有关部门的重视，推动事件曝光并得到有效解决。网民在掌舵舆情事件的同时，也体现了受众中心地位的回归，在一定程度上推动了事件舆情的正向发展。

3. 新的衍生舆情伴随谣言陆续出现

由于新媒体的匿名化和弱审查化，传播主体的隐蔽性强，网络谣言与新的衍生舆情相生相随，紧密相连，网络舆情传播影响力增强的同时，也具有将校园霸凌事件网络舆情转化成现实冲突的可能。在 45 起台湾校园霸凌事件的媒体报道中，部分媒体报道没有考证信息源的真实性，网络传播的霸凌事件视频和消息也是真假难辨，在引起网民热烈讨论的同时，各种猜测性的言论也是铺天盖地。在这种情况下，新的事件衍生舆情不断出现，不确定信息的传播导致霸凌事件网络舆情几经反转。

2015 年 7 月，台中一名小学刚毕业的男童遭多名同学以石头、饮料罐等猛砸，目击者将该男童遭霸凌的视频上传到网络。经线上线下广泛传播与讨论，民众普遍认为该男童遭受集体霸凌，经过深入调查才发现是一场误会。2016 年 4 月桃园某小学老师隔离处罚学生事件、2015 年 10 月苗栗某高中 10 多名学生被强迫做交互蹲跳事件、2014 年 11 月基隆某高职学校的踹屁股事件等，均是由于谣言导致新的衍生舆情不断出现，使网络舆情朝不良方向发展。

4. 网络舆情热度伴随事件关注度降低而衰退

随着网民对于校园霸凌事件的关注度不断消减，事件的信息源逐渐减少，舆情事件的生命周期自然而然地结束。网络舆情的衰退与消亡阶段，很重要的一个表现就是网民关注度的降低，霸凌事件视频的浏览量和转发量伴随着网民的审美疲劳而不断消减，传播动力随着事件生命周期的结束和网民关注度的降低而逐渐消失。网络舆情热度衰退以后，事件对网民的吸引力迅速降至最低点，新的相关舆情逐渐减少甚至不再出现。

对于大多数的校园霸凌类舆情事件，在网络舆情的衰退期，传统媒体对于该校园霸凌事件已不再报道或很少报道，同时网络媒体也因为新闻源缺乏报道点和网民关注度降低进而转移报道视线。新的热点议题开始成为网民的"新宠"，霸凌事件网络舆情事件自然而然地平息。当然，对于极少数的校园霸凌网络舆情事件，需要在当地政府和学校的强制干预之下，待事件真相水落石出之后，网络舆情才能得以平息。

二、台湾地区校园霸凌事件网络舆情应对中存在的问题

发现台湾地区校园霸凌事件网络舆情应对中存在的问题是为了以此为鉴，为我国大陆地区教育管理部门和各级学校应对相关舆情提供参考。

（一）学校官方采取消极态度延误最佳应对时机

通过分析 45 起具有重大影响的台湾校园霸凌事件，发现学校官方在新闻发言澄清的过程中经常采取消极应对的态度，导致延误最佳应对时机。部分学校为了维护自身的利益，故意掩盖校园霸凌事件的真相，刻意强调或忽略某些话题，对社会关切的霸凌事件的最新进展消极应付，惰于处理。学校的新闻发言人总是主动或被动地适应官方的话语，发布新闻内容，在新闻发言时避重就轻、含糊其辞、转移话题，态度暧昧消极，言语反复，最后导致事件恶性发展，酿成严重后果。

以台湾辅仁大学心理系性侵事件为例，在此案例的舆情传播过程中，辅仁大学的新闻发言人在此次舆情事件中言行反复，前后几次反转，次次说法不一，召开多次的新闻发布会不仅没有起到良好的信息传达作用，反而在此次性侵事件中推波助澜，导致网民的声讨，加剧了舆情危机。如图 3-8-1 所示，在台湾辅仁大学校园霸凌事件舆情应对之时，心理系自行成立工作小组，将结论定为"猥亵"而不是"性侵"，直到新北地检署在受害人下体检验出加害人 DNA，辅仁大学才重新启动第二次性平会（性别平等教育委员会），定性事件为性侵行为。经过一系列的反转，校方才举行记者会为此次性侵风波道歉。

（二）网络媒体实行单向传播模式忽视网民反馈

台湾地区部分网络媒体在报道校园霸凌事件时，没有充分发挥网络媒体互动传播的优势，将传播者与受众看作是互相割裂、缺乏互动的两部分，只突出霸凌事件舆情演变过程中"从传到受"的单向化的"传"的过程。在相关校园霸凌事件的

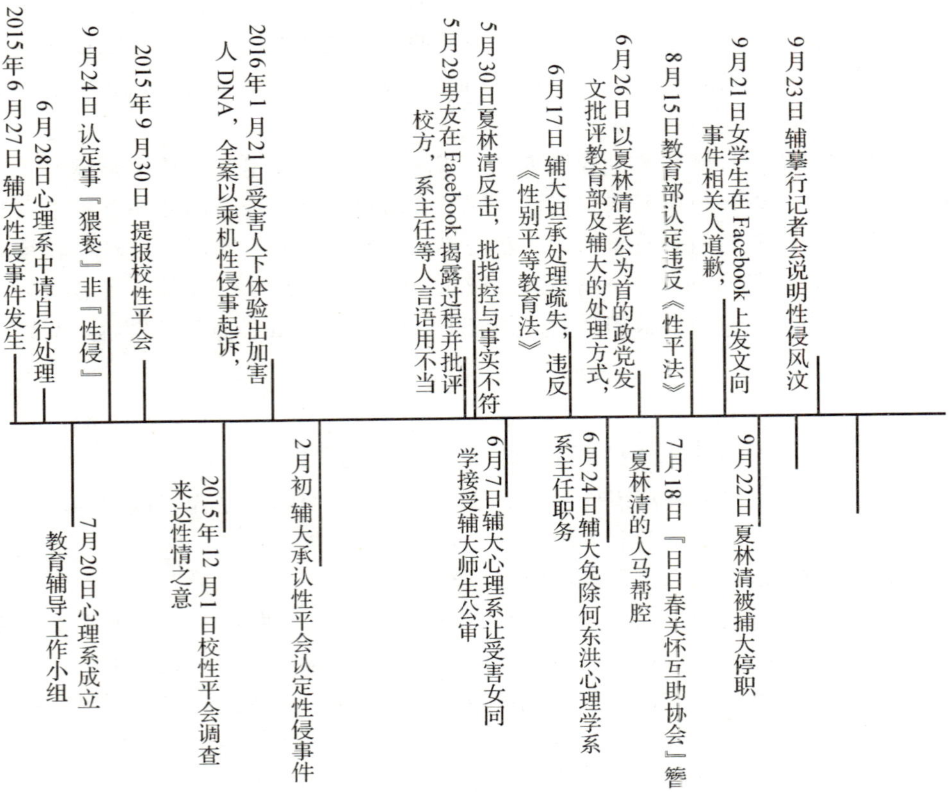

图上方（时间轴上侧，从左到右）：

- 2015年6月27日 辅大性侵事件发生
- 9月24日 认定事『猥亵』非『性侵』
- 2015年9月30日 提报校性平会
- 2016年1月21日 受害人下体验出加害人 DNA'，全案以乘机性侵事起诉，
- 5月29日 男友在 Facebook 揭露过程并批评校方，系主任等人言语用不当
- 5月30日 夏林清反击，批指控与事实不符
- 6月17日 辅大坦承处理疏失，违反《性别平等教育法》
- 6月26日 以夏林清老公为首的政党发文批评教育部及辅大的处理方式；
- 8月15日 教育部认定违反《性平法》
- 9月21日 女学生在 Facebook 上发文向事件相关人道歉，
- 9月23日 辅慕行记者会说明性侵风汶

图下方（时间轴下侧，从左到右）：

- 7月20日心理系成立教育辅导工作小组
- 6月28日心理系申请自行处理
- 2015年12月1日校性平会调查
- 2015年来达性情之意
- 2月初 辅大承认性平会认定性侵事件
- 6月7日辅大心理系让受害女同学接受辅大师生公审
- 6月24日辅大免除何东洪心理学系系主任职务
- 7月18日『日日春关怀互助协会』籌夏林清的人马帮腔
- 9月22日 夏林清被捕大停职

图 3-8-1　台湾辅仁大学心理系性侵事件时间轴

网络舆情应对过程中，事件信源多是网络媒体，舆情进展信息的扩散以及舆情形成的主要阵地也多是网络媒体。公众主要是通过 Facebook 等社交媒体发布自己的观点并形成讨论，由于话题敏感且时效性较强，纸质媒体的介入比较少。在舆情事件发展演变的过程中，网络媒体的信息始终是单向传播的，受众的反馈被忽略，传受双方掌握的信息在传递的过程中缺乏必要的沟通。

部分网络媒体在市场竞争的压力下为了追求独家报道、迎合受众情绪，有时会采取炒作的方式，联合诸多媒体对于校园霸凌事件做单向传播，有意无意压制不同的观点。

（三）新闻报道夸张化易引发公众激烈情绪

台湾 45 起重大校园霸凌事件媒体报道的新闻标题存在失范现象，某些"标题党"哗众取宠，误导读者。例如，"遭集体霸凌踹伤生殖器 判赔 10 万""吸乳种草莓 高三男控遭霸凌""4 女校园霸凌 扒衣殴少女拍裸照 PO 网"等类似夸张的标题

屡见不鲜。此外，在具体的新闻报道中，夸张性的描述也频频出现。例如，校园性侵类霸凌事件中故意夸张、渲染细节来增加关注度，报道呈现低俗化，甚至色情化；在肢体类霸凌事件报道中，极力渲染暴力和血腥，忽视引导公众思考舆情事件的本质，对于舆情应对也没有任何实质性的启发。

由于新闻标题和报道夸张化等新闻失范现象，部分网民不能够正确理解和分析事件信息，对于新闻事件缺乏理性思考，对媒体营造的充斥着霸凌的校园环境缺乏清醒的认知，误以为校园霸凌事件无处不在，从而引发了公众的激烈情绪，不利于网络舆情的良性处置。

三、台湾地区校园霸凌事件网络舆情应对带来的启示

（一）健全法律法规防范校园霸凌舆情事件发生

从本质上言，网络舆情是一项复杂性和系统性的工程，是现实社会矛盾和利益冲突的反映。因此，建立健全校园霸凌相关法律法规，保护在校学生的合法权益和人身安全，惩处肇事者，才能从根本上防范校园霸凌舆情事件的发生。值得肯定的是，台湾地区应对校园霸凌舆情事件有专门的法律法规。针对台湾地区校园霸凌事件舆情处理，马英九曾提出防范校园霸凌的16字箴言，"主动发掘、明快处置、配合侦办、对外说明"。[①] 2011年台湾"教育部门"倡导"校园零暴力"，将中小学校开学第三天定为"反霸凌"日，要求各级学校落实"教育辅导—发现处置—介入辅导"三级预防工作。[②] 台北教育大学文教法律研究所受台湾主管部门的委托，起草了《校园霸凌防制准则（草案）》。2012年7月，台湾教育主管部门在听取了社会各方的意见之后，正式发布了《校园霸凌防制准则》。台湾地区的《儿童及少年福利法》第34条也规定，教育人员知悉儿童及少年有遭受霸凌行为时必须在24小时内通报。另外，台湾地区部分高校也制定了适用于自己的校园霸凌防范规章制度和防范处理机制，应对校园霸凌网络舆情事件，如台湾"海洋大学"的《防制校园霸凌执行计划》等。

我国大陆在校园霸凌事件的防范方面，主要由《中华人民共和国未成年人保护法》《中华人民共和国预防未成年人犯罪法》等法律法规进行规制。针对校园霸凌的专门法律立法，大陆尚属空白。鉴于台湾地区已建立较为成熟的校园安全法律体系，大陆可以借鉴和吸取台湾地区针对校园霸凌的相关经验，根据国情尽快制定《反校园霸凌法》等相关校园霸凌事件法律法规体系，细化并完善相关法律法

① 中国台湾网. 塑化剂风波延烧 马英九提16字箴言称不怕家丑外扬. http://tw.people.com.cn/67B/14812/14875/14813769.html, 2011-06-02.

② 周羚敏. 台湾地区校园霸凌的处理机制与经验[J]. 吉林公安高等专科学校学报, 2011(5): 2.

规的司法解释，加大对校园霸凌行为的惩处力度，从根本上防范校园霸凌舆情事件的发生。

(二)建立多方联动机制促进各部门通力合作

校园霸凌事件的舆情应对和引导工作具有复杂性和系统性，各部门应依托现有资源，通力合作，形成多中心、多层次、并行式快速应对舆情处理的多方联动机制。校园霸凌类热点事件网络舆情中的多方联动分为横向联动、纵向联动两种机制。①横向联动是指与霸凌事件相关的多个同级部门协调行动，各司其职，如在舆情应对指挥小组的统一指导下，当地教育部门、质检部门、卫生部门、公安部门结成结构性应对主体，及时发布信息和做出相关反应。纵向联动是针对同一校园霸凌事件，不同级别的组织或部门相互配合、协同完成校园舆情应对。一般情况下是学校、地市级教育主管部门、省级教育主管部门等教育系统内部的纵向联动。在此类联动机制中，首先，需要涉事学校致歉、主动认错，软化网民态度；其次，地方教育主管部门要及时表态，展开事件调查，同步公开相关信息，满足社会公众的知情权。

面对屡见不鲜的校园霸凌事件，台湾地区各学校通常按照专门的舆情应对机制，各个部门通力合作，通过多方联动平息校园霸凌事件。在发现疑似校园霸凌事件(如肢体霸凌、性霸凌等)之后，通常先由校方成立"校园霸凌因应小组"评估确认该事件是否为校园霸凌或者重大校园安全事件，如果是校园霸凌事件，则启动校园霸凌辅导机制，接着评估是否改善，最后学校持续追踪辅导。在校园霸凌事件网络舆情处置的应急联动过程中，学校扮演着重要的角色。在各部门的协同配合下，学校能够很快介入事件，控制校园霸凌事件的态势，全面了解事件的真相，能够了解更加丰富、更加全面的信息。高校可以利用自己的官方网站和 Facebook 等社交媒体平台及时地对外发布消息，对霸凌事件舆情动态进行更新和报道，以稳定学生的情绪。学校同时具备专业的心理咨询教师和专业的学生辅导员队伍，能够深入了解和准确把握大学生的思想动态，有效减少同类校园霸凌事件的发生。

(三)健全主动发布机制科学公开舆情进展信息

在民智发达的互联网时代，网民能够自由充分地表达意见和主张，官方亟须健全主动发布机制，科学地公开舆情进展信息以平息网民的激烈情绪。健全校园霸凌事件舆情的主动发布机制就是要积极发布真实、全面、准确的消息，及时澄清敏感、易误解、虚假的校园霸凌事件信息，全面报道舆情事件事实，提供各方面的情况与意见，才能平息网民偏激、激烈的情绪。

---

① 李青鹰. 校园安全类热点事件网络舆情应对研究[D]. 长沙：湖南大学，2016(4)：57.

校园霸凌事件舆情应对中还要善于利用新媒体科学地发布舆情进展信息，晓之以理，动之以情，在科学公开舆情的过程中不断争取人心。以 Facebook、Twitter 等为代表的新媒体，能够起到及时传播、双向反馈的作用，在舆情回应的过程中能发挥举足轻重的作用。台湾辅仁大学性侵事件中，学校没有在官方网站及时地回应，也没能第一时间在社交媒体上发布网络舆情进展信息，而是自行成立工作小组代替性平会处理该事件，招致网民情绪偏激，引发了舆情的恶性发展，最后校方道歉，相关人员引咎辞职。因此，新媒体在网络舆情应对中的重要作用值得高度重视。

第四部分　大事记

一月

1. 清华大学等 13 所教育部直属高校更换新闻发言人事件

2016 年 1 月 5 日，据教育部网站消息，按照教育系统新闻发言人名单和新闻发布工作机构电话定期公布机制，教育部公布 2016 年省级教育部门、直属高校名单及电话。经梳理，共有 7 个省份教育厅（教委）、13 所部属高校更换了新闻发言人。截至 2016 年 1 月，32 家省级教育部门中，23 家开通官方微博，22 家开通官方微信；75 所直属高校中，73 所开通官方微博，全部开通官方微信。

新华网、《人民日报》、澎湃新闻先后报道此事，引起网民及广大师生的关注和讨论。截至 2016 年 12 月 31 日，经百度新闻检索，共有相关新闻 1450 余篇。近年来，教育系统不断加强新媒体建设，积极运用新媒体开展新闻宣传工作，取得了良好效果。

2. 高校和医院或取消事业编事件

"高校、公立医院或不纳入编制管理"，这个说法源自 2016 年 1 月 15 日在京举办的"事业单位人事制度改革最新动态及热点问题高峰论坛"上相关部委官员的表态。该人士表示，今年重点要研究编制创新改革，特别是高校、公立医院不纳入编制管理后对相关改革的影响。外界分析，之所以要研究编制创新改革，跟事业单位养老金改革相关。据记者了解，目前事业单位养老保险改革已尘埃落定，我国大部分城市的事业单位已开始缴纳社保，但是却留有一个"死角"未解决：这次养老保险改革并未统筹考虑编内、编外人员,解决编内、编外"同工不同酬"的遗留问题。多年未解决的事业单位编外人员的安置问题,成为事业单位接下来编制创新改革的起点。

此次医院及高校的编制改革设想影响到了近千万人,因此一经报道便在网络上引起了强烈的反响和讨论。国内各大媒体从各个角度进行报道,包括搜狐新闻、网易新闻、北京晨报、新浪新闻、新华网等。截至 2016 年 12 月 31 日,百度搜索关键词"高校和医院或取消事业编"共有相关网页内容约 27.4 万篇,新闻报道约 1300 篇。对这项编制改革是否要施行,大家的讨论几乎在支持和反对上各占一半。部分网友对取消医院学校事业编制表示支持,认为取消"双轨制"才是社会的公平公正;部分网友对是否应取消医院学校事业编提出了意见和建议,如建议取消编制待遇、同工同酬等。

3. 周子瑜事件

2016 年 1 月 8 日,韩国女团 TWICE 成员、台湾艺人周子瑜被称作"台独克星"的黄安举报。黄安在微博中指出周子瑜曾在韩国电视节目中挥舞台湾"国旗",并即将参加安徽卫视春晚,希望广大网友转发抵制。消息一经爆料,引起轩然大波。

"周子瑜事件"率先在新浪微博、百度贴吧等网络社区上不断发酵,热度持续上升。由于该事件涉及国家主权、"台独"等问题,加之爆发时间临近寒假,故得到全网关注。截至 2016 年 12 月 31 日,新浪微博搜索热词"周子瑜",相关讨论量高达 2117 次。六成网友认为周子瑜事件非常恶劣,强烈谴责"台独"并反对"两面做人";三成网友质疑周子瑜且反对黄安;一成网友认为应当理智看待事件,不能盲目跟风。此次周子瑜事件中也反映出大多数网友反对"台独"分子、维护祖国统一的态度。但是众多声音中,也有一些试图为"台独"分子洗白甚至抹黑中国的声音,如韩国 JYP(韩国某经纪公司)的两面三刀等,产生了消极的舆论导向。

4. 清华学子起诉北京市教委不作为事件

2016 年 1 月 21 日下午,清华大学 2014 届法学院硕士毕业生徐丰实起诉北京市教育委员会(以下简称北京市教委)不作为一案,在北京西城区法院开庭审理。徐丰实认为,清华大学 2014 年博士生招生中存在五方面涉嫌违法违规行为。他在致北京市教委的函件中明确提出"请求调查处理清华大学 2014 年博士生招生违法行为",但北京市教委不作为,为此提起诉讼。新《行政诉讼法》2015 年 5 月 1 日实施之前,徐丰实曾分别起诉清华大学、教育部,但均未被受理。

此事引起社会各界的关注,国内各大媒体均从各个角度进行报道。截至

2016 年 12 月 31 日，百度检索关键词"清华学子起诉北京市教委"，共有相关网页内容约 13 万篇。三成网友对该行为表示支持，认为应把问题拿到台面上，才是司法进步；五成网友认为应理智对待，保证学校招生的公开透明化；部分网友认为该行为是以卵击石，没有实际意义。

5. 南京邮电大学研究生意外坠亡事件

2016 年 1 月 25 日，网曝南京邮电大学计算机学院研三学生蒋某于早上坠楼身亡，原因疑为毕业论文不能过关而轻生。事发后，该校多名学生发帖表示，蒋某坠楼是因为其导师不让他的论文通过。

此事一经曝光，引起社会各界的关注，在新浪微博、百度贴吧、知乎等网络社区上不断升温。截至 2016 年 12 月 31 日，百度检索关键词"南京邮电研究生坠亡"，共有相关新闻约 354 篇，新浪微博 180 余条。五成网友认为导师是造成研究生蒋某自杀的主要因素，甚至言语激进；三成网友要求学校给出合理的说法，并且认为学校的坐视不管导致了蒋某的自杀；一成网友认为这是中国大学的常态，是中国教育的失败；一成网友认为应理智看待，并表示将持续关注此事。

二月

1. 网信办查封任志强微博账号事件

2016 年 2 月 24 日，红旗文稿点名批评茅于轼、任志强、孙海英"利用微博反党"。2 月 28 日，国家网信办通报，任志强微博账号持续公开发布违法信息，影响恶劣，其微博账号被依法依规关闭。该事件一经发出，立即引起网络上的各种讨论，主要分为"挺任派"和"反任派"。"挺任派"的主要论点在于公民的言论自由权，"反任派"则主要以任平时"喜欢胡说"为据。就任志强微博被关事件，网信办发言人、央视等中央媒体已发表声明或报道，并表明态度：任志强作为党员，言行应受党规党纪检验。随后各派在微博、微信公众平台等社交媒体上拉开对战。

各大新闻网如澎湃新闻、新华网、人民网、凤凰网、头条新闻、财经网等都对此事进行了相关报道，各大高校论坛如北大未名 BBS、蛋蛋网 BBS、南大小百合 BBS 等论坛也有学生发帖讨论此事。近四成的网友对网信办封微博行为持反对态度，认为此种行为违法，质疑任志强到底有没有宪法 35 条规定的言论自由权利；近四成网友主张对任严肃追责，不该姑息纵容甚至包庇；近一成网友认为这是剥夺公民言论自由权。

2. 河南女孩被冒名顶替上大学事件

河南女孩王娜娜于 2003 年参加高考，后因未收到大学录取通知书，以为落榜便外出打工。2015 年王娜娜申请小额贷款因银行核实身份信息不符而被拒，因而发现自己当年并非落榜，而是被人冒用身份顶替自己去大专深造，冒名者一直以自己梦想的教师的身份，在同一省份生活。受害者王娜娜表示当一名教师，是自己曾经的梦想。

此冒名顶替事件引起了社会的强烈反响，"高考的干净程度考验着社会的良心""钱权交易""道德的欺骗者却在教育着我们的下一代"等言论在网上此起彼伏。央广网、人民网、腾讯网等网站报道了这一事件。截至 2016 年 12 月 31 日，经百度新闻检索，共有相关新闻网页搜索量 6.8 万余篇。六成网友希望有关部门能严格处理，以正视听；三成网友认为我国高考制度还存在许多漏洞，改革和完善迫在眉睫；一成网友认为失去的光阴无法弥补，希望此类悲剧不再重演。

3. 安徽舞蹈系女生寒假在校坠楼事件

2016 年 2 月 19 日上午，安徽艺术职业学院一女生坠楼身亡。死者为该校在校生，寒假期间回学校排练舞蹈参加活动，回校 3 天后（1 月 29 日）突然死亡。事发后，有网友在微博和安徽艺术职业学院贴吧留言称，死者是该校舞蹈系学生，将于 2016 年 6 月份毕业。但 2016 年 2 月 19 日下午，微博和贴吧关于女生坠亡的信息均被删除。

人民网、新华网、中国新闻网等网站对此事进行了报道。截至 2016 年 12 月 31 日，经百度检索关键词"安徽舞蹈系女生寒假在校坠楼"，共有相关新闻近 1030 篇。四成网民对校方回应和不作为表示愤怒；两成网民讽刺艺校风气不正，怀疑事件另有隐情；四成网民呼吁学校及相关责任方尽快调查，出具责任认证证明，还学生家长一个说法。

三月

1. 沈阳"大学生买房零首付"事件

2016 年 3 月 1 日，沈阳市政府下发《沈阳市人民政府办公厅关于促进房地产市场健康发展的实施意见（试行）》，该意见提及，支持高校、中等职业学校在校生、新毕业生购房，并首付比例可以零首付。沈阳的这一房地产新政，因"大学生可零首付买房"广泛传播并引发热议。但该消息公布仅半天，中共沈阳市委宣布部官方微博@沈阳发布称，沈阳房地产新政中的"零首付"暂不具备出台条件。

新浪网、搜狐网、网易财经等多个网站相继发布新闻报道该政策，截至 2016 年 12 月 31 日，经百度检索关键词"大学生买房零首付"，共有相关新闻近 1110 篇。《沈阳新政：大学生可零首付买房》《沈阳大学生可零首付买房，西安你只要敢出我就敢买》，引发网民关于"救市""大学生是否啃老"等相关话题的热议，舆情于当晚8时达到峰值。近四成网友认为政策尚未具备实施条件；近三成网友认为政策若实施将助长大学生"啃老"之风；部分网民质疑政府"救市"脱离实际。

2. 北大生弑母后以母亲名义贷款事件

2016年3月3日，福州警方发布一则悬赏通告。通告称，2月14日情人节，警方发现一名女子谢某死于福州一所中学教职工宿舍内，其22岁儿子吴某有重大作案嫌疑，警方悬赏万元缉捕。据有关报道，犯罪嫌疑人吴某就读于北大，作案后封死了住处，将尸体用塑料布层层包裹，还放入了活性炭吸臭。弑母后，吴某还以母亲名义贷款。

此事件在高校学子中引起强烈反响，南京大学小百合、北大未名、饮水思源等多所高校 BBS 迅速发帖讨论，学子们都对此表达了自己的观点，三成网友倡导高校注重道德教育，认为教育的本质是如何成为人格健全的人。三成网友认为家庭教育对于人的启蒙作用是潜移默化的，要注重家庭教育。三成网友认为讨论问题不如实实在在解决问题的实际行动，呼吁完善法律及社会规范。一成网友质疑媒体以北大为卖点进行炒作，呼吁关注问题本身。

3. 洪秀柱当选国民党主席事件

据台湾媒体报道，国民党第六届党主席第二次补选完成投票，"立法院"前副院长洪秀柱以 78829 票，56.16% 得票率，顺利当选新任党主席。国民党表示，新任党主席将于下周一正式就职，届时现有党务一级主管也将总辞。2016年3月26日，中共中央总书记习近平致电洪秀柱，祝贺她当选中国国民党主席，希望国共两党以民族大义和同胞福祉为念，继续坚持"九二共识"、反对"台独"，巩固互信基础，加强交流互动，共同维护两岸关系和平发展、台海和平稳定，同心为实现中华民族伟大复兴而努力奋斗。同日，中国国民党主席洪秀柱复电习近平表示感谢，指出两岸同胞同属中华民族，期盼两党继续秉持"九二共识"，进一步强化互信，深化合作，共同为两岸同胞创造更多利基与福祉。

腾讯网、新浪新闻、网易、新华网等主流媒体纷纷转载并予以评论，截至2016年12月31日，相关新闻约113万篇。大多数学子不看好洪秀柱当选国民党主席一事，认为她的当选将导致国民党再次分裂。少量学子认为国民党擅长败中求胜，洪秀柱的当选有利于两岸统一，同时也可能带来一些意想不到的结果。

4. 在线教师收入超网红事件

3月31日，"在线教师1小时挣万元，收入超网红"引发舆论。对于公办在职教师参与在线培训是否合适的争议，一些地方教育行政部门明确表示兼职"线上辅导"属在校外机构兼职获取报酬，是被禁止的，属于违规。教育部相关负责人表示，中小学在职教师不应因为参与有偿在线教育而影响正常教学，但会不会实行"一刀切"的禁令，目前尚在进一步研究中。

通过关键词进行搜索，截至 3 月 31 日 11 时，百度搜索相关新闻约 1750 篇，澎湃新闻、中国新闻网和腾讯滚动新闻等各大新闻网均有报道，在微博、知乎上也引发了网友的热议。网友对此事发表相关评论，大部分网友认为这是教师通过自己的劳动和知识赚到的钱，无可厚非。有部分网友认为只要有助于知识的传播就可以赞成。另有不支持的网友表达自己的担心，认为该行为违反了相关的规定，应该禁止。

四月

1. 42 所高校学位授权被撤事件

教育部于 4 月初发布《国务院学位委员会关于下达 2014 年学位授权点专项评估结果及处理意见的通知》，通知显示，共有 42 所高校的 50 个博士、硕士和专业学位授权点被评估为"不合格"，被撤销学位授权。同时还有不少学位授权点被要求"限期整改"，整改期限为 2 年。

百度搜索关键词"高校学位授权被撤"约有相关新闻报道 1810 篇。在北大未名、南大小百合、复旦日月光华等影响力较高的高校论坛中，相关话题讨论激烈。其中，认为高校应集中资源发展优势专业的观点约占三成，认为此举有利于提升教育质量、遏制高校盲目扩招的观点占三成，两者比例不相上下；另有三成学子认为应回归教育本质。

2. "南航亲吻门"事件

2016 年 4 月初，南京航空航天大学学生发起一项亲吻陌生人活动。活动共有 20 人参加，参与者年龄在 18～23 岁，活动要求参与者戴上眼罩，在没有见过对方的情况下，用亲吻的方式来交流感情。发起者说，举办此活动的目的是增强陌生人之间的信任，以此呼吁社会拥抱真诚，拒绝冷漠。对此，一些网友表示新奇有意义，但也有学者认为此举突兀，存在健康隐患。国内媒体及网友密切关注这一事件，4 月 7 日仍持续发酵，最终成为舆情热点事件。

搜狐网、新浪网、中新网、新华网等均对此进行了相关报道。截至 7 日 14 时，关于"南航亲吻门"事件的新浪微博也在不断更新，除了多数直接转载了该事件外，一些网络大 V、高校教师对此事发表了自己的看法。其中，约三成网友对活动目的表示讽刺和异议，不赞同以亲吻表达信任；近两成网友对大学生进行负面评价；部分网友针对抨击该活动的南航相关人员表示抗议，也有部分网友持较为理性的态度进行分析和评价。

3. 和颐酒店女生遇袭事件

2016 年 4 月 4 日，网友发微博称，4 月 3 日晚，在如家旗下和颐酒店遭遇男子袭击。北京朝阳警方证实女子遭男子强行拖拽，并表示目前正在调查中。涉事的和颐酒店回应，将立即调查此事。此事通过微博、朋友圈转发，立刻引起了媒体和民众的高度关注。

新浪微博、人人网、微信、百度贴吧各大网络社区均出现大量与此事件有关的信息，女生遇袭话题热度高居不下，形成了网络轰动。综合所有言论，大致有以下几种：一是部分网友对事件当事人的遭遇表示同情，将持续关注事态发展，同时呼吁更多人提高自卫自救意识；二是大部分网友对事件当事人提到的报警后警察不作为、推卸责任及涉事如家酒店旗下的和颐酒店对此事置之不理的做法表示强烈谴责，对案件背后的潜规则提出质疑；三是部分网友对事件反映出的公安部门不处理案件、推卸责任等问题，直接表示出对国家机关的不信任，对官商勾结、腐败等问题的无奈。

4. 四川师范大学杀人事件

2016 年 3 月 27 日 23 时 50 分，四川师范大学舞蹈学院大一学生卢某在成龙校区一宿舍学习室被室友杀害，此事一出立即引发广泛关注。4 月 15 日 16 时 07 分，四川师范大学的官方微博发出了官方通报，表示了对受害者的哀悼和对受害者家属的慰问。4 月 15 日晚上 19 时 15 分，受害者的哥哥在新浪微博上发布长微博《感谢大家对我们这个案件的关心，目前有五点事实需要强调和澄清》，称其之所以通过媒体曝光此事，"唯一目的就是希望让罪犯受到法律的严惩，让学校加强管理，不要再次让悲剧重演！"此事件在互联网上引起了网民的热烈讨论。

截至 4 月 15 日下午 15 时，"四川师范大学"在新浪微博的实时热搜榜单上排名第 8 位，搜索量为 11 万次。截至 4 月 16 日 18 时，受害者哥哥的微博下方评论量为 2563 条，点赞量为 524 条；四川师范大学的通报微博下方评论量为 9482 条，转发量为 2128 条。截至 2016 年 12 月 31 日，百度搜索关键词"四川师范大学杀人案"，共检索到 1970 条新闻。有近三成言论认为学校应更加重视学生的心理健康问题，应当开设专门的心理必修课；有近三成言论认为心理健康问题应当从小抓起，而不能仅仅重视大学生的心理问题；部分网友认为学校应该重新思考学生宿舍的分配和管理问题。

五月

1. 魏则西事件

2016 年 4 月 12 日，西安电子科技大学 21 岁学生魏则西因滑膜肉瘤病逝。他去世前在知乎网站撰写治疗经过时称，在百度上搜索出武警某医院的生物免疫疗法，随后在该医院治疗后致病情耽误。此后了解到，该技术在美国已被淘汰。百度 4 月 28 日对此回应称，该医院是一家公立三甲医院，资质齐全。5 月 1 日，百度再次回应称，正积极向发证单位及武警总部主管该院的相关部门递交审查申请函，希望相关部门能高度重视，立即展开调查，如果调查结果证实武警某医院有不当行为，百度会全力支持魏则西家属通过法律途径维权。

截至 2016 年 12 月 31 日，百度新闻搜索关键词"魏则西事件"，相关新闻报道 99100 篇，新浪微博数量达到 1000 余条。大部分网民认为百度推广勾结医院，承包托管，道德低下；部分网民认为国家的监管太落后，才使得一些不良信息在网络上肆虐；少数网民认为国家体制存在巨大漏洞，医院的医疗体制具有严重缺陷；另有部分网民对于魏则西的死亡表示心疼，希望此事不会再发生。

2. 人大硕士雷洋"涉嫌嫖娼"事件

2016 年 5 月 7 日晚，中国人民大学环境学院 2009 级硕士研究生雷洋离家后身亡，昌平警方通报称，警方查处足疗店过程中，将"涉嫌嫖娼"的雷某控制并带回审查，此间雷某突然身体不适经抢救无效身亡。

该新闻事件涉及人大硕士、嫖娼等敏感词，在网上掀起一阵热议。截至 5 月 24 日 23 时，百度相关的网页搜索结果为 13400 个，凤凰网、新浪网、光明网等知名网站均对此事件进行了报道。约五成网友对警方说法表示质疑，认为警方单方面通告空口无凭，认为警方对事件的处理有失偏颇；两成网友发表与人大相关的不良或辩护言论；三成网友呼吁真相和理性思考，督促有关部门加紧调查，给公众一个合理的说法；少部分网友认为警方说法有合理之处，不是为了掩盖事实的捏造。

3. 华东理工研究生工厂死亡事件

2016 年 5 月 23 日下午，上海青浦区焦耳蜡业化工厂发生爆炸，一名华东理工大学研究生二年级的学生被曝命丧工厂。该事件被各大媒体报道后迅速传开，引发网友及学生热议。经舆情热度统计，发现近一周之内全网关于"华东理工大学研究生"的讨论共 5774 条，最早的信息见于 5 月 27 日 09 时 52 分，新浪微博用户转载焦耳蜡业爆炸的新闻并质问"华东理工在校研究生,为什么不报道!"关于此消息的讨论在 5 月 28 和 5 月 29 日达到舆情高峰。

经过全网数据分析,发现关于"华东理工大学研究生工厂内死亡"的讨论主要集中在新浪微博平台,截至 2016 年 5 月 31 日,新浪微博共见相关讨论 4976 条。其他各大门户网站如腾讯网、百度新闻、搜狐网等舆情信息量分布比较平均,大概在 8~58 条。网友观点主要集中在三个方面:30%的网友吐槽老板导师的现象,认为老师把研究生当私人物品用;30%的网友吐槽研究生生活,呼吁大家更加关注研究生现状;20%的网友赞同科研向产业转化,支持老师创业。

六月

1. 大学生校园裸贷事件

2016 年 6 月 15 日,有网友曝光称,通过网络借贷平台借贷宝,有女大学生被要求"裸持"(以手持身份证的裸照为抵押)进行借款,逾期无法还款将被威胁公布裸照给家人朋友,且借款周利息高达 30%。13 日,北京青年报调查发现,在一些借款群中,女大学生"裸持"借款已经成为公开的秘密,通过"裸持"可以借款的金额是普通借款额度的 2~5 倍,但逾期未还将面临裸照被公布的威胁,甚至有借款人威胁"裸持"借款的女生提供性服务。

该事件迅速在网络社交媒体中引起轩然大波,新浪微博、天涯社区、搜狐圈子、知乎网站等大量网友就此事件发表看法。截至 2016 年 12 月 31 日,经百度新闻检索共有相关新闻 92700 篇,人民网、京华时报、央视新闻等各大媒体官方微博共发布相关微博 342 条。40%的网友谴责大学生的行为,认为大学生应该自重、自爱,正确衡量贷款以及相关利息的情况;40%的网友抨击放贷者违法,借贷平台监管不力;20%的网友称此情况为个别现象,呼吁大学生不要"背黑锅"。

2. 安徽高考考生考试期间眼镜被收走事件

2016 年 6 月 14 日,安徽一四百度近视考生在高考时被监考老师收走眼镜,这一事件引发了舆论的广泛关注。该考生为安徽省池州市石台县人,在高考首场考试期间,一名监考员怀疑她的眼镜有问题,并收走鉴定,经鉴定不存在任何问题,但眼镜归还时已临近交卷。女生家长认为该监考员严重影响了孩子考试,向石台县教育局提出书面申请,要求成立调查组,做出责任认定。

截至 12 月 31 日,共搜索到百度相关新闻报道 7770 篇;南方都市报官方微信的该条新闻引发超过 10 万次阅读,6234 次点赞。三成网友谴责该老师的行为,认为其不当的处理方式,对考生心理造成了很大影响;三成网友认为该监考老师应该被追究责任，并要求监考老师和相关部门给考生一个合理说法；三成网友对该考生的"遭遇"表示理解和同情，认为考场上被拿走眼镜确实会影响考试。

3. 教育部宣布部分 985、211 工程建设文件失效事件

2016 年 6 月 28 日，教育部宣布失效一批规范性文件，包括《关于继续实施"985 工程"建设项目的意见》等。教育部表示，教育部、国家发改委、财政部正研究制定世界一流大学和一流学科建设实施办法和配套政策，拟于 2016 年启动新一轮建设。

此消息一出，引起网络舆论高潮，截至 2016 年 12 月 31 日，共搜索到百度相关新闻报道 1270 篇。三成网民认为这是变相挤压省属高校（非 211），加剧教育的不公平；四成网民认为这有利于形成更公平的竞争机制，个人素质和学科优势更重要；三成网民认为这对于部分学校既是机遇也是挑战；部分网民认为这并没有用，让教育资源更公平才是根本。

4. 校园"毒跑道"事件

自 2015 年年末以来，校园"毒跑道"引发学生身体不适的新闻屡见不鲜，却始终没有引起足够的警惕与重视。2016 年 6 月份，随着央视《新闻半小时》栏目对"毒跑道"进行深度调查，揭开了骇人听闻的作坊生产黑幕。校园公共设施质量与安全问题再次引起全社会的广泛关注，网友对此展开激烈讨论，校园"毒跑道"事件因近期频发，事件典型，案发集中，故在网上讨伐声起，引起了一阵向监察机关、教育部门问责的热潮。

《中国青年报》、凤凰网等媒体对此事进行了报道。截至 2016 年 12 月 31 日，经百度新闻检索关键词"校园毒跑道"，共有相关新闻 7940 篇。相当多网友将主要矛头指向黑心商家利益至上，道德缺失；许多网友质疑国家安检工作，认为质量监测管理部门责任意识缺乏，监管不力；部分网友积极建议有关部门严查腐败；也有少数网友不支持央视这次的揭秘，而替厂商说话。

七月

1. 辽宁考生被通知录取后遭中国政法大学拒录事件

2016 年 3 月 10 日，在接到中国政法大学法硕学院的录取通知并交了学费后，辽宁的赵先生被告知有一名女生与他同分，两人协商后女生声明放弃录取机会，而后学校却以"录取系统已关闭"为由将他拒录。同年 3 月赵先生将该校诉至法院，要求判决其取得硕士研究生入学资格。7 月 19 日，该案在昌平区法院开庭，

校方委托代理人及党委副书记、副校长常保国出庭应诉。

新闻经由报道在网上引发了一定关注，截至 2016 年 12 月 31 日，相关网页内容共有 6020 条。近四成网友认为中国政法大学的做法太过儿戏，学校管理缺失，不负责任；近四成网友认为学校应诚恳道歉，并且此举耽误旁人前途，更应该想办法解决问题；近二成网友认为其中有黑幕，难求教育公平；部分网友因此对中国政法大学这所学校的校风表示怀疑。

2. 河北泄洪救灾事件

2016 年 7 月 19 日至 21 日，河北邢台市发生连续强降雨，造成大范围受灾。灾情涉及邢台全部 21 个县（市、区），据初步统计，截至 7 月 23 日 7 时，全市受灾人口 103.4 万人，造成 25 人死亡，13 人失踪，紧急转移安置 88568 人。洪灾发生后，民众关于政府无预警私自泄洪致多个村庄被淹及政府瞒报、少报死亡人数等言论甚嚣尘上。

洪灾发生后，腾讯新闻、凤凰资讯等各大门户网站均对洪灾的相关进展进行了跟踪报道，其中，关于"泄洪"的报道约有 1500 篇，百度贴吧相关主题帖约有 135 篇，水木社区、南大小百合、北大未名等高校 BBS 上出现多帖热议相关事件。部分师生对于此前有报道称"无伤亡"的说法表示讽刺、质疑，认为政府存在瞒报、少报、迟报伤亡的行为；部分师生否认官方"非人为泄洪"的说法，认为此举是政府逃避责任的说法，并爆料微信、微博等平台上关于受灾伤亡的帖子大量被删，指责政府"心虚"，控制言论；少数师生认为无论真相如何，政府在此次救灾过程中肯定有失职之处，希望相关部门尽早查清事件的真相，及早对此事做出详细解释，以平息谣言。

3. 共青团遭删文引发学子热议赵薇事件

2016 年 6 月 27 日，赵薇官方微博发文，称其导演的新片《没有别的爱》杀青，随后网友发现其中主演戴立忍为"台独分子"，水希原子曾有辱华举动，因此网友对赵薇及所导电影进行了抵制和声讨。赵薇在 7 月 11 日发布微博，声称戴立忍非"台独"人士，同时新浪微博、天涯社区等多个网络社区出现大量删帖、封号。共青团中央发送博文曝赵薇新片遭网友抵制始末，被新浪删除，随后转发的思想火炬、紫光阁均遭新浪屏蔽，引发网友对赵薇及其背后势力利用资本控制舆论的猜测，7 月 12 号之后微博大 V 以及各大新闻门户集体为赵薇辩护，加重了网友对赵薇控制舆论的质疑，网上观点分化严重，并且引发了对爱国精神、"党媒姓党的"讨论。

截至 2016 年 12 月 31 日，相关报道近 160 篇，新浪微博被转发 8 万余次，评论 150 万余条，微信公众平台、天涯论坛、知乎等均出现讨论。社会网民、高校教师、学生都给予了不同程度的关注与评论。高校教师中，部分认为中国人对偶像的包容不能没有底线。北大、南大、复旦、北师大、交大等热点高校 BBS 对"赵薇事件"进行关注，发现多数讨论认为赵薇势力强大，指责赵薇及其背后集团控制舆论，主流媒体被资本控制，也有学生表达爱国爱党之情，反击公知们的指责，疾呼国家严查资本系媒体。

4. 多省份合并高校招生录取批次取消"三本"事件

2016 年，重庆、贵州等省市陆续合并高校招生录取批次，取消三本，引起了各地广泛关注与解读。此前，不少省份已经开始了合并录取批次的探索：从 2011 年起，山西、山东和福建将二批、三批次合并；2015 年起，四川、广西、浙江、天津将二批、三批次合并，内蒙古合并本科二批和二批 C。而从 2017 年起，北京将合并二批、三批次，山东、海南将合并一批、二批次。

截至 2016 年 12 月 31 日，百度网页搜索相关报道共有 2400 篇，三成网友认为中国教育的改革长期是"换汤不换药"；四成网友认为学校应当认真经营学术以提高竞争力，而不是指望政策来拉动生源；另有部分网友认为高等教育要的是"公平"而不是"平均"，高考分层入校是合理的。

八月

1. 山东考生高考志愿遭偷改致落榜事件

2016 年 7 月，山东胶州高考生常某得知，自己的高考志愿经好友兼室友郭某偷改，郭某父亲曾提出赔偿或寻找途径让常某当兵或继续学业，但一直拖延，并未有实际补偿结果。山东省招生考试办公室要求常某出示郭某偷改证明进行补救，但郭某与其父拒绝提供证明。求助无门之下，常某将事情曝光于网络，引起了媒体和网友的高度关注。面对网友铺天盖地的斥责，郭某父亲提出让常某写一份"谅解书"，避免追究郭某的责任，常家拒绝，双方不欢而散。

事件发生后，网友对考生命运和处理方式投以高度关注，并希望媒体及时进行跟进报道。截至 2016 年 12 月 31 日，百度网页搜索相关报道共有 342 篇。近五成网友认为应该严厉处罚郭某，并酌情为常某提供上学机会；近四成网友认为"有其父必有其子"，郭某父子所作所为令人不齿；部分网友希望事情可以得到圆满解决，并且对于微博舆论比报警更高效表示无奈。

2. 合肥工业大学副校长举报校长弄虚作假事件

2016 年 8 月，合肥工业大学党委副书记、副校长朱大勇实名向合肥工业大学纪委、学术委员会举报，举报指出合肥工业大学校长梁樑在"第四届全国教育改革创新杰出校长奖"申报过程中"材料造假"。

截至 2016 年 12 月 31 日，百度网页搜索相关报道 367 篇，由于此事件涉及大学生权益、权力贪腐问题及学术造假问题，一直是大学生关注的焦点。广大网友的态度是支持正义、尊重真相的。网友们认为副校长的做法妥当，实名举报勇气可嘉，但是其本人也有可能参与其中。为了如实查明事件真相，大部分网友认为应让校外检察机关如中纪委参与调查，不应过早给予副校长警告及提出检讨要求。少部分网友由此牵涉出名校头衔、科研经费、官场等问题。

3. 大学女教师患癌被开除事件

2012 年，28 岁的刘伶俐从兰州交通大学外语专业硕士毕业后，成为兰州交通大学博文学院一名英语老师。两年后，她因身患恶性肿瘤住院接受治疗。随后，其所供职的兰州交通大学博文学院发布了由院长陈玲签署的《关于开除刘伶俐等同志的决定》，称因其连续旷工，违反了劳动协议的相关约定，对其做出解除劳动关系的处理。尽管劳动部门和法院多次裁定此次"开除"无效，但兰州交通大学博文学院并未理会。2016 年 8 月 14 号上午，因癌症并发心脏病，刘伶俐在甘肃省人民医院去世。8 月 20 日晚间，兰州交通大学博文学院在其官网回应此事，称对刘伶俐老师的病逝"深感惋惜"，随后兰州交通大学派工作组调查该事件，博文学院将积极配合调查，并与刘伶俐老师家属保持沟通联系，妥善处理遗留问题。

截至 2016 年 12 月 31 日，百度新闻共检索相关内容 2190 条，微博讨论 180 余条，微博阅读量达 407 万余次，网友对涉事学校也产生了抱怨和不满，相关评论也比较尖锐，且大多数网友将兰州交通大学和兰州交通大学博文学院弄混，在其评论中写为兰州交通大学。部分网友为兰州交通大学正名，解释两校区别。约四成网友认为学校不应误人子弟；约一成网友认为此学校有隐含的利益关系；约三成网友认为学校不应开除也没有权利开除患癌教师。

4. 山东女孩学费被电话诈骗骗光致亡事件

2016 年 8 月 18 日，山东临沂罗庄徐某收到教育部门发放助学金的短信通知，第二天就接到了电话要求其进行金额转账，被骗 9900 元学费。8 月 19 日，发现上当后徐某与其父立即打算报案，结果在途中突然昏厥，心脏骤停，经医院抢救无效于 21 日离世。8 月 19 日，临沂市河东区汤头镇派出所同样接到报案，也是即将入学的学生遭遇电话诈骗，学费不翼而飞。电话声称受害女孩涉嫌非法洗钱，并危言耸听，惶恐之下，女孩按照电话指示将学费汇出，意识到被骗后立即报警。因家境贫寒，女孩不得不面临休学的可能。

截至 2016 年 12 月 31 日，百度搜索相关网页内容共约 25 万条。近六成网友在表达对骗子的憎恶的同时，提出学生信息泄露与教育部门工作人员存在很大关系，应对泄露信息者进行追责惩处；近三成网友提出应对信息泄露予以立法，严厉打击该行为，警方应加强警戒和宣传力度；部分网友认为通信运营商也有不可推卸的责任，实名制使骗子有了可乘之机，亟待完善。

九月

1. 高校招生录取批次改革事件

2014 年国务院印发《关于深化考试招生制度改革的实施意见》，提出逐步取消高校招生录取批次。自此，教育部积极推动各地开展改革。截至 2016 年，已有河北、广东、湖北等 15 个省份取消了本科三批，上海市率先将本科一批、二批合并，成为一个本科批次，各地改革举动引发舆论关注。

头条新闻、《人民日报》、澎湃新闻先后报道此事，引起网民及广大师生的关注和讨论。截至 2016 年 12 月 31 日，经百度新闻检索，共有相关新闻 43200 余篇，新浪微博热门话题"高校招生改革"阅读量达 2598 次，讨论量达 1.5 万条。网友观点大致有以下几点：一是认为批次改革无效，坚持全国统一考试；二是认为这样的举措是为了让学生多交学费；三是认为我们应当全面历史地看待高招录取批次问题；四是认为高考不应全国统一。

2. 教师打骂军训迟到新生事件

2016 年 9 月 6 日，一段"老师殴打军训迟到学生"的视频在网络流传。视频中，多名身穿蓝色军训服的男生，遭到一名挂着工作证的教师模样的中年男子殴打。总长 1 分 24 秒的视频中，共有 4 名学生被打，其中一名男生先后遭受扇耳光、脚踢十余下。教师模样男子边打边口称"早干嘛去了"，并夹有侮辱性词汇。据悉事发学校为山东日照航海技术学校，打人者为该校教师郑某，而被打者均为该校 2016 级新生。

视频一经流传，便成为新浪微博教育头条和热门话题，引发舆论热议。蛋蛋网、北大未名等校园论坛以及澎湃、知乎、网易等多家媒体对此事进行了关注。截至 2016 年 12 月 31 日，经百度新闻检索，共有相关网页内容 1840 篇，新浪微博 50 条。五成网友声讨体罚学生的教师师德缺失，呼吁提高教师招聘水准，为曝光者点赞，并认为体罚学生现象普遍，曝光是促使公平处理的关键；三成网友关注处理结果，质疑处罚决定的有效性；少数网友关注被打学生，建议学生勇敢反抗校园暴力。

3. 纪念"九一八事变"爆发 85 周年事件

2016 年是"九一八事变"爆发 85 周年，全国各地纷纷进行纪念"九一八事变"的活动，沈阳举行勿忘"九一八"撞钟鸣警仪式，海南侨界纪念"九一八"举行座谈会，江苏鸣放警报、默哀南京大屠杀死难者等。

从 2016 年 9 月 18 日起，"九一八事变"相关纪念活动的全网关注度随着媒体大量报道而逐渐上升。截至 2016 年 9 月 18 日 14 时，在百度搜索中输入关键词"九一八"，共得到相关内容约 12600000 个，在新浪微博话题"牢记九一八"，阅读量已达 230060000 次。在主流媒体的引导下，网友大多持理性态度，认为应牢记教训，勿忘国耻，只有这样和平才能与我们同在，但也不乏个别网友出现过激言论。

4. 五省推行男生免费师范教育被指性别歧视事件

2015 年福建省男生免费师范教育政策实施引起热议，2016 年该省继续实施这一政策，计划招收培养小学、幼儿园免费师范男生 500 名。某教育部直属师范院校女生王一梅（化名）认为这涉嫌性别歧视，与相关法律中"公民不分性别，依法享有平等的受教育权"的规定冲突，于 9 月 22 日向福建省法制办邮寄了"规范性文件合法性审查申请书"。

此事件发生后迅速引起全国媒体的广泛关注，人民网、光明网、新浪网、搜狐网、网易等网站对此事进行相关报道或者转载。截至 2016 年 12 月 31 日，经百度新闻检索，共有相关网页内容 72 万余篇。网友评论的舆论观点主要包括：一是认为女性本身在就业方面就是弱势群体，给予男性优惠政策来抢夺就业岗位有失公平；二是认为男性身负养家糊口的重任，男性教师偏少主要原因在于教师待遇不佳，可适当予以政策支持；三是认为推行男生免费师范教育或可解燃眉之急，但治标不治本。

十月

1. 韩春雨基因编辑技术遭学术质疑事件

2016 年 10 月 10 日，河北科技大学副教授韩春雨课题组的基因编辑技术因全球数百家实验室，历时 5 个月的时间，没有一家宣布能重复成功，被质疑为学术造假。13 位中国生物学家实名发声呼吁对韩春雨启动学术调查，该事件引发广大高校师生和网友的热议。

此消息一出，各大新闻网站、高校学子论坛纷纷转发评论。截至 2016 年 12 月 31 日，经百度新闻检索共有相关网页内容约 54500 篇，新浪微博搜索关键词"韩春雨"约 1000 条。约五成网友认为韩春雨有责任澄清学术质疑，否则相关机构应展开调查；三成网友认为所谓的在顶级刊物发表，并不代表其真实性和水平得到认可；两成网友认为真相未定，不宜早下结论；另有网友认为韩春雨确实是学术诈骗。

2. 山东一学校食堂疑给学生吃猪食事件

2016 年 10 月 10 日，有海阳市民打《齐鲁晚报》热线反映，海阳英才实验学校食堂存放猪饲料、鸡饲料，用来给学生熬稀饭喝，给学生吃猪食、淋巴肉等问题，当天上百名家长到学校讨说法，并向当地政府部门投诉举报。海阳英才实验学校就家长反映的食堂伙食问题，发布了致学生家长的一封公开信，对家长反映的肉、西红柿、鸡蛋等问题一一答复，家长表示不满意、不接受。

此事件发生后经《齐鲁晚报》报道后，截至 2016 年 12 月 31 日，相关转载报道 125 篇，相关微信文章 32 篇，相关微博 12369 条，在网络上引起了较为轰动的讨论。大部分网民表达了自己的愤怒，认为此种做法违背人性；部分网友揣测学校"食堂承包"，垄断经营；另有网民对相关行政和法律部门提出质问，呼吁有关部门严格执法，加强监管，杜绝此类事件的发生。

3. 湖南十多名学生被贷款事件

2016 年 10 月，湖南文理学院大四学生黄某以自己钱不够花为名向要好的同学求援，提出借钱要求。当对方表示没有足够的现金时，黄某便提出可以用网贷平台进行贷款帮忙。网贷平台在接收到申请学生的照片、学生证、身份证及银行卡信息上传后即成功完成注册，随后就放款。他们将钱取出转给黄某后，由黄某再每月进行分期还款。但因黄某使用了多个同学的身份进行贷款，且已欠款十几万元未还，导致"帮忙"的同学面临巨大的偿债压力，因此事发。据校方了解，黄某的总计借款金额为 30 多万元，另有十多万元利息未还。黄某的父亲为此来到学校，称自己无力替儿子还钱，已经成年的儿子会承担相应责任。

截至 2016 年 12 月 31 日，关于湖南十多名学生被贷款事件的百度搜索相关新闻报道有 397 篇，中国青年报、人民网、光明网、新华网、腾讯新闻、新浪新闻、搜狐新闻、凤凰网等网站对该事件进行了报道。五成网友认为作为成年人应该对自己的行为负责；三成网友认为校园贷乱象丛生，有关部门应该加大监管；两成网友认为这些网贷公司的行为极不道德。

4. 关于"大学生慢就业"的话题讨论

2016 年 10 月，校园招聘迎来高峰期。有报道称，数据显示，预估 2016 年将有 1000 万毕业生竞争有限的工作岗位。不过，其中一部分毕业生并不着急就业，而是选择暂时游历、陪父母、了解市场等，成为"慢就业一族"。在大学生就业难的背景下，近些年"慢就业"和"待定族"现象日渐突出。许多人的择业观正悄然改变，不再恪守"毕业即工作"的传统模式，而是更多地考虑未来规划和就业质量。"慢就业"现象引发人们的思考与讨论。

新浪网、腾讯网、中国青年网、凤凰网、网易新闻等均对此进行了相关报道。网友对"慢就业"的理解主要包括：一是认为"慢就业"就是待业，偷换概念是为了粉饰太平；二是认为"慢就业"概念潜意识下支持了青年人啃老；三是认为"慢就业"有现实意义的优势；四是认为对于"慢就业"要辩证地看待；五是认为不管毕业生就业观如何，政府都应该创造就业岗位。

5. 范冰冰现身华师被劝离事件

2016 年 10 月 24 日，作家"方方"在新浪微博发文称范冰冰现身华中师范大学，在为电影《我不是潘金莲》站台过程中，在现场秩序井然的情况下，校方无理将范冰冰赶离现场。该微博将"范冰冰现身华师被劝离事件"带入公众视野，引发网友激励讨论。

"范冰冰华师事件"舆情于微博爆发后，各门户网站争相报道。截至 2016 年 12 月 31 日，百度搜索网页媒体合计报道共约 33.8 万篇。通过对微博网友观点整理发现，四成网友支持华中师范大学的处理方式，认为学校是教书育人之处，以学生安全为出发点的做法是正确的；有三成网友持相反观点，认为华中师范大学官微声明推脱责任，不属百年高校应有作风；另有部分网友质疑剧组炒作，痛批其漠视高校声誉。

十一月

1. 上海理工大学操场对外收费事件

2016 年 11 月 1 日，上海理工大学贴出告示规定，原先免费对外开放的田径场将开始对外收费。收费标准采用充值卡模式，每张卡 110 元，进入操场 10 分钟以上，需按照每小时 15 元的标准收费。此项举措引起很多家住附近锻炼者的不满。一时间，大学体育设施应不应该对外开放、应该如何开放，成为网上热议的话题。

该事件在较短时间内被以大学生为主的网友讨论，事件的推进也以主流媒体的报道为主。绝大部分网友支持学校收费，表示校外人士干扰到了学生的正常锻炼；部分网友同意限流，但不同意通过收费的方式，或者认为收取的费用太高；还有一部分网友认为应该从其他层面反思问题，质疑公共资源稀缺的大问题为何要由大学校园独自来扛。

2. 邪教"血水圣灵"洗脑未成年人事件

重案组 37 号调查发现，自称在境内有 30 万信徒的邪教组织"血水圣灵"，冒用基督教名义诱骗公众入会，秘密发展年轻人加入，"以商养教"压榨信徒不计酬劳清贫奉献。身居境外的教主左坤却犹如皇帝般接受供奉，发号施令，远程对信徒洗脑。中国反邪教协会在谴责声明中明确指出当前国内 11 种活跃的邪教之一的"血水圣灵"仍在活跃。

截至 2016 年 12 月 31 日，经百度新闻检索，共有相关新闻 1520 篇。此事件发生后迅速引起全国媒体的广泛关注，人民网、光明网、新浪网、搜狐网、网易等网站对此事进行相关报道或者转载。网民主要从以下三个角度对此事进行关注：一是认为文化水平的差异导致邪教组织猖狂；二是认为对于邪教组织的存在应采取措施进行制约甚至消灭，以正法律；三是认为应对邪教组织和宗教进行本质区别，正确识别。

3. 北大院系领导去行政化改革事件

2016 年 11 月 11 日，北京大学校长林建华在接受媒体采访时说，在人事改革方面，北大未来将尝试取消院系行政领导的行政级别，并采用聘用方式，进一步弱化行政级别，加强人员流动。此消息一出，立刻在各大门户网站上引起热烈讨论。高校管理去行政化改革一直是多方呼吁促进高校发展的措施之一，北大如今身先士卒，在众高校中掀起一股新舆论风潮。

消息发布后，人民网、凤凰网、新华网、央视新闻等媒体对此事进行了报道。许多专家学者和学生等，都纷纷发表自己对于这件事情的看法。截至 2016 年 12 月 31 日，约有相关网页 23 万篇，新闻 487 篇。部分网友看好北大去行政化改革举措，认为以权力论英雄不如以教学质量论英雄；部分网友对北大去行政化改革持忧虑态度，认为北大的改革仍然像是在"摸石头过河"；另有网友认为仅有学校牵头还不够，立法保障才是根本。

4. 兰州财经大学包子事件

2016 年 11 月 21 日，兰州财经大学一名大三学生在微博上质疑食堂包子变质，随后却遭到食堂负责人以"诽谤学校的民族餐厅"为由报警处理，并被学校要求道歉。甘肃省教育厅也出面发微博证实食堂包子没有质量问题。本来只是一件质疑食品安全的事情，在食堂负责人、校领导、警察甚至是省教育厅的处理手段下，已经上升成为民族宗教的问题。

截至 2016 年 12 月 31 日，经百度新闻检索共有相关新闻 501 篇。此事件发生后迅速引起社会各界的广泛热议，近六成网友认为兰州财经大学不能保障学生权益，校领导行事作风令人不满；近三成网友抨击宗教问题；部分网友以偏概全地认为校领导处理问题都是以平息为主而不是解决问题，或怀疑食堂与校领导有私人关系。

5. 西南交大学生涉嫌论文抄袭评奖作假事件

2016 年 11 月 24 日晚，网友在西南交通大学百度贴吧爆料，称该校建筑与设计学院 2013 级城乡规划班同班同学实名举报该班同学、竢实扬华奖章候选人李某，称其借淘宝便利发表论文、获取专利，并列数李某"学风不正、评奖不信"等多项问题。

截至 2016 年 11 月 28 日，关于相关话题的新浪微博阅读量已达 120.4 万次，百度搜索相关话题结果 5450 个。中国社会科学网、新浪新闻、搜狐新闻等网站对该事件进行了报道。此次事件涉及高校教育以及学术管理等问题，关系到高校形象，新闻一经发出，社会各界人士、网络大 V、高校师生便展开了热烈讨论。近六成网友支持此做法，认为该事件中交大学生抨击了不正之风；近三成网友认为现今许多高校抄袭、学术造假之风盛行；另有部分网友认为高校中部分教师也存在学术造假行为，给学生做了错误的榜样。

6. 罗一笑事件

2016 年 11 月底，一位不幸罹患白血病的小女孩笑笑的故事在朋友圈及微博引起疯传，许多网友通过各种方式进行捐赠，希望为这个悲伤的家庭送去温暖。2016 年 11 月 30 日，剧情反转，与罗尔同在《深圳女报》的知情人道出真相，称罗尔家底深厚，此事为背后营销（营销人为小铜人，罗尔公司下属员工）。2016 年 11 月 30 日，小铜人相关负责人回应：据不完全统计，仅 30 日凌晨腾讯开通的捐款通道，已收到捐赠 200 余万；按照小铜人承诺将实现 50 万元的捐赠。目前深圳市民政部门已经介入，共同监督这笔善款的使用。而该公司所在的福田区民政局工作人员表示目前尚不知道此事。

（"共有相关新闻 32900 篇"之后）五成网友同情孩子的遭遇，认为这种营销手段是消费公众同情心的表现，三成网友认为网络的发展为善行带来传递机会的同时也带来了恶意营销的弊端，部分网友呼吁规范慈善事业，加大对网络环境的净化。

十二月

1. 青岛大学"请假门"事件

2016年11月27日，青岛大学商学院一大四学生在新浪微博发出了一条"与学校老师对话截图"的消息，内容是该学生因姥姥患癌病情加重希望请假回家探望，其授课教师崔燕却劝导其"将生死置之度外地投入学业"。该微博一经发出，随即被大量转发和评论，成为网络热点。截至2016年11月30日晚，相关舆情已受到广大网友的持续关注，同时部分主流媒体也进行转发报道和评论，出现多个新的媒体关注点。30日下午校方和请假学生进行回应，证实确有此事但已妥善处理。

截至2016年12月31日，经百度新闻检索，共有相关新闻380余篇。大部分媒体和网友评论偏向负面，指责事件中的教师拒绝请假的理由过于不近人情；三成网友批评中国的教师队伍和教育制度；三成网友严重抨击该事件中的教师，指责该校的处理方式和管理方式。

2. 习近平总书记在全国高校思想政治工作会议上讲话

全国高校思想政治工作会议于12月7日至8日在北京召开。中共中央总书记、国家主席、中央军委主席习近平出席会议并发表重要讲话。他强调，高校思想政治工作关系着高校培养什么样的人、如何培养人以及为谁培养人这个根本问题。总书记的重要讲话引发全国师生热议。

截至2016年12月31日，经百度新闻检索，共有相关新闻1310余篇。人民网、光明网、新浪网、搜狐网、网易等网站对习总书记讲话进行了相关报道或者转载。主要观点包括：一是重视教工队伍的思想文化素质；二是提升思想政治教育亲和力和针对性；三是高校思政教育要因事而化、因时而进、因势而新；四是将远大抱负落实到实际行动中，做有抱负的新时期大学生。

3. 教育部长陈宝生文章引师生热议

2016年12月12日，教育部长陈宝生发表文章《让教师成为让人羡慕的职业——深入学习贯彻习近平总书记在八一学校看望慰问师生时的重要讲话精神》。文中强调，强化待遇保障，让教师在岗位上有幸福感，实现教师为本，让教师在事业上有成就感等，随后引发社会各界广泛关注。

　　截至 2016 年 12 月 31 日，经百度新闻检索，共有相关新闻 15900 余篇。高校师生围绕该文引发讨论。部分网友对该文思想给予肯定，认为教师待遇问题确实值得重视；部分网友认为应关注文中思想落实，呼吁多实干，减少纸上谈兵的噱头；两成网友对该文主题提出质疑，认为该文没有准确表达教师的真正诉求；另有网友认为该文反映了一定问题，但对问题解决没有实质作用。

4. 中关村二小"欺凌事件"

　　2016 年 12 月 8 日，一篇名为《每对母子都是生死之交，我要陪他向校园霸凌说 NO》的文章开始在微信朋友圈等平台流传。文章作者称是北京中关村二小四年级某 10 岁男孩的妈妈，文章指出她的孩子在学校被两名同班同学欺凌，同学们将有厕纸、尿液的垃圾筐扣到孩子头上并嘲笑。上述文章经广泛传播引发关注后，10 日，中关村二小通过官方微博及微信首度发声，呼吁"让教育问题回归校园进行处理"。校方调查事发经过后，认定该事件为"偶发事件"，尚不足以认定涉事学生构成校园"欺凌"或"暴力"。

　　中关村二小"欺凌事件"经各大网站报道后，引起广泛关注和激烈讨论。截至 2016 年 12 月 31 日，共捕获到话题信息 6440 条，事件相关信息 1460 条。对于此事件引发各方关注和讨论，近两成网友认为应对校园欺凌应以暴制暴；五成网友认为反对以暴制暴，应理智应对校园欺凌；部分网友认为必须认真对待校园欺凌；部分网友认为家长要发挥好自己的作用。

5. 雷洋案检方不起诉引全网热议

　　雷洋案发生于 2016 年 5 月 7 日晚，据昌平警方通报，当晚警方查处足疗店过程中，将"涉嫌嫖娼"的雷某控制并带回审查，此间雷某突然身体不适经抢救无效身亡。11 月 29 日，北京检察院宣布对雷洋案涉案警务人员侦查终结，依法移送公诉部门审查之后，雷洋案在此成为舆论的焦点，北京检察院对涉案 5 名民警定性为"涉嫌玩忽职守"，并有 4 人被取保候审，引发网友不满，认为处罚太轻。23 日，丰台区人民检察院对"雷洋案"中 5 名涉案警务人员玩忽职守案依法做出不起诉决定。检察院认为，虽然 5 名涉案民警的行为符合玩忽职守罪的构成要件，但考虑到 5 人系根据上级统一部署开展执法活动，对雷洋执行公务具有事实依据与合法前提且雷洋有妨碍执法行为，5 人犯罪情节轻微，能够认罪悔罪，故做出上述决定。

　　截至 2016 年 12 月 31 日，经百度新闻检索，共有相关新闻 2360 余篇。网民关于"雷洋案检方不起诉"的言论约 6.41 万条，言论主要来自新浪微博。通过对这些信息进行关键词提取、主题聚类分析，可知其倾向性如下：质疑雷洋案背后势力的言论占三成；对网络删帖、禁止评论表示不满，讽刺做贼心虚等言论占三成；强烈抨击中国社会现状，发表悲观负面言论占两成；批判中国法制现状占一成；讽刺雷洋嫖娼占一成。

6. 河南一中学雾霾天让 480 余学生露天考试事件

2016 年 12 月 19 日，河南省林州市临淇镇第一中学在严重雾霾天气组织该校八年级 480 余名学生在操场考试，此举引发广泛关注。随后相关部门查处涉事校长被停职一事又引发网友广泛热议。

截至 2016 年 12 月 31 日，百度搜索"河南雾霾露天考试"相关结果共 61700 条。约四成网友认为该事件是由学校责任意识不到位所造成的，质疑学校此次的考试安排；约三成网友认为关注重点应该是雾霾问题，学校并无较大过错；约三成网友认为学生身体健康大过一切。

后　记

　　《中国教育网络舆情发展报告 2016》在体例上继承和发展了前六本中国教育网络舆情发展报告"总—分"的逻辑结构，全书由总报告、专题篇、研究篇和大事记四个部分组成。今年的"总报告"首次采用大数据技术深度分析了 2016 年度我国教育网络舆情的关注焦点、传播特征、地域分布、传播载体和情感倾向，在此基础上有针对性地提出了我国教育网络舆情治理建议。研究方法的创新、可视化图表显示和更具针对性的建议都使得 2016 年度总报告阅读价值更高。"专题篇"的 8 篇文章关注 2016 年度最有代表性的热点教育舆情事件，点面研究相结合，全面加以分析。"研究篇"中的 8 篇论文在兼顾学术性的同时更加突显应用色彩和国际视野，对"复杂网络与教育舆情传播""观点发掘与教育舆情分析""大数据与教育政策传播效果""社交媒体运营和监管"等多个主题进行了深入浅出的研究，从不同层面反映了国内外教育网络舆情研究的最新动态与发展趋势。"大事记"依然以时间为序记录了 2016 全年教育网络舆情的事件信息和有关数据，以备读者参考。

　　2016 年，湖南大学网络舆情研究团队继续保持与国家超级计算中心（湖南大学）和汉普瑞恩科技（湖南）有限公司大数据技术团队的紧密合作，将大数据技术应用于中国教育网络舆情研究的程度推向纵深。展望未来，我们真诚希望和社会各界在网络舆情研究领域开展合作，协力推高我国网络舆情研究水平。

　　《中国教育网络舆情发展报告 2016》由本人负责全书的总体规划、框架设计、写作指导和书稿审定工作。彭祝斌为执行主编，具体负责全书的写作进度安排和协调沟通，徐国正负责统稿工作。参与本书撰写的作者分工如下：冯杰、苏楠、黄璇撰写总报告；龚翔、张浩、郑斯洋、吴汉华、李青鹰、王芸婷、周菲菲、靳

雪妍、李凤鸣、李依环和房信子撰写专题篇；胡凌、孙玉玲、李璐、王安琪、欧阳慧琳、刘凌云、牛畅、刘晓雨和史浩然撰写研究篇中的论文；郑斯洋撰写大事记。

本报告是教育部哲学社会科学发展报告建设项目《中国教育网络舆情发展报告》(项目批准号：13JBG005)的阶段性成果，在撰写过程中得到了教育部思想政治工作司网络处、湖南省委宣传部网宣办及人民网舆情监测室的大力支持，在出版过程上得到了北京师范大学出版集团董事长杨耕、策划编辑陈红艳的鼎力相助。谨在此一并致以衷心的感谢！

湖南大学网络舆情研究团队在一步步成长，研究成果亦逐渐丰硕。尽管如此，我们仍深知中国教育网络舆情研究还远未臻完善，拓展研究内容、提高研究深度和创新研究方法将是我们努力前行的方向。书中难免存有纰漏之处，敬请各位读者批评指正！

唐亚阳

2017 年 2 月 20 日